Éveillez votre spiritualité

LAMA SURYA DAS

Éveillez votre spiritualité

Traduit du l'américain
par Marc-Antoine

J'AI LU

Bienêtre

Titre original :
AWAKENING TO THE SACRED
CREATING A SPIRITUAL LIFE FROM SCRATCH
Published by arrangement with Broadway Books,
a division of The Doubleday Broadway Publishing Group,
a division of Random House, Inc.

Je dédie cet ouvrage à mes chers collègues et amis du dharma[1], chers compagnons de route sur la Grande Voie.

1. Devoir, loi, coutume. (*N.d.T.*)

Voici ce qu'il vous faudra faire : aimer la terre, le soleil et les animaux, mépriser les richesses, faire l'aumône à celui qui tend la main, vous ériger contre la sottise et la folie des hommes, consacrer vos efforts et vos biens à autrui, lutter contre la tyrannie, ne pas douter de Dieu, faire montre de patience et d'indulgence envers votre prochain... reconsidérer les enseignements qui vous ont été transmis à l'école ou dans votre église, écarter tout ce qui fait injure à votre âme. Alors, votre chair se changera en un merveilleux poème.

WALT WHITMAN

Sommaire

Remerciements

Il faut une foule de gens pour faire quelque chose qui en vaille la peine, de nos jours à tout le moins. Je tiens cependant à remercier les amis affectueux et éclairés, et tous les étudiants qui ont prêté la main à l'élaboration de cet ouvrage : Charles Genoud, Branden Kennedy, Deb Bouvier, John Makransky, Joel Baehr, Lucy Dugan, Trudy Goodman, Roger Walsh, Josh Baran, Mitch Kapor, Bob Hildebrand, Sharon Alzberg, Jack Kornfield, Joseph Goldstein, Cheryl Richardson, Susan Anthony, Lewis Richmond, Judy Kennedy, John Holley, John Friedlander, Richard Borofsky, Brian Maguire, Michele Tempesta et Sylvia San Miguel.

J'adresse enfin ma gratitude, mon respect et ma considération à mes mentors tibétains, Nyoshul Khenpo Rinpotché et Tulku Pema Wangyal, et au défunt Neem Karoli Baba, chacun d'entre eux restant pour moi une perpétuelle source d'inspiration, de conseils et de bienfaits.

Puissent paix et fortune les accompagner de leurs bienfaits et de leurs enchantements tout au long de leur vie.

Introduction
S'éveiller à la Grande Image

Ne consulte les livres ou cherche Dieu dans l'espace infini des étoiles qui ne voit un homme en lui.

JOHANN KASPAR LAVATER, POÈTE SUISSE (1741-1801)

Si vous avez ouvert ce livre, c'est que vous êtes probablement un chercheur, un chercheur de vérité, bien sûr, ou, en d'autres termes, un voyageur spirituel, un guide, un pèlerin parti à la découverte du sacré. Les chercheurs de vérité sont légion. On les trouve dans tous les pays, parmi toutes les confessions. Ils partagent la même quête d'amour et de vérité, de tout ce qui est plus grand, et qui se situe au-delà de nous-mêmes.

Ces chercheurs aspirent à comprendre, à explorer leur être profond, mais aussi l'univers mystérieux, l'un et l'autre connus et pourtant méconnus. Dans leur cœur, ils ont l'intime conviction que l'univers a un plan, et la vie un sens. Non contents d'être persuadés que la vérité existe, ils pensent aussi qu'elle peut leur être révélée.

Quand j'étais jeune, et infiniment plus écervelé que je le suis aujourd'hui, je croyais qu'il fallait voyager loin et longtemps pour trouver la vérité ou la divine réalité – quel que soit le nom qu'on voudra lui donner –, qu'elle n'était accessible qu'en des lieux soi-disant sacrés. Le fait est, pourtant, que la vérité est partout, qu'elle ne se réclame d'aucun précepte, religieux, culturel, temporel, ethnique ou autre. La vérité, c'est le cercle parfait parce que infini. Son centre est partout, sa circonférence s'étend aux confins de l'espace, et la terre où nous vivons est sacrée, à quelque continent qu'elle appartienne.

Le *Tao-tö-king* nous dit ceci :

Sans franchir ma porte
Je peux voir tout ce qui existe sur terre.
Sans regarder par ma fenêtre,
Les chemins du paradis.

Chacun d'entre nous, vous, moi... se tient au centre de sa propre vérité. À travers les âges, saints, saintes et sages ont fait la même découverte, à savoir que la vérité n'apparaît qu'à partir d'une existence vraie, une vie spirituelle pour l'accomplissement de laquelle la conscience joue un rôle prépondérant. Les chercheurs progressent sur le chemin de la spiritualité et de l'illumination, parce qu'ils ont la conviction que cela leur apportera la véritable cognition de la réalité ou, plus prosaïquement, leur expliquera le pourquoi et le comment des choses. Ce chemin doit être parcouru pas à pas, très attentivement et avec toute la conscience et l'engagement possibles.

J'ai la ferme conviction que nous avons tous été touchés par le sacré, ne fût-ce que brièvement, et que, pour éphémères qu'ils aient été, nous avons tous connu des états de grâce et de périodes de résurrections. Ces instants privilégiés surviennent surtout au cours de l'enfance. Bien des gens m'ont dit, alors que les voiles brumeux de l'illusion s'étaient un instant levés, se rappeler avoir vraiment vu la Lumière. D'autres ont évoqué des souvenirs de jeunesse au cours desquels ils auraient conversé avec les anges. Bien que n'ayant jamais fait de rencontres célestes, d'autres se souviennent d'avoir ressenti un amour d'essence cosmique, de s'être tout d'un coup retrouvés dans un univers de bonté, de réceptivité et d'appartenance si profond que toute leur vie en a été imprégnée.

En tant qu'adultes, nous avons également de brefs aperçus du caractère sacré de la réalité: dans la nature, à l'occasion d'une promenade en forêt ou le long d'une plage désertée. Cela survient aussi quand nous faisons la connaissance d'une personne dont l'énergie spirituelle nous inspire, que ce soit dans une église, au cours d'une séance de méditation, à l'occasion d'un colloque ou, plus simplement, d'un événement aussi banal qu'un concert. Nous sommes alors transportés, momentanément transfigurés par ce que nous voyons ou entendons. Nous nous sentons différents, plus vivants, en étroite relation, tant avec le réel qu'avec le divin, avec l'impression d'avoir enfin trouvé notre chez-soi. Pleins du désir de persévérer, nous nous disons en nous-mêmes: « Je devrais faire plus souvent ceci… » ou bien : « C'est de cette façon que je devrais vivre… »

Comme tout le reste, ces instants d'illumination finissent par disparaître. Alors, l'existence que nous nous sommes construite afflue aussi implacablement qu'une marée. Nos habitudes reprennent leur place et notre sens du sublime s'évapore. Fort heureusement, le souvenir de ces instants qui celaient en eux l'essence même de la spiritualité – paix intérieure, amour, liberté, sentiment d'appartenance – persiste. Il nous assure de notre volonté de retrouver ces souvenirs spirituels, nous convainc aussi d'aller de l'avant et de nous rapprocher de la Lumière divine.

La plus grande partie de mon existence s'étant partagée entre les monastères bouddhistes, les ashrams (ermitages) et les centres de retraite, je peux prétendre posséder une assez bonne idée de ce qu'est vouloir toucher au sacré, et des difficultés auxquelles on peut se heurter à en faire les premières expériences. À l'issue des conférences que je donne, il n'est pas rare qu'un membre de l'assistance me fasse part de son désir de donner une dimension spirituelle à son existence et, concurremment, des difficultés qu'il ou elle rencontre à vouloir s'y consacrer concrètement, c'est-à-dire journellement. Souvent, il lui arrive même de me demander s'il ou si elle ne devrait pas renoncer à son métier, voire à ses attaches afin de pouvoir donner libre cours à ses inclinations spirituelles. Certains vont jusqu'à me demander conseil sur la région de l'Himalaya dans laquelle ils devraient s'exiler.

Toutes autant qu'elles sont, ces personnes n'aspirent qu'à une seule et même chose : une transformation personnelle par le truchement d'une expérience religieuse concrète. Mais, à la vérité, n'est-ce pas là ce que nous voulons tous ? N'éprouvons-nous pas tous un désir d'absolu ? À l'aube du XXIe siècle, il s'agit moins de se demander si l'Occident aspire à la Lumière que comment il y parviendra, comment nous toucherons à cette transformation spirituelle, par quel moyen concret nous redonnerons un sens à notre vie.

Une des grandes difficultés auxquelles se heurtent les chercheurs occidentaux réside dans le fait de combiner valeurs spirituelles et esprit pragmatique. En tant que tels, nous croyons intuitivement que le monde visible et matériel dans lequel nous vivons n'est qu'une partie du grand univers spirituel, et c'est pourquoi nous aspirons à communier plus étroitement avec lui. Nous pensons qu'il est possible de faire partie intégrante de cet univers en faisant jaillir l'esprit ou la Divine Lumière qui se trouve en chacun de nous.

À l'instar de votre serviteur, la plupart des personnes qui assistent à mes conférences ne sont pas d'obédience bouddhiste, mais plutôt chrétienne ou judaïque, autant de religions qui, plus souvent qu'à leur tour, ont desservi Dieu et l'humanité. Il est également de fait que ces gens-là sont souvent attirés par différentes pratiques bouddhistes, notamment la méditation, en raison de leur volonté d'apporter un surcroît de réflexion et de sérénité à leur existence. Ils espèrent, en retour, pouvoir faire preuve d'un peu plus de compassion, d'amour et d'attention envers leurs semblables, servir le bien, contribuer à l'effort divin, mais aussi se départir de vieilles habitudes et de préjugés dont l'ineptie leur a été depuis longtemps démontrée. Ces personnes veulent évoluer, tant spirituellement que physiquement, et toucher à un niveau de conscience et de connaissance supérieur. Elles veulent que leur existence soit le noble reflet de leurs aspirations et de leurs préoccupations. Elles veulent vivre dans l'accomplissement de leur personnalité, et, non contentes de vouloir pleinement satisfaire leur potentiel spirituel, elles veulent aussi que leur existence *ait* un sens spirituel.

Au début des années soixante-dix, j'eus l'heur d'être présent à Bodh Gaya, ville du nord de l'Inde où Bouddha connut la Révélation, à un moment où le Dalaï-lama – océan de sagesse – dispensait son enseignement. Des dizaines de milliers de gens étaient venus l'écouter, des Tibétains et des peuples de l'Himalaya, pour la plus grande part, mais également de petits groupes d'Occidentaux, hippies comme moi, parti de Turquie sur les chemins de Katmandou. Ayant fini son discours, le Dalaï-lama demanda si quelqu'un avait une question à lui poser. C'est alors qu'un Américain aux longs cheveux se leva pour lui demander quel était le véritable sens de la vie. « Être heureux et rendre les autres heureux », répondit simplement le saint homme.

À ce moment-là, je jugeai la réponse évasive et superficielle, parce que en apparence trop simpliste. J'avais alors vingt et un ans, et mon esprit était encore imprégné des enseignements d'écrivains et de philosophes tels que Schopenhauer, Dostoïevski, Camus et Vonnegut. L'époque voulait cela. Probablement espérais-je m'entendre dire que le sens de la vie était complexe, seulement accessible à une jeune élite intellectuelle dont j'aspirais bien sûr à faire partie. C'est pourquoi la réponse du Dalaï-lama me troublait : être heureux et rendre les autres heureux ? Qu'est-ce que cela signifiait ? Le saint homme n'était-il, en réalité, qu'un vulgaire hédoniste ? Dans ma confusion d'alors, la recherche du bonheur m'apparaissait comme une préoccupation à caractère purement égocentrique.

Longtemps je pesais les paroles du Lama. J'allais même jusqu'à les inscrire dans le petit calepin qui ne me quitte jamais. Ce n'est que des années plus tard, alors que je parcourais d'anciens textes tibétains, que la vérité m'apparut ; l'un d'eux résumait le chemin de la spiritualité par ces quelques mots : « Pour son bien et celui de son prochain. » Je m'avisai alors que l'intérêt que l'on porte à soi-même n'est pas toujours égoïste. Les paroles du Dalaï-lama devenaient soudainement très claires et, en même temps, d'une extrême profondeur.

Presque trois décennies se sont écoulées depuis le jour où, dans le petit village ensoleillé de Bodh Gaya, en plein milieu du désert, j'eus un premier aperçu de l'humanisme dont était capable le chef spirituel tibétain. Aujourd'hui, je crois être en mesure d'apprécier pleinement la sagesse de son propos. Je suis également conscient des difficultés qu'il existe à vouloir sans désemparer son bien et celui de son prochain. Songez à ce qu'il en serait si nous en étions véritablement capables, au lieu de nous borner à reconnaître pour la forme les mérites de nos semblables ou à faire montre d'une constante urbanité. Si nous le pouvions vraiment, nous vivrions sans la moindre arrière-pensée, sans commettre le plus petit acte susceptible de nuire à autrui ; nous mettrions un terme à nos manœuvres autodestructrices ; nous vivrions sans conflits internes, sans être en contradiction avec nous-mêmes. Quel formidable dessein ce serait là ! Quelle vie étonnante nous aurions et quels êtres extraordinaires nous serions ! Et pourtant, quels esprits étonnants nous sommes déjà...

Première partie

Questions de spiritualité

Grand est celui qui a compris
que le spirituel est plus fort
que l'énergie physique
et que toutes les pensées
qui régissent le monde.

RALPH WALDON EMERSON

Qui est béni ?

Qu'est-ce qui est sacré ?

En tant que chercheurs de spiritualité, qu'en pensons-nous ? De quoi parlons-nous, exactement ? De Divine Présence, de Dieu, de l'esprit, de l'âme, de réalité, de vérité, de connaissance de soi, d'expérience mystique, de paix intérieure, d'illumination. Telles sont les questions qu'aborde la spiritualité. Et c'est de ces mêmes vocables que nous usons tous pour évoquer notre connaissance du divin. Il arrive parfois que nous fassions appel à ces mêmes mots pour évoquer une idée différente, mais aussi à des mots différents pour une idée semblable.

Confusément, nous partageons tous la vague impression d'accomplir un voyage, mais que ce n'est qu'au travers de vraies questions que nous obtiendrons de véritables réponses. C'est l'exercice auquel nous nous livrons, car nous savons, quand bien même la réponse que nous obtiendrons n'aura aucun caractère définitif, même si certains points resteront obscurs, que cette réponse n'en sera pas moins satisfaisante. Toutefois, en tant que chercheurs, nous choisissons de nous interroger notre vie durant. L'infini est une ouverture sans fin. C'est ce que les bouddhistes appellent le « sunyata » ou vacuité.

Quels que soient les termes que nous emploierons, les questions spirituelles tendent vers une finalité véritable, vers des sujets qui ne revêtent d'importance qu'à long terme. En tant que chercheurs, nous voulons apprendre à aimer plus profondément, à nous connaître véritablement et à établir un rapport plus étroit avec le divin.

Nous réfléchissons à ces questions qui se situent au-delà de nous-mêmes en pesant le tangible autant que l'intangible, le visible comme l'invisible. Nous ambitionnons à atteindre l'ineffable douceur de l'esprit, et à nous situer dans la Grande Image, le déploiement du cosmos, l'universel « mandala ».

Entrer dans le courant de la Lumière et de la Vérité

Mène-nous des ténèbres à la lumière;
Mène-nous de l'illusion à la sagesse
Mène-nous de la mort à l'impérissable.
Mène-nous du conflit et de la souffrance neuf cents à l'harmonie, à la paix et au bonheur.

Cette prière est issue des Upanishads[1], rédigées quelque neuf cents ans avant Jésus-Christ. En bien des façons, je vois en ces quelques vers la prière universelle du chercheur spirituel. Depuis le commencement des temps, la quête de la vérité, de l'amour et du bien est associée à la quête de la Lumière. Comme chercheurs, vous et moi sommes en quête de conseils et d'éclaircissements. Outre la réponse à nos problèmes immédiats, nous ambitionnons de toucher aux grands mystères de l'univers, de pouvoir passer des obscures illusions et de la confusion d'esprit qui nous habitent à la sagesse, la certitude et la clarté, et surtout la vérité. Nous voulons la promesse de pouvoir substituer aux recoins enténébrés de notre âme un espace de joie, de lumière, de paix et d'amour incommensurablement

1. Traités de sagesse ésotériques, se présentant généralement sous forme de parabole ou de récit. *(N.d.T.)*

divins; de renoncer à notre ignorance et aux comportements que nous impose notre inconséquence. Nous savons déjà que le remède à l'ignorance ne consiste pas uniquement en un surcroît d'informations. Nous savons aussi que notre vie spirituelle procède de notre aptitude à atteindre tant un niveau de conscience plus élevé – une conscience attentive – qu'une plus grande acuité d'esprit. Nous savons enfin que notre vie spirituelle est assujettie à notre capacité d'aimer.

Il existe un vieux dicton hébraïque alléguant que Dieu se montre plus attentif envers les cœurs brisés. Pour la plupart d'entre nous, c'est un constat on ne peut plus réel. De fait, c'est dans les périodes de crise ou de grande détresse que la sensibilité du cœur nous apparaît le plus. Il nous suffit d'être déroutés ou momentanément ébranlés par les aléas de la vie pour aspirer aussitôt à une plus grande spiritualité. Oseriez-vous dire que cela ne s'est jamais vérifié au cours de votre vie? Réciproquement, c'est à vouloir approfondir cette spiritualité que vous réagissez çà et là contre des modèles qui se sont révélés, au bout du compte, décevants. Vous sentez alors un grand vide vous envahir, accompagné du besoin de vous rattacher au sens de la vie dans ce qu'elle a de plus vrai et de plus sacré.

Dans ces moments de vide spirituel et de solitude, certains d'entre vous se sentiront découragés, sous prétexte « qu'ils sont allés trop loin, qu'il est trop tard pour faire machine arrière ». D'autres diront qu'ils sont « incapables de donner » ou bien ne savent « comment donner » ce que l'existence attend d'eux. Quand vient l'heure de s'ouvrir ou de s'adonner à la spiritualité, d'autres encore se sentiront paralysés. Cependant, nombreux parmi vous sont ceux qui se sont avisés d'être les artisans de leur propre destin, des expériences auxquels ils sont confrontés, de leur propre karma. Ceux-là rêvent de contribuer à l'édification d'un monde meilleur, autant pour les autres que pour eux-mêmes.

C'est souvent à force de se heurter à des obstacles et à des déconvenues que l'on parvient à se renforcer et à résoudre son besoin de spiritualité. À cet instant, les confusions de l'existence auront concouru à nous faire atteindre un niveau de sagesse suffisant pour que nous comprenions que les réponses à certaines questions nous sont à jamais refusées. Cette prise de conscience – trait fulgurant de lumière – fait alors éclore en nous la possibilité de ce que nous appellerons ici un épanouissement ou le jaillissement d'une lumière intérieure. Cette lumière, on peut alors presque la voir, l'entendre, la sentir. On aspire à mieux la connaître, à être soi-même lumière. Cette lueur de conscience sera perçue comme une apparition, une illumination partielle de l'âme et de l'esprit.

Les joies et les peines que nous aurons connues dans notre vie témoignent de nous-mêmes avec une formidable précision. Emprunter le chemin de l'illumination spirituelle impose un certain degré d'inconscience, sinon la conviction profonde d'une promesse de délivrance, de stoïcisme et de transcendance. D'autres que nous se sont plongés dans l'océan de la spiritualité et de la félicité. D'autres que nous se sont longuement abreuvés à la source inépuisable de l'élixir de l'illumination. S'il en est ainsi, pourquoi devrions-nous passer notre existence sur la rive, en spectateurs, en scrutant nerveusement du côté des ténèbres ? La vie a bien plus que cela à offrir. Certains ont trouvé la liberté, la plénitude, le soulagement ; vous le pouvez aussi, nous le pouvons tous. Ensemble. Le temps est venu d'oser, de nous aventurer en des eaux plus profondes. *Surf's up !*

Entretenir la conscience de la Lumière intérieure

Le cœur et l'esprit peuvent trouver paix et harmonie en reconnaissant en la nature transcendantale du soi réel l'émergence suprême et fulgurante de la lumière.

EXTRAIT DU YOGA SUTRA DE PATANJALI,
IIe SIÈCLE AVANT JÉSUS-CHRIST

Si Patanjali est souvent nommé le père du yoga, c'est parce qu'il est la première personne à avoir transcrit et codifié les pratiques yogis. Dans cet enseignement de la méditation, il est dit de renoncer à toutes les perceptions – visuelles, auditives olfactives ou autres – qui peuvent nous distraire, pour méditer sur notre nature spirituelle, sur notre être lumineux et réel, et plonger en nous-mêmes afin de percevoir notre rayonnement intérieur.

À travers les époques, des gens de toute culture et de toute confession ont évoqué le phénomène de l'illumination dans un contexte religieux ou à l'occasion d'une expérience mystique. Chaque fois qu'un saint leur est apparu, ce fut toujours auréolé d'une lumière aveuglante. Les mêmes locutions revenaient dans leur bouche, telles que « aller vers la Lumière, trouver la Lumière, être attiré par la Lumière, se fondre dans la

Lumière… ». Il est autant question de lumière dans *Le Livre des Morts* égyptien que dans *Le Livre des Morts* tibétain. Les hommes, les femmes ou les enfants qui ont vécu l'imminence de la mort parlent unanimement d'un endroit nimbé de lumière vers lequel ils s'avançaient.

Avant que les religions ne s'en emparassent pour lui attribuer un sens qui leur fût propre, la lumière n'était que lumière, l'élément primaire et primordial. Plus tard, alors que la race humaine se développe, le concept de la lumière s'institutionnalise et se moule aux croyances religieuses et culturelles. C'est ainsi que la pure lumière participe de Dieu. Lumière de vérité, Lumière de Bouddha, Lumière de Jésus, Lumière cosmique et océan de Lumière selon que l'on soit né ici ou là, ou que l'on ait appris ceci ou cela, la lumière n'en reste pas moins une constante. L'énergie fondamentale.

Le Nouveau Testament, s'il faut s'en référer à Jean le Baptiste, dit ceci : « Il vint pour attester, témoigner en pleine lumière que tout procède de lui… » Plus tard, Jésus dit aussi : « Ayez foi en la Lumière qui vous est offerte, et vous-mêmes deviendrez fils et filles de Lumière… » Dieu apparut à Moïse à la lueur incandescente du Buisson ardent, et quand, dans l'Ancien Testament, Ézéchiel chante les louanges du Seigneur, il le fait en ces termes : « Je l'ai vu comme s'il avait pris l'apparence du feu, et tout n'était que brillance et lumière autour de lui… »

Le mystique anglais George Fox, fondateur de la religion quaker, usait déjà du terme « lumière intérieure » pour décrire notre capacité à atteindre Dieu à l'intérieur de nous-mêmes. Il en avait lui-même une telle expérience que, sa vie durant, il vécut dans la certitude que tout un chacun pouvait entendre la voix de Dieu, non pas en méditant, mais en écoutant les paroles du ministre du culte dont il est le truchement. Ce précepte allait devenir la pierre angulaire de la *Société des Amis.*

S'il faut en croire la religion bouddhiste, tout être vivant porte en lui une étincelle divine. Pour décrire notre nature bouddhique originelle, nous usons de syntagmes tels que « luminosité infuse, rayonnement initial, clarté naturelle de l'esprit, transparence de la réalité »... Les maîtres zen nomment cela la nature originelle ou encore « votre-vrai-visage-avant-la-naissance-de-vos-parents ». Les mystiques hébraïques se servent des mêmes vocables dès qu'il s'agit d'étincelle intérieure ou divine. En référence à l'homme, le Coran parle d'une petite chandelle se consumant dans une niche, à l'intérieur de la mosquée d'Allah. Bel exemple de conversion religieuse, saint Paul rencontra Dieu sur le chemin de Damas. Ceux qui voyageaient en compagnie de celui qui allait devenir un apôtre de Jésus n'entendirent pas Sa parole, mais ils virent Sa lumière. Retrouvons dans le Nouveau Testament une de ses citations : « Et comme l'éblouissante lumière m'empêchait de le voir, ceux qui m'accompagnaient me prirent par la main... » Inévitablement, la quête spirituelle se mue en quête de lumière divine ou sacrée. Enrichir le noyau sacré qui se trouve en chacun de nous revient à atteindre autant la lumière que nous avons en nous-mêmes que le divin qui nous entoure. Cette lumière n'est pas visible de prime abord. Au risque de se heurter à de la rocaille, il convient d'abord de creuser profondément la terre et, avec de la persévérance, nous finissons par en découvrir la brûlante luminosité. Ce concept s'applique pour chacun d'entre nous. Il consiste à révéler à nous-mêmes notre nature initiale, la pure énergie spirituelle qui nous anime, et qui n'a ni commencement ni fin. C'est le support fondamental de l'être.

Dans le bouddhisme tibétain, cette lumière est appelée « rigpa » ou, si l'on préfère, « luminosité terrestre ». *Le Livre des Morts* tibétain nous enseigne qu'au moment de la mort la luminosité terrestre, nature innée de Bouddha, décline en chacun de nous. Alors que nos émotions négatives et les sujétions terrestres qui s'y rattachent se dissolvent, l'esprit naturel est abandonné, affranchi de toute ignorance ou de tout obscurantisme, en sorte qu'apparaisse et resplendisse la nature lumineuse de l'être.

Les penseurs tibétains ont acquis l'aptitude à reconnaître cette luminosité à l'heure de la mort, car cet instant radieux leur apparaît comme la possibilité d'une libération. Toutefois, cette possibilité survient aussi à chaque instant de la vie. La seule chose que nous ayons à faire, c'est renoncer à toute contrainte qui nous soit étrangère et reconnaître l'authentique lumière de la conscience et de la vérité.

Dans la nature, la lumière est, à l'évidence, essentielle à notre croissance. Observez simplement vos plantes d'appartement et regardez comment elles se tournent naturellement vers la lumière nourricière. Pareillement, comme chercheurs, nous nous tournons vers la Lumière divine en raison de notre tropisme naturellement spirituel. Nous pouvons alors nous exercer à méditer sur la divine lumière en fermant les yeux et en observant notre rayonnement intérieur. Tout le monde en possède la faculté. Pour cela, il vous suffit de fermer les yeux, d'appuyer légèrement sur vos globes oculaires et d'observer derrière vos paupières le frémissement de la lumière noire. Concentrez-vous dessus, et vous constaterez que cette lumière n'est pas aussi obscure que vous le pensiez.

Dans le superbe livre *Le Pouvoir guérisseur de l'esprit,* le maître tibétain Tulku Thondup Rinpotché dit ceci :

« La méditation sur la lumière peut servir à guérir des problèmes particuliers ou, plus généralement, nous aider à nous sentir plus ouverts et plus épanouis. En méditant sur la lumière, nous pouvons l'imaginer se projetant au-delà de nos corps et resplendir à l'infini. Le monde entier nous apparaît alors touché, imprégné, transformé en pure et apaisante lumière. En méditant sur la lumière avec une grande ouverture d'esprit, nous pouvons nous rendre compte qu'elle est infinie, sans frontières dans le temps ou l'espace. »

Une autre façon de s'exercer à la méditation sur la lumière intérieure consiste à le faire à la simple lueur d'une chandelle :

Allumez une chandelle dans une pièce obscure.

Asseyez-vous à environ soixante centimètres de cette chandelle.

Trouvez une position qui vous convienne, puis commencez à respirer lentement par le nez.

Détendez-vous, respirez calmement en fixant votre regard sur la flamme.

Observez-la durant quelques minutes, en laissant errer vos pensées, sans vous arrêter sur une idée précise.

Observez la flamme en sorte que votre esprit en soit illuminé.

Puis soufflez brusquement la chandelle et fermez les yeux.

Observez l'image qui se forme alors derrière vos paupières et méditez sur cette lumière.

Un moyen de prendre conscience de cette lumière intérieure consiste aussi à fermer les yeux et à concentrer ses pensées sur un point précis dans l'axe du front, à deux centimètres environ au-dessus des sourcils, ce que l'on appelle le « troisième œil ». Dans le Kundalini[1] yoga, il est connu comme le « chakra » du front, un des sept centres d'énergie psychophysiologiques du corps humain.

Pour prendre conscience de la lumière qui rayonne du centre de votre front, suivez cette méthode :

Installez-vous confortablement, fermez les yeux, et concentrez-vous sur le chakra frontal. Trouvez le centre

1. Énergie mystérieuse et latente (endormie), symbolisée par un serpent femelle, enroulé trois fois et demie autour du lingam (pénis en érection). Son réveil est un des buts du yoga, notamment le yoga tantrique. *(N.d.T.)*

de lumière et demeurez-y quelques minutes. Cette lumière fait partie de votre système énergétique naturel d'autoguérison. Efforcez-vous de pratiquer cet exercice dans une pièce obscure.

Pour un instant, renoncez à vos préoccupations terrestres, car elles peuvent altérer votre vision. Laissez au contraire votre chakra frontal s'ouvrir, et éprouvez un sentiment élargi de ce que vous êtes réellement. Détendez-vous. Ne vous souciez pas de chercher un nouveau lieu dans l'univers qui vous soit plus approprié ou une perception différente de ce qui est important. Ne craignez pas de partir à la recherche de votre lumière intérieure.

Pensées à propos de Dieu

Chaque jour, des gens s'éloignent de l'église pour revenir à Dieu.

LENNY BRUCE

Dieu ne requiert nulle synagogue, excepté dans le cœur.

DICTON HASSIDIQUE

Dieu n'a pas de religion.

MAHATMA GANDHI

Les Éthiopiens affirment que leurs dieux sont noirs et qu'ils ont le nez épaté, les Thraces, qu'ils ont les yeux bleus et les cheveux roux.

XÉNOPHANE

Si les triangles avaient un dieu, il aurait trois côtés.

MONTESQUIEU

Nirvana est un autre mot pour Dieu.

THICH NHAT HANH

Rabbi Kotzker demanda un jour à ses disciples : « Où Dieu existe-t-il ?
— Partout, rétorquèrent les disciples surpris, non sans alacrité.
— C'est faux, dit alors le rabbin avisé. Dieu n'existe que là où l'homme lui permet d'entrer. »

CONTE HASSIDIQUE

Dieu et Bouddha dans la forme et dans l'essence

La vérité est, Dieu en parle à tous et chacun.

NEALE DONALD WALCH, *CONVERSATION AVEC DIEU*

Il n'existe certainement pas de mot plus sujet à interprétation et à controverse que le mot « Dieu ». C'est la raison pour laquelle parler religion comme parler politique est souvent proscrit au cours de rassemblements; c'est un sujet par trop épineux qui risque de nous éloigner de notre famille et de nos amis.

À un certain degré, notre conception de ce que Dieu est ou n'est pas procède de notre éducation et des enseignements que nous en avons tirés. Ici, en Occident, la grande majorité d'entre nous avons grandi au sein d'une culture traditionnellement judéo-chrétienne avec la notion de Dieu qui s'y rattache. Mais, selon vous, à quoi Dieu ressemble-t-il ? Probablement à un auguste vieillard à la longue barbe blanche, trônant parmi les cumulo-nimbus, à moins qu'il ne soit – qui sait ? le sosie de George Burns.

Certains îlots du sud de l'Inde sont à prédominance chrétienne. Le Christ dépeint dans leur art n'a de clair ni le teint ni les cheveux mais, à l'inverse, à l'instar de

Krishna, le type indien, c'est-à-dire des yeux et des cheveux très foncés. C'est ce que Joseph Campbell appelle le Dieu aux visages multiples ou, comme disent les musulmans, les mille noms d'Allah.

Quoique ces termes évoquent tous Dieu, beaucoup d'entre nous, en ce monde pluraliste et multiethnique dans lequel nous vivons, soit n'ont jamais su, soit ont oublié les origines communes du concept de Dieu. Pour en avoir longuement débattu avec eux, et malgré leurs impressionnantes connaissances des religions et des langues asiatiques, j'ai pu me rendre compte à quel point de nombreux amis occidentaux n'avaient pas conscience de ce que le dieu chrétien du Nouveau Testament, Yahvé, dieu juif de l'Ancien Testament, et Allah, dieu islamique du Coran, ne font en réalité qu'un, que ces trois religions – occidentales, dirons-nous – émanent de la même source.

En tant que peuple occidental, et sans égard pour notre obédience religieuse ou notre conception de Dieu, son nom nous est connu, que ce soit par le biais de la famille, de l'école ou des lieux de culte. Nous avons vu des films sur lui, et même le montrant s'exprimant du haut des cieux. Dans nos cités, il nous est fréquemment arrivé de passer devant des temples ou des églises, et d'entendre, derrière leurs portes closes, s'élever des cantiques et des prières chantant ses louanges. Le dimanche, à Noël comme à Pâques, il suffit d'allumer son téléviseur pour voir des évêques et des cardinaux, parfois même le pape, nous parler de Dieu. Pendant la Hanoukka, Yom Kippour ou la pâque juive, nous pouvons entendre les juifs s'adresser au dieu de l'Ancien Testament, Jéhovah ou encore Yahvé.

Nombreux sont ceux d'entre nous à qui l'on a enseigné la prière à Dieu dès l'enfance. Quelques-uns ont grandi en étroite relation avec lui, d'autres s'en sont détachés. D'autres encore vivent dans la crainte de sa colère. L'image qui en ressort n'est pas toujours flatteuse, mais son concept ne nous est pas étranger, que nous y croyions ou pas.

Dans ma famille, par exemple, mon père s'attachait à respecter la tradition judaïque, alors que ma mère semblait plutôt attirée par la culture juive que par la religion. Je me rappelle toutefois ma grand-mère m'enjoignant de ne jamais dire « Dieu », mais « G-D » (God), afin de ne pas galvauder son nom. Je m'attirerais ses foudres, disait-elle. À l'école, je connus néanmoins quelques déboires quand j'insistais pour le prononcer de la façon dont on me l'avait enseignée.

Dans les pays bouddhistes comme le Tibet, on ne fait pas ou peu référence à un tel mot, et pourtant, les mêmes concepts, associés à la croyance d'une présence divine, sont présents partout: plénitude infinie et total accomplissement, sanctuaire, refuge et protection, harmonie avec soi-même et avec l'univers, compassion, intégrité, immortalité et amour divin.

Le bouddhisme, bien sûr, n'est pas une religion théiste. En théorie, cette religion ne se réfère à aucune théologie, à nulle notion de Dieu créateur ou d'Être éternel. Cependant, la croyance asiatique se veut habitée par un nombre incalculable de dieux et de déesses, de déités s'apparentant à la méditation, de protecteurs, de dakinis, ainsi que d'esprits et de forces invisibles. Naturellement, ce serait se méprendre que de les associer à la pensée de Dieu, telle qu'elle se conçoit en Occident.

Bouddha n'était pas un dieu, et n'a jamais prétendu entretenir avec lui de relation particulière. Au cours de sa vie, Bouddha fut maintes fois interrogé sur l'existence de Dieu, mais, sur ce sujet, le sage resta toujours silencieux. En vérité, il exprimait surtout ses doutes sur le bien-fondé quant à spéculer sur l'existence de Dieu. Au lieu de l'affirmer ou de l'infirmer, il préférait laisser cette question théologique aux philosophes brahmanes et hindous de son temps.

Les enseignements du Bouddha reposaient surtout sur la recherche de la paix du Nirvana, de la liberté de l'illumination et de la fin de toute forme de souffrance ou de désillusion. En ces objectifs il ne voyait que la conséquence d'une relation de cause à effet du comportement de l'être humain, sans intervention divine.

D'aucuns prétendent que Bouddha était athée; d'autres, beaucoup plus nombreux soutiennent qu'il était non pas athée, mais sceptique ou, comme l'on dit aujourd'hui, « agnostique ». Il existe néanmoins une référence à Bouddha connue, dans laquelle Dieu est évoqué sous la forme d'un obscur « sutra[1] » bouddhiste. Il y est question d'une secte brahmane du sud de l'Inde sur le chemin de l'illumination. À l'instar des hindous, les brahmanes croient en Dieu avec un « D » majuscule tout autant qu'à des dieux ou déités moins puissants. Au cours des siècles, eurent lieu nombre de débats sur la manière dont Bouddha évoquait Dieu. L'explication qui fut le plus souvent donnée consistait à dire qu'une de ses plus grandes qualités tenait en ce qu'il s'exprimait de manière à être entendu de tous. Néanmoins, chaque fois qu'il s'adressait aux brahmanes, il usait de termes qui ne laissaient aucun doute sur sa pensée.

Pour ce qui est de Dieu, il existe de par le monde un nombre quasi incalculable d'idées et de concepts. Au regard de certains peuples, à Son nom se rattache la notion de « Suprême », de « Créateur », de « Conscience cosmique absolue » ou d'« Esprit divin ». Certains y reconnaissent un esprit transcendantal ou pure énergie; d'autres la personnification de l'Amour et de la Vérité. D'aucuns allèguent qu'il est la Réalité avec un grand R, contrairement à leurs détracteurs qui le placent au-delà de la compréhension humaine. Mais d'autres personnes le perçoivent en chacun d'entre nous, au tréfonds de ce qu'elles nommeront indifféremment l'âme ou l'esprit.

Sazaki Roshi, un de mes maîtres zen, me posa la devinette zen suivante, ou « koan » : Comment conce-

1. Littéralement: « fil », par extension « aphorisme ». *(N.d.T.)*

vez-vous Dieu, au volant de votre voiture ? », de la même façon qu'il m'aurait demandé, si nous avions été dans son Japon natal : « Comment voyez-vous Bouddha, pendant que vous fendez du bois ? » En Californie où nous étions alors, ce grand maître zen trouvait normal et judicieux envers l'Occidental que je suis de substituer Dieu à Bouddha et une voiture à un tas de bois. User du vocable « Dieu » ne le troublait pas autrement car, l'énigme tenait surtout à la prise de conscience d'un concept. La forme était différente mais l'essentiel demeurait : comment mettre en pratique sa spiritualité, nonobstant l'activité que l'on exerce ?

Quelques dévots hindous affirment que Dieu et le gourou se fondent en une seule et même entité et que, partant, il suffit de vénérer le gourou pour vénérer Dieu. Dans la religion hindoue, il est loisible à chacun d'adorer Dieu par le truchement de sa compagne ou de son compagnon. Néanmoins, Rāma et Sitā, Krishna et Rādhānous apparaissent comme autant d'archétypes de dieux androgynes, chaque élément du couple étant mi-mâle, mi-femelle, symbolisant l'Ardhanari, union cosmique originelle de Shiva et de Shakti.

Je suis intimement convaincu que vous nourrissez secrètement quelque croyance ; personne ne peut s'y soustraire, pas même les plus mécréants d'entre nous, et personne ne débat autant de l'existence de Dieu que les athées ou les sceptiques. On peut toujours aspirer à se faire sa propre idée de la chose ou y rester indifférent. On peut aussi allégrement se dire que la notion de Dieu est infiniment plus vaste que la notion de vie, fût-elle masculine, féminine ou androgyne. On peut encore pressentir Dieu en tant que Divine Présence… Je crois, quant à moi, chercheur spirituel, qu'il n'est nul besoin de se rattacher à quelque formulation formelle et définitive de Dieu. Au plan strictement fondamental, la Lumière existe, même dans les ténèbres les plus profondes, car toute ombre n'est qu'une réponse à la lumière.

Pour peu que vous vous penchiez attentivement sur la palette colorée des mandalas[1], vous y verrez en son centre la représentation de Bouddha. Elle sert à rappeler l'essence contenue dans la forme; que forme et essence – donc vacuité – sont indissociables l'une de l'autre.

1. Diagrammes circulaires complexes symbolisant le déploiement du cosmos. *(N.d.T.)*

Sur la forme et l'essence dans la pratique spirituelle personnelle

Que je dirige un colloque ou que j'y participe, je suis toujours frappé par la diversité du bagage spirituel de ses participants. Certains ont reçu une éducation catholique, d'autres ont grandi dans la religion protestante ou juive, qu'elle soit orthodoxe, traditionnelle ou réformiste. Si quelques-uns ont vécu dans la stricte observance des préceptes fondamentalistes, nombreux sont ceux qui ne vont à l'église, au temple ou à la synagogue qu'une ou deux fois par an ; encore que toutes ces catégories d'individus donnent lieu à de nombreuses sous-catégories et variétés.

Quels que soient vos antécédents culturels ou votre éducation, vous pouvez découvrir en vous des pratiques religieuses et spirituelles très significatives à vos yeux. Vous pouvez, par exemple, aimer chanter à la messe de minuit ou allumer les chandelles le jour du Sabbat ; appartenir à une congrégation ou être irrésistiblement attiré par la musique « gospel », les chants grégoriens, l'odeur de l'encens ou les icônes russes.

Ici, dans notre Occident « post-confessionnel », nombreux sont ceux qui tentent de se donner une nouvelle spiritualité, mais cela n'induit pas pour autant qu'il faille reléguer l'ancienne aux oubliettes. Alors que les premières esquisses se forment dans votre esprit, songez aux outils qui, déjà en votre possession, sont parfaitement adaptés à votre personnalité. Établissez-en un récapitulatif afin de dénombrer ceux qui pourraient vous être utiles. Sont-ce des prières que vous connaissez par cœur? Des hymnes ou des chants aussi puissamment évocateurs aujourd'hui qu'ils l'étaient dans votre enfance? Aspirez-vous à célébrer Kippour? À vous rendre à l'église pour fêter Pâques après le vendredi Saint? Ne vous dérobez pas à ces impulsions; de quelque confession qu'on soit, l'amour reste amour, l'expiation expiation, la prière prière, et un renouveau spirituel restera toujours un renouveau spirituel.

Certaines personnes s'insurgeront contre une telle attitude en la qualifiant de spiritualité « composite », faite, selon l'expression populaire, « de bric et de broc », ou alors la rejetteront d'un revers de main parce que trop « New Age ». Quelques-uns de ces détracteurs s'inquiéteront de ce que cette religion « allégée » soit, par définition, vouée à se déliter, sous le prétexte qu'elle n'est que simulacre ou solution de facilité. Je m'inscris en faux contre de telles allégations. Combien sommes-nous à user de telles pratiques, et pour qui la combinaison de différentes traditions semble tout à fait sensée, parce que la mieux adaptée à notre personnalité? N'est-ce pas, somme toute, une résultante de ce que les Américains appellent le grand « melting pot »[1]? Ces détracteurs se reconnaîtront surtout parmi ceux que le changement effraie. Mais une nouvelle spiritualité reflétant la vision occidentale n'induit pas nécessairement que l'on renonce ou que l'on fasse le sacrifice de certaines pratiques sous prétexte qu'elles semblent trop rébarbatives.

Janine, auteur dramatique quadragénaire, raconte que ses parents étaient d'origine grecque orthodoxe,

1. Mélange racial. *(N.d.T.)*

mais qu'après s'être avisée de l'absence d'église orthodoxe dans la petite ville du Middle West où ils venaient d'emménager, sa mère décida de fréquenter l'Église méthodiste du cru, cependant que son père se découvrait une ferveur catholique toute nouvelle. Les raisons invoquées à ce moment-là furent que l'Église catholique semblait trop « rigoureuse » à sa mère, l'Église méthodiste trop laxiste à son père.

Enfant, Janine alla à la messe avec son père, mais suivit l'École du dimanche méthodiste aux côtés de sa mère. À vingt ans, elle épousa un Juif. Le jeune couple s'accorda pour élever leurs enfants selon les préceptes des Quakers, parce que le pacifisme sur lequel repose leur philosophie leur convenait. À présent que ses enfants sont grands et qu'elle a divorcé d'avec leur père, Janine fréquente *et* l'Église catholique *et* l'Église orthodoxe. Il lui arrive de ressentir le besoin profond de s'adonner au culte. Elle ne s'insurge pas moins contre l'attitude de l'Église catholique envers les femmes, *a fortiori* divorcées.

Récemment, Janine a entrepris des séances de méditation. Trois fois par semaine, elle suit également des cours de yoga, et commence à percevoir la portée spirituelle de telles pratiques. Entre-temps, elle œuvre comme bénévole dans un refuge de femmes avec d'autres amies quakers. Elle se décrit volontiers comme une personne profondément attachée à la spiritualité, sans pour autant ressentir le besoin de se confiner dans un groupe religieux de quelque nature qu'il soit.

À l'exemple de Janine, combien sommes-nous à venir d'horizons religieux différents ? Certains ont une formation spirituelle variée, d'autres n'en gardent qu'un vague souvenir, d'autres encore ont épousé une personne d'une confession différente de la leur ou sont nés de parents de confessions différentes.

En Occident, il existe une variété de chercheurs, qui sont parmi les plus répandus : il s'agit de personnes fortement attirées par le spirituel, et cela en dépit de leur indifférence pour la religion qui les a vus naître. Il survient parfois qu'elles s'adonnent au bouddhisme et, à leur grand étonnement, découvrent que cette initiation spirituelle les rapproche de leur religion originelle ou, comme c'est mon cas, de toutes les pratiques spirituelles.

Ainsi que je m'amuse souvent à le dire, je suis juif « du côté de mes parents ». Né à Brooklyn, le nom qui m'a été donné est celui de Jeffrey Miller. Peu après ma venue au monde, mes parents ont emménagé à Long Island, où mon enfance s'est partagée entre les ligues mineures et les camps du YMCA[1], dont les messes en plein air le dimanche sous les grands pins m'initièrent officiellement au christianisme. Hormis cela, mon éducation fut entièrement juive. J'appris suffisamment d'hébreu pour fêter ma bar-mitsva à treize ans et accompagner mes parents à la synagogue lors des grandes fêtes juives.

Au collège, ma passion, tant pour la philosophie que pour la théologie, m'incita à me tourner vers l'aspect spirituel de ma personne. Peu après avoir passé mes diplômes, je m'intéressai aux religions orientales. C'est mon premier gourou, Neem Karoli Baba, qui m'attribua mon nouveau nom : Surya Das, que l'on pourrait traduire par « disciple de la lumière ». Je vécus dans un ashram et étudiai la méditation auprès de Goenka, grand maître Vipassana. Je vécus un an au japon, pour acquérir les rudiments de la philosophie zen, que je perfectionnais en Corée, grâce à un grand maître zen. Néanmoins, c'est dans les monastères tibétains que je séjournai surtout, entre les années soixante-dix et quatre-vingt. Ma formation de lama se partagea entre les monastères du Népal, les ashrams du Sikkim, en Inde, et ceux du sud de la France. Je suis aujourd'hui un lama américain dans la tradition bouddhiste tibé-

1. Young Men Catholic Association : association proposant aux jeunes gens différentes activités sportives et culturelles. *(N.d.T.)*

taine, mais aussi, il va sans dire, un Juif américain spirituellement actif.

Dans la société versatile et ambivalente dans laquelle nous vivons à présent, nous sommes tous des naturalisés, des hybrides en quelque sorte. L'Occidental vit dans un monde aux cultures multiples. Partant, ses inclinations spirituelles tendent vers un éclectisme qu'il serait vain de nier. Une perception plus ouverte des choses de l'esprit n'amoindrira en rien sa volonté de paix, sa recherche de compassion ni sa détermination à vouloir agir au mieux de ses capacités. Renoncer aux dogmes ou aux manifestations extérieures de la religion, quelle qu'en soit la forme, au profit de principes spirituels essentiels m'apparaît, quant à moi, comme une excellente initiative.

Il est dans nos traditions un principe sacré selon lequel nous devons respecter la vie et aimer notre prochain. Ces traditions nous engagent aussi à nous ouvrir à la présence divine, tant de l'intérieur que de l'extérieur, et à mettre en pratique les idées que nous prêchons, sans escamotage ni hypocrisie. Pour beaucoup, ce concept revêt une importance capitale, sans égard pour celui qui le véhicule.

Dans son ouvrage, *That's Funny, You don't Look Buddhist: On Being a Faithful Jew and a Passionate Buddhist* – que l'on pourrait traduire par *De l'art et la manière d'être à la fois un juif fervent et un bouddhiste passionné sans en avoir l'air* –, mon amie Sylvia Boorstein, professeur de méditation Vipassana, évoque les enseignements donnés une semaine durant par le Dalaï-lama, et à l'issue desquels le saint homme initierait les participants à Tara la verte en guise de conclusion. Qui est cette Tara la verte? vous demanderez-vous. Il s'agit d'une déité tibétaine féminine symbolisant amour, protection et compassion. Par cette initiation, le Dalaï-lama adresserait à son auditoire une bénédiction spéciale destinée à aider les impétrants à ouvrir leur cœur à la compassion.

Sylvia ajoute qu'au moment où le grand chef spirituel fit cette annonce, un des participants leva la main pour poser une question : en tant que catholique pratiquant, devait-il ou non prendre part à cette initiation ? Le Dalaï-lama répondit simplement qu'*a priori* rien ne s'y opposait, mais que si un détail de la cérémonie venait à la troubler, il suffirait à cette personne de ne pas s'y soumettre.

Sylvia écrit qu'au moment où il se préparait à cette initiation, le Dalaï-lama ajouta, sur le ton de la conversation : « J'ai réfléchi à cette question, et je crois que vous pouvez sans crainte vous soumettre à cette initiation », à la suite de quoi, il exposa lentement toutes ses raisons, qui disaient en substance que « la compassion demeurait compassion, et une bénédiction, bénédiction, quelle que soit notre religion ».

L'heure des choix spirituels

Si partir au loin est la vocation du moine,
Alors revenir est,
vraiment
vraiment
être Bouddha.
Mais, à la vérité, pourras-tu vraiment revenir
Si tu n'es pas vraiment parti ?

Ko Un

La nuit dernière, des millions de nouveaux parents à travers le monde ont été réveillés par les pleurs de leur enfant. À travers le monde, tous ces parents sont allés en bougonnant se pencher sur le berceau afin de pourvoir aux besoins du nourrisson. Pour chacun d'eux, la préoccupation aura été la même : renoncer à leur précieux sommeil pour le bien-être de leur petit enfant car, à leurs yeux, ses besoins avaient préséance sur les leurs.

Or, en spiritualité, le renoncement est un thème aussi récurrent qu'important. Renoncer équivaut à sacrifier, abandonner une chose qui nous tient à cœur en faveur d'un sujet que nous savons d'importance. Chaque fois que nous réagissons ainsi, nous faisons un choix spirituel, nous prenons une décision qui tend vers une vision élargie d'une situation donnée. Mais attention : de telles décisions ne sont pas aussi dénuées d'égoïsme qu'il y paraît de prime abord. À l'instar de ces parents qui répondent aux pleurs de leur enfant, nous répondons tout d'abord à des besoins qui nous sont propres et beaucoup plus profonds.

À quoi bon le nier : un voyage spirituel commence presque inévitablement par la décision de renoncer à un certain mode d'existence. Mais cette décision consiste moins en un changement de fréquentations ou de cadre de vie qu'en une transformation de soi, qu'à apprendre et à accepter le renoncement à seule fin de retrouver la sagesse naturelle et la véritable simplicité.

Un exemple classique de renoncement, repris en maintes et maintes occasions, est celui du jeune prince Siddhārta Gautama qui, convolant à peine en justes noces, renonça à son héritage pour chercher la Lumière et devenir finalement Bouddha. Siddhārta était l'héritier d'un petit, mais riche royaume situé au pied de l'Himalaya, ce qui serait aujourd'hui la région ouest du Népal. Peu avant sa naissance, les devins de la région avaient consulté les oracles et prédit à son père que l'enfant à naître serait soit un puissant monarque, soit un saint homme et un ascète, prédiction qui serait plus tard confirmée par l'astrologue royal.

Le roi, père de Siddhārta, fut atterré à l'idée que son fils pût devenir un mendiant et un vagabond. Il y en avait tant en Inde, à cette époque-là, et l'image de son fils vêtu de hardes, méditant sur le bord des routes poussiéreuses, le remplit d'effroi. Aussi, afin d'épargner à son fils une telle infortune, le roi l'entoura d'un luxe inouï destiné à le soustraire à la dure réalité du monde.

Siddhārta avait vingt-huit ans quand, avec la complicité de son serviteur, il s'aventura pour la première fois hors des murs du palais. À peine avait-il fait ses premiers pas dans la ville, qu'il observa quatre phénomènes qui allaient bouleverser sa vie, mais aussi la nôtre : premièrement, un homme souffrant d'une terrible maladie, deuxièmement, un vieillard brisé par le grand âge, troisièmement, un cadavre que l'on allait incinérer. Ces trois exemples de la souffrance humaine effrayèrent moins qu'ils n'éveillèrent Siddhārta à la compassion qui sommeillait en son cœur. Pourquoi ces gens souffraient-ils tant, et que pouvait-il faire, lui, Siddhārta, pour leur venir en aide ? Puis, alors qu'il regagnait son palais, taraudé de questions sur la mort et la détresse humaine, il vit un homme – et ce fut là sa quatrième observation – vêtu de la robe ocre des ascètes, marchant paisiblement au bord de la route avec, pour tout bagage, une sébile de mendiant. Dès cet instant, sa vie allait être à jamais métamorphosée.

On raconte que Siddhārta fut si ému de cette découverte qu'il se sentit contraint à un choix spirituel, et, à l'exemple du mendiant en robe de coton, il voulut devenir un chercheur. Le soir même, le prince renonçait à jamais aux fastes du palais royal et quittait sa famille. Les écrits bouddhistes témoignent de la manière dont les « devas » – dieux et anges réunis – étouffèrent le bruit de sabots de son cheval afin que les occupants du palais ne fussent pas réveillés ni ne fissent obstacle à la quête spirituelle du jeune prince.

Ainsi, Siddhārta renonça à son existence fastueuse et à toutes les personnes auxquelles il était attaché, en faveur de plus grands desseins. Une fois prise sa décision, il n'hésita plus, toute ambivalence étant impossible. Après qu'il eut gagné la forêt, il trancha de sa propre épée ses longs cheveux, puis, avant de s'enfoncer dans la jungle, troqua sa royale vêture contre des hardes de charretier. Plus tard, comme il faisait ses premiers pas sur le chemin de la spiritualité, il allait renoncer à ses haillons au profit de la robe ocre.

Nombreux sont ceux qui allégueront que cette décision illustre le renoncement de Bouddha, quand, à la vérité, Siddhārta n'en était qu'à son commencement : il ne connut pas l'épanouissement spirituel en ayant simplement quitté sa famille, mais au prix de six longues années de méditation, de pratique du yoga hindou et d'études philosophiques. Durant ces années, il apprit aussi d'autres formes de renoncement, celui de son ego, de ses opinions, de ses concepts et de ses croyances, de ses préoccupations personnelles. Il sut comment abandonner toute résistance, condition essentielle pour atteindre l'accomplissement spirituel suprême et s'éveiller à la parfaite sérénité et à la pure lumière du Nirvana.

Il faut souligner qu'il importe de ne pas se leurrer : le bouddhisme ou tout autre cheminement spirituel n'imposent pas de fuir ses responsabilités, de se détourner de ses amis ou de sa famille. Le renoncement spirituel génère des contraintes beaucoup plus profondes que ces gestes symboliques. Kabir, saint et poète hindou du XVe siècle, affirmait qu'il aspirait moins à teindre sa robe du safran de l'ordre sacré qu'à teindre son cœur d'amour divin.

Milarepa, grand yogi tibétain du XIe siècle, disait, lui : « Renoncer à sa terre natale, c'est accomplir la moitié du dharma. » Pourtant, Milarepa ne quitta pas sa terre natale, mais remodela entièrement son existence par de longues retraites dans la nature, afin de méditer, prier et s'adonner à la pratique du yoga, et cela, sans jamais mettre les pieds hors du Tibet. Au terme « quitter sa terre natale », il faut attribuer un sens plus vaste, à savoir celui de renoncer à ses habitudes et à ses attaches afin de se réinventer une vie spirituelle et, finalement, de se réinventer soi-même.

Milarepa dit aussi sa volonté de vivre et de mourir sans regrets, de se sentir libéré de toute crainte ou de tout sentiment de culpabilité. Il aspirait à la paix de l'esprit et à l'amour en son cœur. Cet anachorète réputé eut pourtant beaucoup à se reprocher. Aujourd'hui, Milarepa est perçu comme un poète, un saint et un sage. Mais avant de consacrer sa vie à la méditation, il fut, au cours d'un conflit familial, responsable de la mort de plusieurs personnes. Ce furent sa mauvaise conscience, sa crainte et son intense remords qui entraînèrent le revirement que l'on sait, revirement qui lui permit d'atteindre, après la vie de turpitudes qu'il avait connue, la parfaite illumination. Pour ce qui est de sa vie familiale, nous savons qu'il n'y a pas renoncé entièrement, puisque sa sœur, Peta, lui apporta longtemps son soutien, avant de devenir yogi à son tour.

Un ouvrage connut une grande popularité durant les années soixante-dix. Il s'agit de *Be Here Now* (« Être ici et maintenant ») de Baba Ram Dass. Ram Dass était un professeur de psychologie réputé de Harvard, mieux connu sous le nom de Dr Richard Alpert. Quand je partis étudier en Inde, dans les années soixante, ce professeur avait, outre sa carrière, renoncé à tous ses biens terrestres, parmi lesquels une Mercedes et un avion Cessna. Aussi, quand il est question de véritable renoncement, je le soupçonne de savoir de quoi il parle :

« On peut voir dans le renoncement un geste apparemment comparable à une résolution que l'on prend à l'occasion du nouvel an. Mais, à la vérité, c'est beaucoup plus subtil que cela, et plus ardu, surtout, parce que cela exige de soi un effort constant. Dans un cheminement spirituel, renoncement veut surtout dire "non-attachement". Or, se libérer de toute attache signifie briser le lien par lequel nous nous identifions à nos désirs. Néanmoins, ces désirs persistent : ils font partie des mouvements capricieux de la nature, sauf que celui qui renonce cesse de s'identifier à ses désirs. »

À l'évidence, renoncer impose quelques sacrifices, et le sacrifice est une notion qui n'a plus guère cours aujourd'hui. Elle a, dirons-nous, des résonances surannées et moralisatrices. Mais dès lors que nous nous employons à changer d'existence, il nous faut bien, qu'on le veuille ou non, évoquer ce qui s'en va et ce qui demeure. Ces choix, nous les faisons dans notre propre intérêt. En affaires, c'est ce que d'aucuns intituleraient « le solde final ».

N'avez-vous jamais eu de pensées du genre :

« Ça ne peut pas continuer comme ça. »

« Cette situation est devenue intolérable ; je dois tout changer, y compris moi-même, sinon j'abandonne. »

« Rien de ce que je fais ne me semble important ; je veux donner un vrai sens à ma vie. »

« Je n'éprouve que des émotions désagréables ; je veux apprendre à aimer. »

« J'éprouve de véritables sentiments, mais je ne sais comment les exprimer. Je veux pouvoir faire preuve de compassion envers autrui. »

« Je ne peux vivre plus longtemps dans le mensonge ; j'ai besoin de vérité, d'authenticité ; je veux être bien dans ma peau. »

Des pensées de cette veine sont représentatives d'un besoin de réorientation spirituelle. Elles nous instruisent de ce que nous sommes d'ores et déjà prêts à renoncer à notre style de vie, que les modèles que nous suivons sont inopérants, que nous aspirons à devenir enfin ce pour quoi nous étions destinés. Aucun d'entre nous n'a les moyens de dilapider son temps et encore moins son existence : nous avons trop de choses à donner, trop de choses à vivre.

Pour la majorité d'entre nous, le renoncement ne s'opère pas en un seul temps, car nous étouffons sous une gangue de fossiles, de sédiments et de fragments issus du magma « karmique ». Aussi, nous extraire de cette gangue requiert-il un certain temps. Chacun de nous transporte un excès de bagage émotionnel important et dont nous ne pourrons nous délester que progressivement. Certains comportements, bon nombre de préjugés sont profondément ancrés en nous. Calcifiés par le temps, ils ne se dissoudront qu'au prix de beaucoup de patience, uniquement après avoir été confrontés, jour après jour, à des milliers, voire des millions de choix spirituels, grands et petits.

Vous seul pouvez définir la nature de vos renoncements. Néanmoins, il appartient à chacun d'entre nous d'enrayer notre propension à l'avarice, à la convoitise, à la jalousie, à l'intrigue et à la dépendance. Chaque renoncement à une habitude acquise rend le suivant plus aisé. Nous commençons alors à nous sentir plus légers, habités par une clarté d'esprit et une énergie nouvelles qui favorisent la découverte de nos véritables aspirations. Nous nous sentons d'ores et déjà différents, ce qui nous porte au comble de la satisfaction.

Il existe une autre forme de renoncement qui, pour être moins importante, se révèle tout aussi spontanée et enthousiasmante. Chogyam Trungpa Rinpotché l'exprima probablement le mieux quand il dit : « Renoncer signifie se libérer de toute entrave. »

Voilà deux mille cinq cents ans, s'avisant de la misère qui régnait à l'extérieur des murs de son palais, Bouddha se libéra de ses entraves et ouvrit son cœur à la compassion. Il ne se détourna pas de sa vision, ne chercha pas à se cacher de la détresse humaine. Il n'enterra pas sa tête dans le sable comme l'autruche ni ne chercha à fuir ses sentiments. Il ne réfuta pas la réalité, ni ne voulut ignorer la souffrance qui l'entourait. À l'inverse, il fit en avant un bond gigantesque, si grand que la terre en tremble encore.

Dans une moindre mesure, je crois que faire ce bond est primordial pour le chercheur d'aujourd'hui. Il nous incombe de nous souvenir que le renoncement ne consiste pas seulement à abandonner ce à quoi nous sommes le plus attachés, mais aussi à favoriser l'émergence d'une certitude intérieure, selon laquelle existe plus que ce que nos yeux peuvent percevoir, et que c'est précisément à cela que nous devons nous ouvrir. De quelle façon ? En lâchant simplement prise, en ouvrant grands les yeux et les oreilles, en desserrant les poings et en levant les herses qui entourent notre cœur. Nous pouvons ouvrir nos bras à ce que nous voyons, afin que, à l'exemple de Bouddha, nous retrouvions peu à peu notre héritage spirituel et revenions à notre nature véritable. Pour être simple, la notion d'abandon n'en reste pas moins difficile à mettre en pratique. Le monde d'aujourd'hui est, sans nul doute possible, infiniment plus complexe qu'il l'était du vivant de Bouddha. Et à cause de cette complexité, le cheminement s'est compliqué d'autant. Cependant, il demeure. Là, juste sous nos pieds.

Renoncer, là est le chemin de la liberté

Sonnez, cloches, sonnez au ciel de la liberté...
Sonnez l'ancien, sonnez le nouveau...
Sonnez le vrai, sonnez le faux...

LORD ALFRED TENNYSON

Le chemin de l'affranchissement et de la liberté est riche d'exemples d'abandons et de renoncements. Ce sont pourtant les enseignements spirituels auxquels nous sommes le plus réfractaires. Si conscient qu'on soit de la nécessité de ralentir son rythme de vie et de se détendre, cela est encore un trop grand effort. Les leçons qu'il conviendrait d'apprendre nous reviennent de façon récurrente, mais, chaque fois, nous refusons d'abandonner, et persistons à scier la branche sur laquelle nous sommes assis.

Il y a une semaine, j'eus un entretien avec mon amie Pamela, visiblement très perturbée par d'incessantes pannes d'ordinateur. La moindre anicroche la plongeait dans la détresse, soi-disant à cause d'une rupture de son disque dur, d'un blocage dans son répertoire d'adresses ou dans son système de courrier électronique, d'un fichier de données perdu, de l'absence de soutien technique, etc. Bref, son ordinateur l'avait si souvent laissée en rade qu'elle s'était rongée d'anxiété des jours entiers. Pourtant, son appareil est doté d'un système de protection qui lui évite toute destruction de fichier; pourtant, elle connaît de nombreux techniciens qui auraient pu la dépanner; pourtant, ses affaires sont prospères, et l'argent ne saurait lui manquer, pourtant... pourtant... Pourtant, elle ne manque jamais d'installer les programmes censés lui éviter toute panne, mais chaque fois, lesdits programmes sont cause d'une nouvelle calamité. « Peut-être dois-je y voir un signe ou une sorte de message, me dit Pamela. Le moindre objet que j'acquiers devient une source de préoccupation. Peut-être ne devrais-je pas posséder d'ordinateur; peut-être ne devrais-je rien posséder du tout. »

Je souscris à cette idée: peut-être cherche-t-on, en effet, à lui délivrer un message, encore que ce message tende moins à la faire renoncer aux biens de ce monde – y compris son ordinateur ou son manteau de fourrure – qu'à s'en détacher, afin de ne pas se laisser submerger par les soucis qu'ils pourraient lui causer. Le but inavoué est moins de se débarrasser de son ordinateur que de son anxiété.

Pour vous, cela reviendrait à entendre votre médecin diagnostiquer: « Vous êtes allergique au chocolat. » Dès lors, il ne tient qu'à vous de vous abstenir d'en consommer. Comment y parvenir? vous demanderez-vous. Réfléchissez: peut-être êtes-vous enclin à vous lever la nuit pour vous gaver de glace au chocolat. Cela vous procure un plaisir ineffable malgré vos crampes d'estomac. Moi qui vous parle, j'ai récemment renoncé à la caféine. Cela me fait grand bien, mais il reste que, parfois, je sens que son fameux « coup de fouet » me fait défaut. Néanmoins, les bienfaits que j'en retire prédominent sur mon envie, et, dès lors, je n'ai guère de difficulté à me ressaisir. Qui voudrait de ce brouet noirâtre pour obscurcir ses travaux éclairés!

Ma vieille amie Suzanne en est aussi à l'apprentissage du détachement, car elle a décidé de mettre un terme à une vie commune devenue débilitante et destructrice. Y parviendra-t-elle, seulement? Mark, médecin de renom, fait partie d'un cabinet regroupant plusieurs praticiens. Si ahurissant que cela paraisse (même pour lui), il persiste à récriminer auprès de ses confrères à propos de la couleur que le décorateur a choisie pour les murs du cabinet. Il est trop tard – les travaux de peinture sont finis depuis longtemps –, mais Mark ne désarme pas, tant il est vrai qu'il déteste cette couleur, et cela, malgré les efforts de son entourage pour lui faire entendre raison.

Nous savons tous le mal que l'on se donne à se défaire de pensées obsédantes, celles qui reviennent sans cesse à la charge comme si elles étaient animées d'une vie propre. Nous défaire de certains tics, ou d'habitudes anciennes, exige de nous un effort éprouvant, et que nous ressentons parfois physiquement. Nous nous sommes tellement investis dans la réalisation de nos désirs que nous nous y accrochons, quel qu'en soit le prix. C'est ainsi que, jour après jour, nous reproduisons les mêmes erreurs. Comment se fait-il que nous soyons incapables d'inverser cette tendance?

Mes contes préférés pour l'apprentissage du Sufi tournent autour du personnage de Nasrudin, sage réputé, mais que l'on qualifiait de vieux fou. Dans la tradition islamique, même si les histoires les plus farfelues abondent au sujet de Nasrudin, sa conduite permet toujours de discerner la part de sagesse qui se cache derrière un sens commun en vérité peu commun.

Cette histoire particulière s'ouvre sur Nasrudin assis sur la place du marché inondée de soleil. Il semble si troublé et malheureux que les passants finissent par se rassembler autour de lui. Nasrudin a les joues empourprées, les yeux brillants de larmes; la sueur ruisselle sur son front. D'abord, les badauds s'interrogent du regard, puis ils remarquent les piments que Nasrudin croque méthodiquement, l'un après l'autre. Chaque coup de dent semble ajouter à son malaise, et pourtant, Nasrudin continue d'ingurgiter ses piments. « Mais enfin, pourquoi fais-tu cela ? » vitupère quelqu'un. Et lui de répondre : « Parce que j'en voudrais un qui ne soit pas fort. »

Dans la vie, ne nous comportons-nous pas un peu comme Nasrudin ? Ne nous hasardons-nous pas sur des chemins que nous connaissons déjà et qui ont abouti chaque fois dans un cul-de-sac ? Pourtant, nous croyons immanquablement que cette fois-ci sera la bonne. Nous nous lançons à corps perdu dans notre entreprise, autant que nous restons attachés à l'image que nous nous faisons de nous-mêmes. Nasrudin, par exemple, illustre l'individu figé dans ses principes, et qui persiste à chercher l'amour (en l'espèce, les piments doux) en des lieux impropres. À l'instar de beaucoup d'entre nous, il ne tire visiblement aucune conclusion de ses expériences. Or, si son attachement et son obstination en sont la cause, l'abandon et le renoncement en sont la solution.

Je suis convaincu qu'il existe dans votre vie des modèles inopérants. Qu'on se rassure, cependant : c'est le cas pour chacun d'entre nous. Parfois, ces attachements relèvent d'habitudes discutables, comme la consommation de tabac, d'alcool ou encore l'excès de travail. Parfois aussi, ils sont le reflet de chimères que nous nourrissons sur le monde et la place que nous y tenons.

Les enseignements bouddhistes soulignent certains attachements dont nous pourrions très bien nous dispenser, tous reflets d'attitudes et de prises de position qui nous interdisent de progresser sur le chemin de la spiritualité.

En voici quelques-uns :

Attachement à la notion de plaisir et de déplaisir

Les accomplissements extérieurs de Daniel sont clairs, visibles à tous ceux qui consentent à y porter le regard : un poste de haut rang, une immense demeure, un chalet à la montagne, deux voitures, trois ordinateurs, ses relations personnelles, une femme d'une étourdissante beauté dotée d'une impressionnante garde-robe, d'adorables enfants qu'il ne se lasse pas de gâter. Avec toute la sincérité du monde, il aspire à tirer plaisir et satisfaction de tout ce dont il a su s'entourer, mais, à la vérité, le temps lui manque pour se consacrer à ses enfants, et plus encore pour aller faire du ski. Souvent il se lève, regarde autour de lui et se sent malheureux. Alors il sort et s'offre un nouvel objet en espérant qu'il lui apportera quelque compensation.

La plupart d'entre nous sommes très attachés aux apparences, notamment tout ce qui nous semble agréable à regarder, à toucher, à goûter. Nos sens sont grisés par des nourritures raffinées. Quelque contrarié que l'on soit, on cherche toujours le remède ailleurs, à l'extérieur de nous-mêmes. La journée aura-t-elle été mauvaise qu'on s'empressera de s'offrir une nouvelle paire de chaussures. S'est-on querellé avec son mari ou avec sa femme ? on se rabattra sur une tablette de chocolat pour pallier une glycémie soudain déficiente. Se sent-on tant soit peu déprimé ? on prendra indifféremment un verre, des vacances, une maîtresse (ou un amant). Cette recherche de compensation peut devenir obsessionnelle et remplir une vie en soi. Nous nous échinons tant et si bien à satisfaire nos appétits, tous genres confondus, que nous n'explorons jamais les causes sous-jacentes à notre incessant besoin de stimuli et de plaisirs. De fait, nous sommes à la merci de nos désirs comme de nos aversions. Notre devise pourrait s'illustrer ainsi : « Je veux ce que je veux quand je veux et où je veux. Et qu'on ne cherche pas à m'en empêcher ! »

Il est facile de comprendre pourquoi le désir nous séduit autant. Mais, comme nous l'a fait observer Bouddha, certaines personnes s'enferment dans leurs sentiments, aussi désagréables qu'agréables tout comme nous restons attachés à nos petits et grands malheurs, aux manigances dont nous sommes victimes en attendant de retrouver bon moral. En outre, quelque douloureux que puissent être ces sentiments, la notion de drame qui s'y rattache nous procure une certaine satisfaction, puisqu'elle corrobore la vision du monde et de nous-mêmes à laquelle nous sommes habitués. Souvent, nous nous prenons à nous apitoyer sur nous-mêmes, et ruminons, l'une après l'autre, chacune de nos désillusions, en les ponctuant de « si seulement... » et de « j'aurais tant voulu... ».

Attachement aux opinions et aux idées

Existe-t-il quelqu'un qui ne soit pas persuadé d'avoir en politique la vision la plus éclairée ? Qui d'entre nous ne pense pas que ses idées dans certains domaines devraient faire l'unanimité ? Nos pensées et nos opinions tiennent une très large place dans l'idée que nous nous faisons de nous-mêmes. Parfois même nous appréhendons notre perception du monde comme un héritage génétique : « Je suis de droite, de gauche ou du centre parce que j'ai été élevé ainsi », « Chez nous, le dimanche soir, nous avions l'habitude de dîner des restes du midi, et il n'est pas question qu'il en soit autrement aujourd'hui. » Nombreux sont les gens qui tiennent de tels raisonnements ; nous en connaissons tous, et peut-être même en faisons-nous partie.

En outre, non contents de rester accrochés à nos points de vue, nous portons des jugements sur ceux qui ne les partagent pas. Des nations entrent en guerre pour défendre leurs principes; on se querelle avec son meilleur ami pour une idée qu'il ne partage pas; parfois, on va jusqu'à briser son propre ménage parce qu'on préfère renoncer à sa femme (ou à son mari) qu'à ses idées. J'en veux pour exemple Glen, qui s'efforce de convaincre sa femme d'aller vivre dans une autre ville. Sa manière de faire est celle d'un nouveau converti. Il est très attaché à ce style de persuasion, et le fait d'essuyer échec sur échec ne l'empêche pas de persévérer. Toute conversation sérieuse est impossible au cours de tels instants, mais cela ne l'arrête pas pour autant.

Il existe une histoire zen bien connue au sujet d'un professeur aussi fat que pédant. Appelons-le Pr Je-sais-tout. Un jour, ce professeur lit dans le journal du collège quelque chose à propos du bouddhisme. Cela pique sa curiosité et, inquiet de ce qu'il ne peut plus se targuer de n'avoir plus rien à apprendre de personne, il décide d'en savoir davantage sur cette fameuse sagesse orientale. Apprenant que le vénérable maître zen habite la ville, il lui téléphone et lui demande d'être reçu à l'heure du thé.

Rendez-vous est donc pris et, au jour convenu, voilà notre professeur et notre maître zen assis face à face. Ce dernier verse du thé dans la tasse de son visiteur, et en verse tant et tant que le thé déborde et inonde la table. « C'est assez, maître, c'est assez ! se récrie le professeur. Pourquoi versez-vous tant de thé, quand la tasse est déjà pleine ? » Et le maître de répondre : « Un esprit trop plein doit d'abord se vider pour faire de la place à de nouveaux enseignements. »

Le message tient à ce que nos opinions et nos préjugés ne laissent guère de place à ceux des autres, comme si tout notre corps en était saturé. Ils sont si lourds à porter que les bras nous en tombent, et ils résonnent si fort que nos oreilles restent sourdes à ce qui nous entoure. Si puissante est l'image que nous nous en faisons, que nous en sommes aveuglés.

Attachement aux rites et aux coutumes

À l'instar des grands réformateurs spirituels, le Bouddha était très conscient de ce que certains de ses disciples avaient tendance à prendre au pied de la lettre chacune de ses paroles au détriment de l'esprit. En s'attachant à une pratique spirituelle (ou à toute autre chose) on court toujours le risque d'en oublier la vocation initiale, de s'en tenir à la forme sans tenir compte du fond.

Les pratiques religieuses répondent parfois à des tendances compulsives ou obsessionnelles, à une propension à s'arrêter aux formes à seule fin de se rassurer. On croit qu'à force de méditer et de réciter des centaines de prières et de mantras, un événement finira par se produire. Pourtant, cette idée va précisément à l'encontre des principes de Bouddha, puisque le moindre geste sciemment posé a plus de crédit à ses yeux que tous les rites et les symboles.

Néanmoins, de quelque façon que ce soit, nos comportements répondent toujours à un rituel. Nous nous levons, promenons notre chien, prenons notre douche, etc. Que se passerait-il si nous bouleversions nos habitudes ? En outre, y être trop attachés pourrait se révéler contraignant, ne fût-ce que parce que cela mettrait un frein à nos petits élans de spontanéité.

Récemment encore, je m'entretenais avec une personne dont la vie, se lamente-t-elle, est triste et solitaire. Elle consacre à sa spiritualité un temps si considérable qu'il ne lui en reste plus pour voir ses amis. Son quotidien se partage entre la méditation, les achats que lui impose son régime végétarien et ses séances de yoga. Elle sait, d'ores et déjà, que la rigueur qu'elle met dans ces activités a sur son existence un effet de plus en plus réducteur.

S'inscrire dans un contexte d'activités ou de pensées trop strict se fait toujours au détriment de l'essentiel, et le fond le cède invariablement à la forme. Par exemple, au lieu de passer du temps avec nos enfants, de leur apporter un amour et un soutien qui leur seraient profitables, nous ergotons à propos de tout et de rien, que ce soit leur tenue vestimentaire ou la propreté de leur chambre. En vérité, c'est seulement avec l'âge que nous comprenons que les apparences ne revêtent jamais qu'un intérêt secondaire.

Attachement à l'ego

Pour bon nombre d'entre nous, seul notre attachement à notre ego dirige nos existences ; et nul, je crois, ne pourra s'élever contre une telle affirmation. Il advient même que nous sommes si accaparés par notre personne que nous n'avons plus le temps de nous soucier d'autrui.

Il n'y a pas si longtemps encore, je remarquai, sur le comptoir d'un magasin d'artisanat indien, un buste au faciès typiquement indien. Ce faciès se singularisait par son grand nez camus, presque entièrement tordu sur le côté, et son front reposant pensivement sur un poing à demi fermé. Sur la plaquette de laiton fixée au socle était gravé : « Nez Cassé entre les mains du Créateur. »

Quand j'interrogeai le vendeur au sujet de cette sculpture, il m'appris que « Nez Cassé » était le surnom d'un chaman iroquois célèbre pour deux raisons : l'une était ses extraordinaires pouvoirs, et l'autre, son ego hors du commun. Au dire de mon vendeur, Nez Cassé avait été un homme qui ne laissait pas de se surprendre lui-même.

Aussi vint le jour où il se dit que ses pouvoirs étaient si grands, qu'il pourrait en remontrer à n'importe qui, y compris au Créateur lui-même. Sans plus tarder, il lui lança un défi, au cours duquel chacun ferait la démonstration de ses pouvoirs. Ainsi fut fait : armé de sa belle assurance, Nez Cassé se campa devant une montagne, prit une longue inspiration puis, avec une aisance remarquable, la déplaça d'un bon pied. Étonnant, n'est-ce pas ? Nez Cassé fit un pas en arrière afin de voir comment réagirait le Créateur.

Sans perdre une seconde, ce dernier s'empara de la montagne et, en un éclair, lui fit faire le tour de la terre. Le temps que Nez Cassé tournât la tête, la montagne avait repris sa place initiale. Néanmoins elle avait au passage heurté le visage de Nez Cassé, ce qui, outre lui valoir ce surnom, devait lui rappeler, comme à chacun d'entre nous, qu'en dépit de ses formidables pouvoirs, ce n'était qu'un humain, seulement un être humain comme vous et moi.

Les bonnes raisons ne manquent pas quand certaines religions nous mettent en garde contre les effets dévastateurs de l'égotisme, car ego est souvent synonyme d'orgueil et d'arrogance. Les premiers Américains prirent le proverbe « Pride Goeth Before a Fall[1] » si à cœur qu'ils le brodèrent sur leurs napperons. Les Grecs de l'Antiquité associaient l'orgueil à la vanité. Quiconque possède quelque notion de mythologie grecque se souviendra des observations qui se dégagent de l'histoire de cette ancienne famille connue sous le nom de maison d'Atrée[2], où les meurtres et les trahisons ne se comptent plus, tant ils se perpétuent d'une génération à l'autre. La meilleure preuve de vanité demeure celle selon laquelle l'homme s'imagine inlassablement pouvoir impunément défier les lois de l'univers.

Car, soyons francs : n'inclinons-nous pas, parfois, à nous prendre pour des êtres exceptionnels ? Un peu plus forts, un rien plus futés, un soupçon plus drôles que notre entourage ? Quoi qu'il m'en coûte, force m'est d'admettre que je me débats encore avec des

---

1. « De grande montée grande chute. » *(N.d.T.)*
2. Fils de Pélops et roi de Mycènes, connu pour sa haine contre son frère Thyeste et l'affreuse vengeance qu'il exerça contre lui : il massacra Tantale et Plisthène, fils de Thyeste, et les servit au père lors d'un banquet. *(N.d.T.)*

questions d'égotisme et d'orgueil. Cela m'est d'autant plus humiliant de l'avouer que c'est un phénomène dont j'ai été conscient à peu près toute ma vie.

La première leçon que je reçus à ce sujet remonte approximativement à l'époque où je débutai dans une équipe de base-ball. J'étais, bien sûr, en ligue mineure, dans la catégorie PeeWee. Mais, pour être âgé de six ans à peine, je n'étais pas moins convaincu de compter parmi les plus grands frappeurs du monde. Entendons-nous bien : pas aussi fort que les Yankees de New York, mais tout de même parmi les meilleurs.

Je me revois encore, sur le chemin du retour avec le reste de l'équipe, dans la longue Cadillac de notre entraîneur. Je me la rappelle parce qu'elle était assez vaste pour nous contenir tous. Nous avions perdu la partie, mais n'avions pas démérité pour autant puisque nous avions tous eu droit à notre cornet de glace. Quant à moi, je pensais avoir pleinement tenu mon rôle, mieux que mes camarades, en tout cas. C'est donc sans la moindre gêne que je me retournai vers l'entraîneur pour lui dire le fond de ma pensée sur la bande de mauviettes qui composaient l'équipe. Avec l'innocente infatuation que peut afficher un enfant de six ans, je me souviens lui avoir demandé : « Pourquoi les autres ne sont-ils pas tous comme moi ?

— Mais, mon petit Jeffrey, m'avait-il répondu, si tes camarades étaient tous comme toi, nous aurions neuf premiers de base gauchers dans l'équipe. » Je crois alors avoir pleinement saisi l'allusion.

Qu'on le nomme arrogance, orgueil, vanité, narcissisme ou égocentrisme, l'attachement à notre ego est, pour l'essentiel, ce qui nous coupe des autres occupants de la planète. Le véritable dialogue entre nous et notre voisin de palier ne pourra s'établir que sur un pied d'égalité, sans armure, sans douves ni donjons.

Nous avons tous tendance à nous définir et à nous identifier à travers ce à quoi nous sommes attachés : notre titre, notre statut social et professionnel, nos réalisations, nos acquis, notre garde-robe, etc. Je suis une personne prospère parce que je suis entouré de beaux objets. Je suis une personne intelligente parce que je lis et réfléchis considérablement, ce qui explique que j'aie une opinion éclairée sur les sujets d'actualité. C'est pourquoi, quand nous esquissons nos premiers pas sur le chemin de la spiritualité, c'est souvent pour avoir pris conscience que nous aspirons à autre chose que cela.

En nous engageant sur ce chemin, nous établissons un contrat tacite avec nous-mêmes, en l'espèce, nous astreindre à réfléchir sur ce que nous coûtent nos attaches, sur les fables que nous nous racontons sur ce que nous sommes vraiment, à propos de ce qui est important et de ce qui ne l'est pas. Voici sous quelle forme ces questions se posent : Possédons-nous nos biens ou sont-ce eux qui nous possèdent ? Sommes-nous la proie de nos désirs ? Nos prises de position nous définissent-elles au détriment de notre vérité profonde ? Sommes-nous prisonniers d'un besoin de concepts institutionnalisés au point de perdre de vue nos véritables objectifs ? Sommes-nous si attachés à notre ego qu'à l'exemple du chaman Nez Cassé nous soyons devenus des « accidents » en attente de survenance ?

En nous acheminant vers la spiritualité, nous commençons à nous libérer d'attachements qui, à long terme, n'ont pas de réelle importance.

Chaque renoncement laisse place à des enrichissements que nous ne saurions encore concevoir.

La grange a brûlé.
Maintenant
Je puis voir la lune.

MASAHIDE

Quelques idées simples sur la simplicité dépouillée

Un glorieux matin à ma fenêtre me satisfait davantage que la métaphysique des livres.

WALT WHITMAN

Seulement être est une bénédiction. Seulement vivre est sacré.

RABBI ABRAHAM HERSCHEL

Einstein était un homme qui pouvait poser d'immensément simples questions.

JACOB BRONOWSKI, *L'ASCENSION DE L'HOMME*

Sois humble, car tu es fait de boue. Sois noble, car tu es fait d'étoiles.

PROVERBE SERBE

Se rapprocher de la pure simplicité

Simplicité, simplicité, simplicité ! Je dis, moi, de vos affaires, n'en comptez que deux ou trois, et non cent ou mille ; plutôt que par millions, comptez par douzaines, et que vos biens tiennent dans le creux de la main.

HENRY DAVID THOREAU

Après avoir renoncé au superflu, reste l'essentiel dont on ne saurait se passer. En cessant de se cramponner à ses attachements égotistes, l'on allège son fardeau, et l'on découvre qui l'on est vraiment. En cela réside la magie de la simplicité. C'est le fondement même de la doctrine bouddhiste. Nous nous accordons tous à dire que véritable beauté et simplicité ont partie liée ; que la simplicité relève de la spiritualité et qu'à ce seul titre, c'est déjà une bénédiction. En somme, moins revient à plus. Une telle sagesse, nous la voyons s'exercer dans l'ascétique élégance du bouddhisme zen. Là, par exemple, la méditation est souvent nommée « zazen », être assis. Mais le véritable sens de zazen est « rester dans l'instant pour seulement *être,* abondonner toute pensée, toute parole, tout mouvement superfétatoire. Simplement être une pure présence ».

Dans la fébrilité de nos existences, nous aspirons à l'élégance la plus simple, au retour à la pureté, au naturel, à l'innocence. Mais pour autant que nous souhaitons un mode de vie réduit à sa plus simple expression, nos comportements sont loin de s'en rapprocher. En préparant une valise ou simplement en jetant un coup d'œil autour de lui, lequel d'entre nous ne s'est pas un instant immobilisé pour se demander : « Ai-je tout ce qu'il me faut ? », au lieu de : « Me faut-il vraiment tout ce que j'ai ? »

Que signifie exactement simplifier ? Quand je vivais dans un monastère, j'avais appris à me satisfaire de ma robe de moine et de mes sandales. Mais à présent que je suis redevenu membre à part entière de la société occidentale, je voyage avec presque autant de valises et d'accessoires que n'importe qui, tout en continuant de me demander pourquoi.

Quand je quittai l'Asie pour rentrer chez moi, au début des années quatre-vingt-dix, sauf à devoir prendre l'avion, je me déplaçai seulement en autobus et en train. Cependant, quelques années plus tard, mon père me céda sa Buick 1981, sa « Batmobile », comme nous l'appelions alors. Peu après, je repartis pour six mois au Népal, et remisai la voiture dans la grange de mon ami Tom. À mon retour, je découvris que la voiture n'avait jamais autant mérité son surnom, si grands étaient les dégâts occasionnés par les chauves-souris[1] qui occupaient les combles de la grange.

Après quelques hivers glaciaux en Nouvelle-Angleterre, je troquai la Batmobile contre une Plymouth rouge d'occasion. Peu après, mon mentor, Lama Nyoshul Khenpo, et sa femme me rendirent visite et nous effectuâmes ensemble de longs parcours, si bien que ma voiture fut bientôt affectueusement surnommée la « Lama-mobile ». N'empêche que j'y trouvais mon

1. « Bat », en anglais. *(N.d.T.)*

compte, puisqu'elle nous transportait là où nous voulions. Puis, un jour, alors que je rentrais chez moi à Cambridge, je dérapai sur une plaque de verglas et fis un tête-à-queue qui me projeta hors de la route, et je puis vous assurer que l'expérience ne fut pas des plus réjouissantes. Suite à cette glissade, quelqu'un me murmura à l'oreille la formule magique, en l'occurrence : « système de freinage antidérapant ». Je m'empressai donc d'acquérir une voiture neuve, dotée d'un tel équipement, encore qu'elle fût de dimension modeste. Elle était bleue, cette fois, et se révéla plus sûre sur les routes verglacées.

Par la suite, je m'installai dans l'arrière-pays bostonien, avec ce même dessein de mener une vie toujours plus simple et plus tranquille. Dès lors, dans la campagne de Nouvelle-Angleterre, les vocables de « chasse-neige » et de « dépanneuse » prirent à mes yeux une acception toute nouvelle : pour cause d'enneigement sur deux mètres de haut, il était impossible que ma petite voiture parcourût le kilomètre et demi de chemin de terre qui menait jusqu'à ma maison. Je m'en avisai alors que je rentrais d'un colloque, lesté de bagages et de matériel qui m'interdisaient d'abandonner ma voiture sur le bas-côté et de finir la route à pied. Je compris très vite qu'un véhicule tout-terrain était l'unique solution à mon problème. Je n'avais, dirons-nous, pas le choix : je fis l'acquisition d'une Jeep. Verte.

Au cours de ma vie, je me suis laissé prendre dans ce genre d'engrenage tant de fois et dans tant de domaines que je ne saurais les dénombrer. Autre exemple : j'aurais pu me satisfaire de mon premier ordinateur, eh bien, non : la capacité du disque dur était insuffisante, les logiciels peu « conviviaux », le modem plutôt lent, etc. Je devais donc le « mettre à jour ». Mettre à jour ? En quoi cela changerait-il la qualité de mon quotidien ?

Mais la vie est ainsi faite : compliquée, imprévisible, aussi difficile à dompter qu'un animal sauvage. Par définition, vivre n'est déjà pas simple. Pourtant, nous nous surprenons fréquemment à nous « mettre à jour », quand nous n'aspirons, en vérité, qu'à nous laisser paisiblement glisser au fil du courant, sinon à le remonter.

Ce matin encore, une amie se lamentait au téléphone de la complexité de son existence. Productrice d'un journal télévisé, elle me disait que la progression effrénée des technologies rendait impossible la possession d'un matériel adapté à ses besoins, au point que toute sa vie professionnelle en était bouleversée. « Pourquoi me faire ça à moi ? me dit-elle en ne riant qu'à moitié, submergée par l'avalanche de difficultés à surmonter dans une époque de "sur-information". Trop de choses à savoir ou à réapprendre, avant même de commencer mon travail », conclut-elle.

De tout temps, les sages ont tenu les mêmes propos, et de mille façons : à se complaire dans la complexité, on en vient à perdre de vue Dieu, le sens réel de sa vie et sa véritable personnalité. Trouver l'unique dans la multitude, tel est le jeu magique de l'existence. Or, à se laisser emporter par la multitude, qui est celle des apparences, on en vient à oublier l'unique, et à perdre de vue l'essentiel.

Pourtant, comme chercheurs spirituels, nous voulons pouvoir saisir le sens profond de nos actes. Nous voulons pouvoir trouver parmi tout ce qui encombre notre existence, notre cœur et notre esprit, ce que nous recherchons vraiment. Mais trouver des solutions simples à la vie chaotique qui est la nôtre aujourd'hui requiert une grande maîtrise de soi et une attention de tous les instants. C'est comme trouver la dernière chemise propre dans une pile de linge sale. (Je le sais, j'y étais...) Je me souviens d'avoir lu un slogan sur un autocollant, qui disait ceci : « Du chaos jaillit l'étoile qui danse. » C'est justement ce que nous voulons, nous aussi : arracher au chaos cette étoile qui danse. Et peu importe que ce soit le chaos puisque nous sommes sûrs d'y trouver l'étoile. C'est par nos propres lumières que nous saurons exactement à quoi nous aspirons. À cette fin, il nous faut d'abord simplifier.

La notion de sage ou de saint illuminé se retrouve dans tous les concepts de sagesse à travers le monde. L'illuminé – et nombreux sont ceux qui dépensèrent des trésors de persuasion pour faire entrer Bouddha, Jésus-Christ et Mahomet dans cette catégorie – est apte à contempler notre monde dans sa troublante complexité, et à l'extirper de sa gangue pour en extraire les vérités essentielles qui s'y cachent. L'*unicité* dissimulée dans la multiplicité.

La simplicité est aussi souvent associée à l'innocence et à l'émerveillement de l'enfant. J. M. Barrie, auteur de *Peter Pan,* écrivit : « Je ne suis pas assez jeune pour tout savoir », et Jésus dit que, pour entrer au royaume des cieux, nous devons retrouver notre âme d'enfant. Kitaro Nishido, poète japonais, écrivit aussi : « Je crois que je ne connaîtrais pas plus grand bonheur si mon cœur pouvait redevenir simple et pur comme celui d'un enfant. » Au cœur de notre cœur, nous nous rappelons le temps de notre enfance, nous nous remémorons les instants où nous abordions le monde avec une compréhension claire, fût-elle instinctive. Nous n'avions pas ou peu d'excédent de bagages, mais, à la place, un grand réservoir vide, attendant que nous l'emplissions d'un nombre incalculable d'idées, de préjugés, d'habitudes et d'attaches.

Nous atteindrons la simplicité en retirant, couche après couche, les strates de nos habitudes acquises au cours de notre existence, écrasés que nous sommes par le poids de considérations qui nous sont étrangères. Un haïku classique que j'ai toujours affectionné véhicule un subtil message à caractère zen :

Ô combien rafraîchissant
Est le hennissement du cheval de bât
Délesté de sa charge !

Ne serait-ce pas merveilleux, pour nous aussi, de nous délester du faix que nous avons nous-mêmes chargé sur nos épaules ? D'écarter de nous toute superfluité ? Sur le chemin de la spiritualité, la simplicité se situe sur trois plans différents :

Au plan extérieur

Nos existences se trouveront grandement simplifiées si nous renonçons aux idées préconçues que nous nourrissons sur les gens, aux espoirs et aux objets qui entourent notre vie. Nous ferons des choix plus éclairés en nous défaisant de nos mauvaises habitudes et de nos menées porteuses de désillusions.

Au plan intérieur

Nous simplifierons notre existence en simplifiant d'abord nos pensées. C'est le mieux que nous puissions faire en faveur de l'introspection et de la méditation.

Au plan de l'inné

Après avoir levé tous les voiles, nous aurons retrouvé notre luminosité intérieure, le Bouddha qui est en chacun de nous. L'Être, l'authentique Présence.

Rien de plus à imaginer, à comprendre ou à atteindre. Nous y sommes parvenus. C'est aussi simple que ça.

À la recherche de l'expérience mystique

La plus belle expérience que nous puissions vivre relève du mystique. Le mystique est la force conjuguée de l'art et de la science véritables. Tel qui est étranger à une telle émotion, et qui n'est plus apte à s'émerveiller ou à se laisser captiver, est une personne morte. Pour comprendre que l'impénétrable existe réellement, pour qu'il nous apparaisse dans sa sagesse suprême et sa beauté radieuse – ce que nos pauvres facultés mentales ne pourront appréhender que sous sa forme la plus primitive –, il nous faut savoir que cette connaissance, cette perception sont au centre de la véritable dévotion. À cet égard, et celui-là seulement, je me range parmi les hommes pieux.

ALBERT EINSTEIN

En cette ère postmoderne, il y a des gens qui ne se satisfont plus de simples croyances ou de la compréhension de certaines divinités : ils aspirent aussi à vivre un événement à caractère spirituel. Ils veulent connaître une illumination ou une expérience mystique, pouvoir toucher, ressentir, soupeser et découvrir leur propre personnalité.

Ce besoin de renforcer ses croyances par des preuves tangibles est assez compréhensible. Partout dans le monde, on aime à entendre des histoires de phénomènes mystérieux et inexpliqués. Au Tibet, ces récits évoquent fréquemment des événements survenant au moment de la mort. Certains maîtres tibétains de la méditation, par exemple, sont réputés être devenus à leur mort des corps de lumière aux couleurs de l'arc-en-ciel. Il s'agit d'un phénomène au cours duquel les corps des grands initiés se dissolvent en une énergie élémentaire et cosmique connue sous le nom de « prā nā», et qui, de fait, crée une aura de lumière semblable à celle d'un arc-en-ciel.

On dit aussi que lorsqu'un tel événement survient, il ne reste pour ainsi dire rien du corps du défunt. Parfois ce ne seront que les cheveux ou les ongles, que les disciples s'empresseront de conserver religieusement dans des urnes comme des reliques afin que l'esprit du défunt leur apporte bienfaits et protection. Mes maîtres, Kalu Rinpotché, Trungpa Rinpotché et Dudgeon Rinpotché, déclarèrent à leurs disciples avoir été témoins de pareils événements, lesquels, disaient-ils, étaient le fruit de longues et difficiles séances de yoga et de méditation.

Les contes tibétains, comme celui de l'ours et du poisson connu du monde entier, ont le don de s'amplifier à chaque narration pour atteindre des proportions insoupçonnées. On m'a raconté que les grands maîtres du tantra, ayant atteint la paix, la béatitude et l'illumination, devenaient si légers qu'ils pouvaient voler dans les airs. Nous avons tous entendu parler de ces yogis qui peuvent retenir leur souffle, non pas pendant quelques minutes, mais des jours durant, voire des semaines et des mois. Un des exemples les plus frappants tourne autour de la légende selon laquelle l'ancien patriarche bouddhiste tantrique, nommé Kukaï, se trouve dans un état de méditation totale (le Samadhi), muré au fond d'une caverne au sommet de la montagne sacrée de Koya-San, près de Kobe, depuis mille deux cents ans.

Mon mentor, Nyoshul Khenpo, me raconta une fois que les anciens lamas dormaient dans des grottes à flanc de montagne et communiquaient entre eux par la méditation. Il affirmait que ces lamas se servaient du souffle yogi et de leur énergie psychique pour se déplacer d'un lieu à un autre. Ainsi, chaque jour, pouvait-on voir dans la vallée des lamas en état de lévitation dans le soleil couchant. J'ai toujours aimé cette image des robes safran des lamas essaimées dans le bleu du ciel himalayen.

Sur de tels sujets, chacun devra tant soit peu faire preuve d'humour. Les histoires miraculeuses que l'on chuchote au Tibet procèdent pour une large part d'une tradition orale se perpétuant de génération en génération. En ce qui me concerne, j'ai appris à appréhender ces histoires avec beaucoup de réserve, et pourtant, lors de mon séjour au Népal, auprès de lamas éclairés, j'ai assisté à des phénomènes que je ne saurais expliquer. Je me trouvais là, aux côtés de mon vieux maître yogi tibétain, quand ce dernier expira profondément, m'adressa un sourire apaisant, puis se plongea dans la méditation. De mes yeux je l'ai vu alors assis dans la Lumière immaculée de la méditation, près d'une semaine durant, sans que son organisme en fût affecté. Le corps avait gardé sa température, et les joues leur éclat rosé.

Un de mes premiers gourous, feu Karmapa, seizième du nom, lut clairement dans mes pensées en maintes occasions, allant même jusqu'à émettre explicitement sur certains disciples et moi-même des prédictions qui devaient s'avérer ultérieurement. Partout on le disait extralucide.

J'ai aussi connu des lamas qui ne dorment apparemment jamais. Le phénomène tiendrait à ce qu'ils ont purifié leurs cœurs et leurs esprits des brumes qui les enténèbrent et qui font obstacle à la clairvoyance qui somnole en chacun de nous. Ainsi ces maîtres libèrent-ils un flot ininterrompu d'énergie qui leur permet d'accéder au principe de vie cosmique et éternelle, que l'on appellera indifféremment claire Lumière, luminosité intérieure ou nature de Bouddha.

J'ai trop souvent assisté à des phénomènes d'illumination et de guérisons pour me les rappeler tous. Ils ne sont pas aussi rares qu'on pourrait le croire, et sont beaucoup plus connus en Orient qu'en Occident. Personnellement, je pense que les prières et les pouvoirs d'illumination que confère à certains lamas le profond « Vajrayana » ou Voie du diamant ont permis de prolonger la vie de personnes que je connais. J'ai également pu me rendre compte que ces maîtres avisés avaient suscité des révélations soudaines chez de nombreux amis du dharma.

Cependant, hormis tout cela, le plus grand miracle auquel j'aie jamais assisté demeure le miracle de l'amour : j'entends par là l'amour inconditionnel et divin, la compassion, les bienfaits spirituels qui se répandent du cœur et qui, par le truchement de la sagesse et de la pratique du dharma, ont recueilli les fruits du cheminement spirituel. Selon le dharma bouddhiste, il existe deux catégories de pouvoirs miraculeux ou, comme on les appelle, des « siddhis ». Ils se partagent entre les pouvoirs terrestres et les pouvoirs transcendantaux. Quelques exemples de pouvoirs terrestres sont la transmission de pensée, la lévitation, la prédiction, etc. Les pouvoirs transcendantaux, qui incluent l'amour divin et l'illumination, sont sensiblement plus significatifs. Dans le bouddhisme tibétain, la maturité spirituelle – dont amour et vérité en sont l'exemple – est révérée par-dessus tout, avec ou sans pouvoirs magiques ou surnaturels.

Quand il est question de phénomènes inexpliqués, les bouddhistes ne sont plus seuls à en témoigner. Saints et sages de toute appartenance religieuse ont fait la démonstration de guérisons miraculeuses qui, comme d'aucuns pourraient le croire, ne furent pas immédiatement reçues comme telles. L'Église catholique romane, par exemple, a officiellement institué une pratique consistant à authentifier les miracles associés à Lourdes, haut lieu de pèlerinage où la Vierge Marie apparut à Bernadette. En de telles occurrences, le besoin de preuves se fait expressément sentir, et pourtant, il survient encore des guérisons que la raison ne saurait expliquer. Pour ma part, j'ai perçu la grotte comme un lieu sacré d'où se dégagent une énergie et un pouvoir spirituels extraordinaires, et qui mérite largement d'être visité. J'ai quelques amis étudiants dans la région qui ont consulté des guérisseurs, et tous me jurent que des changements concrets se sont opérés en eux. De tout cela on ne saurait douter, car trop longue est la liste de ces phénomènes que l'on ne peut expliquer autrement qu'en disant qu'ils relèvent du miracle.

Le désir de croire au mystère et au miracle tient une grande place dans la recherche de la spiritualité. Mais ce désir de comprendre nous laisse aussi à la merci de charlatans et de prétendus chercheurs de vérité de tout acabit. Parfois, nous faisons montre d'une naïveté qui n'a d'égal que notre enthousiasme.

Maintes fois il fut demandé à Bouddha la raison pour laquelle il ne faisait pas la démonstration de ses pouvoirs miraculeux. Il répondait alors que c'était là une question secondaire, que les vrais miracles résidaient dans la sagesse et dans l'amour. Toutefois, s'il faut en croire les sutras, il en réalisa en quelques occasions. Un de ces écrits fait état d'un débat entre lui et un rassemblement de sages. Débat qui, finalement, donna lieu à un « concours » de miracles. On vit ainsi un sage marcher sur l'eau, puis un autre sur le feu. En réponse, Bouddha remplit le ciel de centaines de bouddhas semblables à lui-même, et chacun s'inclina révérencieusement devant ses extraordinaires pouvoirs. Des peintures illustrant ce miracle célèbre ornent les murs de nombreux temples bouddhistes. Quelque temps plus tard, un de ses disciples devait néanmoins lui rappeler ses paroles, selon lesquelles il n'était point utile de faire la démonstration de ses pouvoirs miraculeux, à moins de porter secours à autrui. À cela Bouddha répondit que ce ciel rempli de bouddhas était destiné à prouver qu'il existait plus d'Illuminés que l'œil pouvait en percevoir. Ainsi permettait-il aux sceptiques de constater *de visu* ce qui leur était communément refusé.

De tels exemples sont souvent cités afin d'inspirer foi et dévotion. En maintes circonstances, à travers les siècles, ce fut précisément le cas.

De nombreux chercheurs entreprennent une méditation à seule fin de faire l'expérience de phénomènes uniques. Je me rappelle mon étonnement devant mes découvertes, quand je commençai à méditer, en Inde, auprès de mon maître Goenka. Ce dernier conduisait des retraites de dix jours de cours intenses de méditation. Tous ses disciples et moi-même étions soumis à une discipline monastique : un seul repas frugal le midi, peu de sommeil, et silence total pour écouter les enseignements du maître. Ce séminaire était radicalement différent de ce que j'avais connu jusqu'alors. Je commençais à vivre d'extraordinaires moments d'illumination et de béatitude. La nuit, au cours de rêves d'une étonnante clarté, j'avais l'impression d'être habité par Bouddha. Durant ce séminaire, je connus de nombreuses nuits d'insomnie, et pourtant, le lendemain, une sieste de quelques minutes après l'unique repas de la journée (végétarien, il va sans dire) suffisait à pallier mon manque de sommeil. Transporté de joie, je me précipitais vers le maître, afin de lui rendre compte de mes découvertes. Ce dernier se bornait à répondre, avec un petit rire : « Bien, très bien. Continue de méditer. » Par la suite, j'allais m'entretenir avec d'autres élèves qui avaient vécu la même expérience : Goenka avait chaque fois eu la même réponse, et chacun s'en était trouvé satisfait.

Vous vous demanderez sans doute quels étaient ces événements nés de mon esprit durant mon initiation à la méditation. De quelque nature qu'ils eussent été, ils n'ont qu'une moindre importance car, à l'exemple de Goenka, tous les maîtres s'en tiennent à ce conseil : ne pas s'attarder à ces découvertes, seulement en prendre note, éprouver les sentiments qu'elles suscitent, prendre pleinement conscience des éléments qui les composent, puis cesser d'y penser, sans chercher à les développer, à leur attribuer une signification particulière ou à se les approprier. Continuer simplement de méditer.

Quand j'étudiais au Japon auprès du maître zen Uchiyama Roshi, je lui posais des questions similaires, auxquelles il répondait toujours avec emphase : « Contente-toi d'observer, ce ne sont que des makyo », « makyo » signifiant, bien sûr, « illusion » ou « hallucination ».

Nos nombreux professeurs de yoga et de méditation nous rappelaient souvent de ne pas nous laisser troubler par nos visions ou nos sentiments d'euphorie, si vivaces ou agréables qu'ils puissent être ; de nous souvenir qu'il ne s'agit là que d'errances de l'esprit, de rêves ou, comme le stipulent les sutras bouddhistes, de bulles d'air passant dans le courant. Prudent, un conte tibétain relate comment un yogi tibétain est mort noyé après avoir voulu poursuivre la vision de déesses qu'il avait invoquées, au cours d'une nuit de méditation, au bord d'un lac.

Aujourd'hui, de nombreux élèves viennent à moi en ayant vécu de semblables événements, augmentés d'autres strictement de leur cru. S'il n'y a rien de nouveau sous le soleil, les découvertes sont loin d'être épuisées en matière d'illusion. Pour ne citer que quelques exemples, de nombreux Occidentaux m'ont avoué que la méditation les avait conduits à croire qu'ils étaient la réincarnation de célèbres lamas. D'autres, et pas des moindres, m'ont dit avoir eu la vision de leurs vies antérieures. D'autres encore sont convaincus d'avoir des liens cosmiques avec les personnes qu'ils rencontrent – surtout si elles sont séduisantes. Souvent ces mêmes personnes sont transportées et même grisées par leurs découvertes. Des gens m'ont même dit être la réincarnation du gourou Rinpotché, fondateur du bouddhisme tibétain au VIIe siècle. Il est toutefois intéressant d'observer que personne ne se souvient d'avoir été domestique ou vilain petit canard. Pourtant, les raisons existent pour que ces élèves aient de telles visions : leur rappeler qu'il est une réalité autre que celle que perçoivent nos yeux, pour ne citer que celle-là.

Il va sans dire que les conseils que je donnerais à ces chercheurs sont très semblables à ceux que mes maîtres me prodiguèrent jadis : persévérez, continuez de méditer ; gardez l'esprit en éveil, les yeux et le cœur grands ouverts. Que pourrais-je ajouter ? Parfois une vision n'est qu'une vision. Ne restez pas attaché à ces découvertes ; ne vous complaisez pas dans ce qui est arrivé hier, quand bien même il s'agirait d'un rêve lumineux ou d'une vision lors d'une séance de méditation. Que reste-t-il de concret, quand l'éphémère se dissout comme la rosée du matin ? À quoi bon être exalté ou déçu ? Bornez-vous à rester sur le fléau de la balance, et ne recherchez point la preuve que vos découvertes mystiques sont réelles. Si tel est vraiment votre karma, ceux qui sont à la recherche de la réincarnation des grands lamas ou des descendants des Romanov sauront vous trouver, soyez-en assuré.

Il arrive que nos perceptions sur certains phénomènes paranormaux soient justes. Mais il est également fréquent que nous soyons dans l'erreur. On peut cependant dire que les véritables enseignements persistent, alors que les illusions se dissipent rapidement. Tout ce que l'on raconte à propos du mont Fuji va et vient, mais la montagne, elle, demeure. En clair, ne perdez pas de vue votre véritable objectif ; persistez, plutôt, dans votre persistance. Dix mille ans vous attendent. Dès à présent.

Des ombres ici et là

L'Ombre est un problème moral qui en appelle à l'ego dans son entièreté, car personne ne peut devenir conscient de cette Ombre sans un effort moral considérable. S'en aviser impose de reconnaître en l'aspect obscur de notre personnalité un fait aussi présent que réel. Cela étant la condition essentielle de la connaissance de soi, elle se heurte, en tant que règle, à une résistance incalculable.

CARL G. JUNG

S'il est de fait que nous possédons tous une lumière intérieure innée, chacun d'entre nous cèle aussi son côté obscur. Tout comme il n'y a pas de droite sans gauche, de haut sans bas, d'est sans ouest, la lumière sans l'ombre est une contradiction en soi. Pour s'en convaincre, il suffit de constater les jeux d'ombres et de lumières qui existent autour de nous. Dans les cieux eux-mêmes brillent des milliers d'étoiles, mais existent aussi d'insondables trous noirs. D'aucuns affirment que Dieu seul n'est que lumière. Mais si Dieu est vraiment pure lumière, d'autres objecteront que le monde lui-même est déjà le côté obscur de Dieu.

Une vie spirituelle se définit souvent par la recherche de l'illumination et de la lumière. Mais que faire de ces ténèbres dont nous connaissons d'ores et déjà l'existence ? Que faire de l'aspect obscur de notre personnalité ? Comment faire cohabiter Dr Jekyll et Mr Hyde en chacun d'entre nous ?

La plupart des théologiens et des érudits contemporains affirment qu'il serait vain de croire que l'on peut transcender ou nier l'élément obscur. Ils l'affronter avec une grande persuasion que la meilleure façon de s'en accommoder consiste à l'affronter, à le reconnaître en tant que tel et à s'employer à résoudre les conflits qui s'y rattachent. Tous les chercheurs découvrent qu'en définitive ces aspects obscurs constituent au cours de leur vie spirituelle l'essentiel de leur combat. Bouddha n'y fit pas exception. La nuit qui précéda l'illumination, il fut confronté aux ténèbres sous la forme de Mara, archétype de déité des ténèbres, souvent perçu comme la mort elle-même. Mara est, de fait, synonyme de destruction. À seule fin de détourner Bouddha de sa quête d'illumination, Mara survint, accompagné de sa meute de démons, comme lui suppôts du mal et des ténèbres. Mais, ulcéré par la sérénité de Bouddha, Mara manda alors sa plus ravissante fille afin de le séduire. En pure perte, cependant, car, outre sa peur, l'ascète était aussi maître de ses désirs. Même sous ce jour-là, il n'avait rien à prouver, puisque déjà libéré de toute attache. Ainsi, comme Bouddha la regardait impassiblement, la jeune fille se changea à son tour en démon.

Le mythe de l'illumination de Bouddha ne se différencie guère de ce qu'il est dit dans les Saintes Écritures à propos de Jésus, avant qu'il entreprît son périple à travers la Palestine. À l'exemple de Bouddha, il partit dans le désert pour jeûner, méditer et prier. « Le démon l'emmena tout en haut de la montagne et, lui montrant les royaumes du monde et leurs splendeurs, lui dit : "Tout ceci t'appartient si tu consens à m'adorer." Et Jésus répondit : "Retourne d'où tu viens, Satan." » Quelques théologiens prennent l'histoire de Bouddha et de Jésus au pied de la lettre, quand d'autres n'y voient qu'une brillante allégorie, un exemple frappant de ce qui pourrait attendre tout chercheur spirituel.

Or, si Bouddha fut lui-même tenté par les démons, comment en serait-il autrement pour nous ? À chacun de nous il incombe d'affronter sa part de ténèbres ; à chacun d'entre nous il échoit aussi d'explorer les recoins obscurs de son âme. Cela ne se manifeste point par une exhortation à lutter contre quelque manifestation physique, mais plutôt par un conflit intérieur. Les démons que nous devons combattre procèdent de notre propre imagination. À l'instar de la fille tentatrice de Mara, quelques-uns peuvent même revêtir un aspect avenant et séduisant.

Selon Carl Jung, ces silhouettes fantomatiques peuvent s'expliquer par des éléments refoulés de notre personnalité auxquels nous refusons de nous identifier. L'ombre est le point faible de notre persona apparente, et contient la part de nous-mêmes que nous voulons garder celée, parfois même à notre propre regard. Qui d'entre nous peut se targuer de ne pas dissimuler quelques cadavres dans les placards de sa mémoire et de son psychisme ? Tenter de réprimer, d'éradiquer ou seulement de nier le côté obscur de notre personnalité revient à prendre le risque de le voir resurgir sous d'autres visages. Ne commettez pas l'erreur de croire que les ténèbres qui nous habitent n'ont pas de répercussions sur notre existence. L'ombre n'est pas un concept philosophique, car il incombe à chacun de nous d'affronter journellement ses démons, des démons qui nous tentent et se jouent de nous, qui nous effraient et nous répugnent. Ils se manifestent sous divers aspects et différentes dimensions, selon ce que nous sommes et le sens que nous donnons à notre vie. John, par exemple, est confronté aux ténèbres chaque fois qu'il s'emporte contre sa femme et ses enfants au point de perdre son sang-froid. Margot, elle, affronte ses démons chaque fois qu'elle s'adonne à la boisson ; Dave, chaque fois qu'il fait des compromis irraisonnés qui vont à l'encontre de ses convictions ; Carolyn dans des relations amoureuses auxquelles elle se cramponne vainement. En un mot comme en cent, la part obscure de nous-mêmes nous pousse à dire des mots ou à commettre des actes que nous préférerions ignorer.

Les ténèbres, nous les voyons partout autour de nous. Les journaux et la télévision regorgent de scandales, de turpitudes et de manquements dont des dirigeants – politiques ou spirituels – sont victimes ou responsables. Si protégés qu'ils semblent par une armure en acier trempé, des failles n'en subsistent pas moins qui révèlent d'obscures manigances.

En toute honnêteté, je ne crois pas que la malhonnêteté à laquelle nous assistons journellement soit intentionnelle. Si nous la voyons souvent apparaître chez les gens qui nous dirigent, c'est surtout à cause de leur méconnaissance de soi. Ils sont si préoccupés par leur personnalité apparente et par leur image publique, qu'ils préfèrent nier et réprimer leurs conflits intérieurs plutôt qu'y être confrontés. Cette forme de négation a ceci de pervers qu'à vouloir projeter le bien, elle n'engendre que le mal.

Les ténèbres apparaissent dans notre existence sous forme de projections. Chez les personnes que nous observons, les traits de caractère qui nous frappent le plus sont simplement ceux que nous avons refoulés ou refusé de reconnaître en nous. En vérité, nous nous entourons souvent de gens dotés de personnalités que nous ne sommes guère enclins à admirer. Timothy a de nombreux amis dont la conduite pourrait être perçue comme plus que répréhensible, attendu qu'ils sont cupides, frivoles et parfois même immoraux, quand lui se perçoit comme un individu intègre et droit. Mais si tel est vraiment le cas, comment expliquer qu'il ait de telles fréquentations ?

Peu ou prou, nous avons tous un comportement identique à celui de Timothy. Un comportement que la part de ténèbres qui est en nous saurait expliquer avec justesse. Les ombres qui nous habitent nous entraînent en des lieux où ne nous voudrions pas aller. Moins nous serons à même d'affronter nos démons, plus nous serons amenés à les combattre sous des formes différentes et dont nous ne serons pas conscients. Ce qui constitue le côté obscur de notre personnalité, nous le voyons surtout chez autrui, et l'attirons immanquablement à nous.

Toutefois, les ténèbres qui nous habitent peuvent très bien devenir notre alliée en se muant en une source d'enseignements ou, à l'inverse, rester notre ennemie. Plus nous prendrons conscience de ce dont nous sommes faits, du bien comme du mal, de la lumière comme des ténèbres, plus nous pourrons gouverner notre existence avec justesse, équilibre et spiritualité. William James a dit: « Ce que nous appelons conscience n'est qu'une part de la grande conscience. Autour de nous gravitent une infinité de mondes que les voiles les plus fins séparent. »

Les profondeurs du monde invisible, indicible et occulte des ténèbres qui nous effraie tant ne sont que la simple expression de notre réalité intérieure, de notre subconscient œuvrant en silence sur nos esprits inexplorés. Nous découvrirons ce qui s'y cache grâce à l'intro-spection, en nous plongeant au fond de nous-mêmes pour saisir nos craintes à deux mains et les brandir en pleine lumière, comme on le ferait d'un objet arraché aux abysses de l'océan. Autant que nos facettes lumineuses, notre part de ténèbres peut donc se révéler une vraie source d'enrichissement spirituel. Je me risquerais même à ajouter que ces ténèbres n'existent qu'à cette seule fin. Le message qu'elles véhiculent est très clair, à savoir que nous devons explorer notre personnalité et procéder à sa transformation. Tout comme Bouddha fut confronté à Mara avant son éveil, il survient souvent que nous soyons plongés dans les ténèbres avant que jaillisse la lumière. Saint Jean de la Croix nommait cela « la nuit de l'âme». Dans le Dzogchen, nous appelons cela la nuit sans lune, qui, de l'intérieur, est aussi brillante qu'une nuit de pleine lune. La pleine lune sur un ciel sans étoiles est symbole d'illumination, illumination à laquelle elle parviendra après avoir achevé son cycle, dont le commencement se signale par son premier quartier, après deux nuits d'obscurité totale.

Il convient de garder à l'esprit que rien n'est entièrement négatif et désespéré ou même désespérant. Chacun connaît le vieil adage : «Après la pluie, le beau temps.» Les choses peuvent changer, et nous pouvons trouver la lumière. En parvenant à une vision plus complète et plus holistique de la réalité, nous comprenons que l'ombre n'est rien d'autre que la lumière, qu'en vérité il n'est rien de tel comme l'ombre ou, en l'espèce, le froid. Ces deux termes participent de la lumière, de l'énergie et de la chaleur, qu'elles soient présentes ou absentes. Ils illustrent le précepte spirituel selon lequel seule la lumière existe, que toute chose émerge du Tao, pure énergie, état naturel.

J'ai en moi une petite ombre qui vient et qui va,
Son usage est plus grand qu'il m'est permis de voir.
Elle m'est très ressemblante et de la tête aux pieds,
Je la vois qui me précède quand je saute dans mon lit.

ROBERT LOUIS STEVENSON,
LE JARDIN POÉTIQUE D'UN ENFANT

Porter la mort à la lumière

Si t'aimes la vie, chérie,
C'est pour battre la mort et l'envoyer au diable.

FRANK SINATRA

Comme la vie, la mort est un processus. On pourrait même aller jusqu'à dire que l'on meurt dès l'instant où l'on naît. S'il existe une certitude, c'est bien celle de notre propre mort. Nier la mort, ou seulement la dissimuler au fond de nos pensées, revient à se détourner de tout ce qui fait la vie.

Frank Sinatra est mort ; la princesse Diana est morte ; Mère Teresa est morte ; Albert Einstein est mort, Albert Schweitzer aussi. Qu'ils aient été puissants, riches, intelligents, célèbres, beaux, talentueux ou saints, ils sont tous morts. À un moment ou à un autre, nous finissons tous par mourir, et pourtant, combien parmi nous se comportent, agissent et vivent comme s'ils en étaient convaincus ?

Nous, bouddhistes, nous avons été instruits de ce qu'il nous faut protéger la vie, apprécier la vie, ou, à l'exemple de Frank Sinatra, être amoureux de la vie. Cependant, songer à la mort, réfléchir sur notre condition de mortels, procède fondamentalement de la spiritualité bouddhiste.

Non pas l'espérer, non pas la désirer, non pas la précipiter, mais seulement y penser. Pour dire l'entière vérité, Bouddha affirma que la mort fut son gourou, le plus grand de ses maîtres. Voilà une notion qui mérite quelque réflexion.

À l'évidence, Bouddha ne fut pas l'unique maître spirituel à exhorter ses disciples à se pencher sur les constituantes de la vie et de la mort. D'autres l'ont assurément fait, avant et après lui. À travers les siècles, on a fréquemment attribué à cette macabre doctrine un aspect effrayant parce que dégageant des relents sulfureux. Je conviens qu'elle puisse souvent paraître effrayante et même, à certains égards, répréhensible; pourtant, la prise de conscience de la mort est, le plus souvent, le moteur qui nous propulse sur le chemin de la spiritualité.

Quand j'entrepris mes trois années de retraite sur lesquelles je faisais fond pour m'ouvrir à la méditation, un des membres de la petite troupe de moines et de moniales que nous formions alors était sensiblement plus âgé que les autres. Il occupait une cellule voisine de la mienne, et je ne pouvais m'empêcher d'admirer son enthousiasme et sa détermination. Cela lui venait de ce qu'il disposait de moins de temps que le reste du groupe, disait-il, et qu'il voulait parvenir à la paix du cœur et à l'illumination avant que la mort ne s'emparât de lui.

Si la constatation de notre non-permanence nous rappelle l'inconsistance et la ténuité de l'existence, elle nous livre aussi les principes essentiels pour vivre l'instant présent. La vie humaine est une grande bénédiction. Dans la mesure où nous acceptons et assimilons le fait que nous sommes mortels, il nous faut alors, par voie de conséquence, traiter de la question primordiale de notre manière de vivre et de l'utilisation du temps qui nous est imparti. Il nous faut renoncer à toute forme de procrastination, sous prétexte que nous avons tout le temps d'accomplir ce à quoi nous aspirons et d'être ce que nous voulons devenir. Si nous sommes convaincus de vouloir devenir meilleurs, et plus attentifs à notre entourage, il convient d'être à pied d'œuvre dès à présent. Le souvenir de la mort nous rappelle que la vie est comme l'eau mugissante d'une cascade dont rien ne saurait retenir la chute. Votre existence est ici, maintenant, en ce moment précis. Que feriez-vous aujourd'hui si vous vous saviez mort demain ou le mois prochain ? À qui vous adresseriez-vous ? Que feriez-vous ? Quelles volontés aimeriez-vous exprimer ? De vos tâches, lesquelles resteraient inachevées ?

Récemment, j'ai entendu parler d'un homme – que nous appellerons Gordon – à qui l'on avait diagnostiqué une forme très rare de cancer. Plus qu'un mois à vivre, avait prédit son médecin. La surprise fut aussi terrible que soudaine : Gordon n'avait que cinquante ans et, à juste titre, pensait avoir encore bien des années à vivre. Gordon n'avait rien fait de sa vie dont il pût s'enorgueillir, car chacune de ses trois ex-femmes lui vouait une égale rancune et ne lui adressait plus la parole. De ses nombreux enfants, il ne s'en trouvait pas un qui lui témoignât son affection, si bien que Gordon avait fini par tourner sa colère contre lui-même.

Scientifique de profession, Gordon effectua quelques recherches sur cette forme particulière de cancer et en vint rapidement à la conclusion que le diagnostic qui lui avait été délivré était le bon. Force lui était donc de regarder la réalité en face : il ne lui restait plus que quelques semaines à vivre.

Gordon était un homme complexe et tourmenté. Ses relations avec autrui prenaient souvent figure de conflits dont il voulait à tout prix sortir vainqueur. Il n'avait jamais été aimable, plutôt cruel, éveillant chaque fois un grand malaise chez ceux qui l'approchaient. Sûr de lui comme il l'était, Gordon n'aurait jamais imaginé qu'il pourrait succomber à quelque maladie. Mais puisqu'il devait mourir, autant s'y préparer, se résigna-t-il. En homme d'action qu'il était, et devant l'imminence de sa mort, que lui restait-il à faire ?

Il fit la seule chose qui s'imposât à son esprit: prévenir les personnes qui lui avaient été proches de la triste nouvelle, mais aussi leur demander d'oublier leurs griefs, d'essayer, autant que faire se pouvait, de ne garder de lui que les bons souvenirs, et de venir l'assister dans ses derniers instants. Si étonnant que cela puisse paraître, c'est ce qui arriva. Ainsi vit-on affluer à son domicile ex-femmes, parents, enfants, amis, anciennes relations de travail, toutes les personnes qui l'avaient détesté, mais qui avaient néanmoins accepté de venir assister celui qui allait mourir.

Pour le temps qui lui restait à vivre, Gordon voulait évoquer les relations qu'il avait eues, les bons moments qu'il avait partagés avec sa famille et ses amis. Il voulait leur demander pardon pour s'être montré insensible et mesquin. Désireux de résoudre ses problèmes relationnels, il organisa de nombreux repas qui rassembleraient les personnes qu'il avait connues.

Au début, cette initiative parut pour le moins insolite aux ex-femmes de Gordon, ainsi qu'à ses enfants, ses beaux-enfants, ses frères, ses sœurs, ses neveux et nièces, ses anciens collègues et amis, ne sachant trop ce qu'ils auraient à se dire ou à dire à Gordon. Mais, comme ils se rassemblaient dans la grande salle de séjour ou lui tenaient compagnie dans sa chambre, la situation prit un tour inattendu. Ils se rappelèrent l'homme qu'ils avaient aimé et même admiré, le personnage généreux, doué d'une formidable énergie qu'il avait été. En un moment où il devait faire face à la mort, Gordon se révélait sous son meilleur jour. À vrai dire, il laissait trop de bons souvenirs pour que l'on s'arrêtât aux mauvais. Autre phénomène notable, toutes ces personnes qui s'étaient perdues de vue commencèrent à se percevoir comme les membres d'une grande famille moderne dont elles étaient plutôt fières de faire partie.

Au moment où Gordon sombra dans le coma, la famille au grand complet, ainsi que de nombreux amis vinrent à son chevet. Partagés en petits groupes, ils le veillèrent sans désarmer sur son lit d'hôpital. Quand il mourut, à trois heures du matin, moins de cinq semaines après le diagnostic initial, près de vingt personnes s'étaient rassemblées dans la chambre, se soutenant les unes les autres.

La mort de Gordon est plutôt inhabituelle. On serait tenté d'y voir une histoire un peu romancée ; je sais, pourtant, que c'est la pure vérité. Gordon mourut dans les conditions exactes qui lui avaient été énoncées. Mais, dans le très court laps de temps qui lui restait à vivre, il fit en sorte de bouleverser les relations qu'il avait jusque-là entretenues avec ses proches, de même que les sentiments qui s'y rattachaient. C'était un but qu'il s'était fixé au crépuscule de sa vie, et il y était parvenu. La plupart d'entre nous abordons l'existence comme si elle allait durer indéfiniment, mais si nous savions d'avance le temps qui nous est échu, que ferions-nous ?

En Occident, la mort est un sujet rarement évoqué, alors que chez les bouddhistes tibétains, cela fait partie de la conversation courante. Il n'y a pas si longtemps, je reçus un e-mail du Népal, émanant d'un ami occidental du dharma, m'apprenant la mort d'un important lama. Le message précisait que, bien que mort depuis plus d'une semaine, le vieil homme avait gardé sa posture de profonde méditation, et l'aspect de sa peau, celui d'un être vivant. Le corps ne montrait ni rigidité cadavérique, ni signe de décomposition.

Dudgeon Rinpotché se plaisait à lancer sur le ton de la plaisanterie que « la mort est l'instant où les véritables disciples peuvent enfin s'exhiber ». Par ces mots, il voulait dire qu'en récompense de leur humilité à avoir atteint la lumière spirituelle, la mort des grands disciples s'accompagne de miracles, sous forme de manifestations physiques ou climatiques. Ces manifestations revêtent une très grande importance en ce qui a trait à la foi, mais restent d'un accès très délicat pour les Occidentaux que nous sommes.

Pour peu que je voyage en Asie, et que je me retrouve en compagnie de lamas et de leurs épouses, il n'est pas rare que les conversations tournent autour de la mort de tel ou tel disciple. En dépit de leur grand âge, ils éprouvent toujours une certaine curiosité à connaître les circonstances dans lesquelles les bouddhistes occidentaux trouvent la mort. Était-ce au cours d'une séance de méditation ? Étaient-ils auréolés d'un arc-en-ciel ? Était-il apparu des signes ou des miracles ? Avait-on vu des aigles traverser le ciel ? Un bref instant, j'oublie mon scepticisme d'Occidental pour me glisser dans la peau d'un Oriental avec un petit rire intérieur. En vérité, mes amis occidentaux n'ont aucunement besoin de telles manifestations pour renforcer leur croyance en la tradition bouddhiste. Mais je crois comprendre que mes hôtes tibétains aiment à s'entendre dire que les Occidentaux gardent la foi, même à l'instant fatidique de leur propre mort, assez longtemps, en l'espèce, pour que cette foi se traduise par quelque manifestation transcendantale.

Au cours des trois années de retraite que je cite plus haut, je me suis fait une excellente amie en la personne d'une jeune Américaine nommée Terry Clifford. New-Yorkaise, titulaire d'un doctorat, initiée au bouddhisme dès la fin des années soixante, Terry possédait une personnalité que je n'hésiterais pas à qualifier d'éblouissante. Outre un ouvrage sur la psychologie et la médecine tibétaine, elle pouvait s'enorgueillir de nombreuses initiatives destinées à inciter des lamas à séjourner aux États-Unis, afin qu'ils transmissent leur savoir aux Occidentaux. Elle avait quarante-cinq ans quand, après trois années de retraite en France, elle rentra au pays. Quelque temps plus tard, elle commença à se plaindre de maux de tête. Une tumeur au cerveau fut bientôt diagnostiquée.

Terry dépérit rapidement. J'étais encore en retraite, mais je me souviens avoir entendu dire que Dodrup Rinpotché, celui qui avait été son maître lors de son séjour au Sikkim, lui avait rendu visite afin de l'initier à de nombreux concepts ésotériques. Quoique déclinante, Terry semblait, au dire de chacun, sereine. Riche des enseignements qui lui avaient été donnés, elle se sentait en paix avec elle-même.

Il est de coutume qu'un lama assiste un mourant afin de le guider, grâce à des incantations, à travers les « bardos », ces périodes transitoires qui succèdent à la mort. Quand Tulku Pema Wangyal, son maître, proposa à Terry de venir à son chevet, cette dernière l'en remercia, mais ajouta qu'elle n'en concevait nullement le besoin. Je me revois encore l'écoutant, m'étonnant de sa foi, une foi si grande qu'elle pouvait s'abstenir de soutien, même dans l'imminence de sa mort. Nous étions tous très fiers d'elle.

Terry mourut quelque temps après que l'on eut diagnostiqué sa maladie. À l'heure de son trépas, chez elle, à New York, elle s'assit à la manière yogi, assistée de Vivian, sœur bien-aimée du dharma. Plus tard, cette dernière devait m'apprendre que Terry était morte assise, lucide et méditant. Au moment de rendre son dernier soupir, elle murmura à Vivian : « Ça y est » ; l'instant suivant, elle était partie.

Pour une existence spirituelle comme la sienne, cela me semble, quant à moi, une fin très évocatrice que cette façon de partir dans les bras d'une sœur compatissante, très représentative aussi du bouddhisme occidental. Après la mort de Terry, ses frères du Nyingma Khenpo procédèrent aux prières et aux rites destinés à faciliter le passage de leur condisciple dans l'au-delà, puis assistèrent à la crémation du corps.

Il est à noter que mon amie est morte dans la certitude et la paix de l'esprit. Elle put affronter la mort avec sagesse, sincérité et lucidité. Mon sentiment est qu'elle a accompli la tâche qui lui était destinée, et qu'elle a recueilli les fruits de son indéfectible dévotion. Elle me manque, toutefois. Nous avions partagé tant d'instants de bonheur, chez nous comme au loin.

Songer à notre propre mort peut se révéler une expérience troublante. La majorité d'entre nous réagissons un peu comme Woody Allen quand il dit: « Je n'ai pas peur de la mort; tout ce que j'espère, c'est n'être pas là quand elle arrivera. » Cette boutade, je pense que chacun peut la faire sienne. Pour peu que l'on y réfléchisse, la notion de mort se révèle si effrayante, que s'en détourner semble encore la meilleure solution.

Or, si nous redoutons la mort, c'est essentiellement à cause de notre refus de renoncer à ce que nous croyons être. Notre plus grand attachement est moins tourné vers nos biens ou les êtres qui nous sont chers que vers nous-mêmes. Personne ne veut mourir. L'ego refuse de lâcher prise. Les bouddhistes nomment la mort de l'ego la « grande mort », en opposition à la « petite mort » qui n'affecte qu'au corps physique. Ce qui surtout heurte notre compréhension, c'est la façon dont se manifeste la mort d'une existence égotiste. Mais la renaissance spirituelle par la transcendance et l'illumination de soi nous ouvre les portes d'une immortelle félicité qui n'est pas si différente – sinon parfaitement identique – de notre concept occidental de « vie éternelle ». Si je vous disais qu'il existe beaucoup plus que nos yeux ne sauraient voir, me croiriez-vous?

En invitant ses suivants à songer à leur inéluctable trépas, Bouddha ne les incitait pas à se complaire dans le pessimisme ou le macabre; il leur rappelait simplement que le corps périclite et vieillit, et que, pas plus que tout autre, y compris vous et moi, ils ne pouvaient indéfiniment espérer jouir des plaisirs terrestres, de la sécurité matérielle, voire de leur clarté mentale. Bouddha voulait surtout les convaincre que l'unique chose sur laquelle ils pouvaient s'appuyer était la bonté intrinsèque, la nature bouddhique primordiale, la luminosité intérieure, l'amour lumière enfin, qui sommeillent en chacun d'entre nous. Bouddha encourageait ses adeptes à canaliser leurs pensées vers cette lumière qu'il savait d'expérience exister, à apprendre à vivre par elle et pour elle, en apprenant à aimer toute créature comme nous nous aimons nous-mêmes.

Ô fils et fille de famille de lumière. Votre clairvoyance innée (rigpa) est inséparablement constituée de lumière et de vacuité. Elle réside en vous, source prodigue de lumière, au-delà de la vie et de la mort. Elle est, à la vérité, le bouddha de la Lumière Inchangée.

EXTRAIT DU *LIVRE DES MORTS TIBÉTAIN*

Renaissance, ici et là

Le bouddhisme tibétain est particulièrement reconnu pour ses enseignements sur la renaissance, encore que cela relève plutôt de la croyance universelle que de la pensée ordinaire. En parcourant quelques anciens documents, je suis tombé sur ceci :

ÉPITAPHE DE BENJAMIN FRANKLIN

Ci-gît Benjamin Franklin, imprimeur,
telle la couverture d'un livre ancien,
dont le contenu déchiqueté, dépouillé de son [texte
et de ses enluminures, repose ici,
pitance pour les vers ;
Néanmoins, son œuvre n'est pas perdue car,
tel qu'il adviendra (et qu'il le pensait),
elle réapparaîtra
dans une édition renouvelée, plus élégante,
revue et corrigée
par l'auteur.

BENJAMIN FRANKLIN

Benjamin Franklin fut un héros de mon enfance. Au cours de sa vie, il parut s'investir dans quelque événement qui revêtit à l'époque tant soit peu d'importance. Naturellement, je l'admirais pour ses aphorismes et ses traits d'esprit, mais je fus surtout transporté quand j'appris sa tentative de faire voler un cerf-volant en plein orage à seule fin d'accroître sa connaissance de l'électricité. Deux siècles plus tard, sa curiosité intellectuelle force toujours l'admiration.

Ayant grandi à Long Island, il va sans dire que j'ai beaucoup appris sur le personnage et le *Liberty Bell*[1] de Philadelphie. Mais on ne m'a jamais rien rapporté de ses vues sur la réincarnation, ni de celles de quiconque, soit dit en passant. Ce n'est que quelques années plus tard, naturellement, au moment où Shirley MacLaine se mit à évoquer ses découvertes, que tout bascula, y compris pour les banlieusards de Long Island.

Comme l'atteste l'épitaphe du grand homme, la notion de réincarnation n'était pas aussi étrange ou ésotérique que d'aucuns pourraient se l'imaginer. Longtemps avant Benjamin Franklin (et même Shirley MacLaine), quantité de gens dans le monde souscrivaient déjà au concept de la réincarnation. N'importe quel lycéen se souviendra de Pythagore, né dans la Grèce antique, en 582 avant Jésus-Christ, et de son fameux théorème, mais moins nombreux sont ceux à savoir que, de son temps, Pythagore et ses disciples s'intéressaient déjà à la transmutation de l'âme. Subsiste même un trait d'humour, relatif à cette époque et que voici : passant près d'un chien qu'on était en train de maltraiter, Pythagore s'était récrié : « Cessez immédiatement ! Cet animal possède l'âme d'un ami. Je l'ai reconnu au son de sa voix ! »

À l'époque où naquit Jésus, les juifs avaient, eux aussi, foi en la réincarnation ; pareillement aux premiers chrétiens jusqu'en l'an de grâce 325, quand le concile de Nicée décréta *urbi et orbi* que le phéno-

1. Journal dans lequel Franklin rédigeait ses chroniques. *(N.d.T.)*

mène relevait de l'hérésie. Aujourd'hui comme alors, bon nombre de populations à travers le monde, qu'elles soient hindoues, jaïns, taoïstes ou bouddhistes, accueillent favorablement certaines formes de réincarnation.

Dans leur volonté d'être précis, les bouddhistes, toutefois, préfèrent substituer à « réincarnation » le mot « renaissance ». En effet, la notion de réincarnation est plutôt hindoue que bouddhiste, en ce qu'elle induit le concept d'une âme éternelle et inchangée sans cesse résurgente. Et quoique chaque nouvelle existence lui confère une nouvelle identité, cette âme éternelle ainsi nommée demeure, vie après vie, et cela jusqu'au parachèvement de sa parfaite (ré)union avec Dieu.

La renaissance, préférée des bouddhistes, se rattache à la croyance d'un esprit infus qui ne cesse d'évoluer et de se mouvoir. On peut le comparer à l'océan, où l'eau (nature du Bouddha) subit diverses variations, se traduit par de nombreuses manifestations ou incarnations, comme les vagues se forment et se transforment l'une par l'autre, vie après vie autant que jour après jour, heure après heure, instant après instant. Autre métaphore, celle de la roue à aubes dont les godets se remplissent et se vident indéfiniment au rythme de sa rotation.

Dans tout ce que nous faisons, dans chaque instant (comme dans chacune de nos vies), réside le pouvoir de purifier ou d'altérer la lumière qui infuse notre esprit. Sur cette subtile différence quant à savoir s'il existe ou non une âme immortelle et qui ou quoi est fondé à renaître, repose un des fondements du Bouddha, en rupture avec les traditions hindoues de son époque.

Bouddha, qui était persuadé d'avoir vécu de nombreuses vies, affirmait aussi avoir eu la perception de son karma comme un entrelacs de relations de cause à effet résultant de ses vies antérieures. Non content d'avoir du commencement et de la fin des vies qu'il avait déjà vécues une perception éclairée, il en perçut les différents cycles, et les modèles de conduite générateurs de ces vies. Intuitivement, il prit conscience des principes de la causalité karmique, de leurs interrelations, de leur interdépendance et de leur interpénétration.

Les Occidentaux issus de traditions promouvant concomitamment l'existence de l'âme et celle de l'esprit semblent n'éprouver aucune difficulté à agréger réincarnation et renaissance en un concept unique. Au demeurant, il est dans le caractère des chercheurs de ne pas s'attarder sur les conflits théologiques qui se sont engagés au fil de l'histoire, encore qu'il ne soit pas rare de les entendre débattre sur le bouddhisme moderne contemporain, quant à savoir si la renaissance joue ou ne joue pas un rôle dans la définition du bouddhisme. Si, fut un temps, cette notion était considérée comme essentielle, bien des choses ont changé depuis.

Les maîtres d'aujourd'hui nous enseignent en effet que le bouddhisme est extraordinaire en ce qu'il ne nous contraint à aucune croyance particulière pour atteindre l'illumination. Pour seul dogme il a la méditation, l'intro-spection, la sagesse, l'amour d'autrui, et un sens moral aigu vis-à-vis du monde qui nous entoure. Dès lors, la croyance cède le pas à la découverte personnelle et à l'enrichissement spirituel, tous deux considérés comme fondamentaux.

Renaître au Tibet

Nombre de connaissances sur la renaissance dispensées aux Occidentaux émanent de ce qu'ils ont lu ou entendu au sujet de la longue lignée des Dalaï-lamas, qui, pour les Tibétains, sont la réincarnation du bodhisattva Avalokiteśvara, le bouddha de la compassion. Le Dalaï-lama actuel est le quatorzième de ces chefs spirituels. Au Tibet, la croyance soutient que lorsqu'un grand chef bouddhiste tel que le Dalaï-lama disparaît, il (ou elle) a la faculté de désigner la personne en qui il renaîtra afin qu'elle poursuive sa mission. À sa mort, ses effets sont répartis entre ses proches conseillers, lesquels les gardent précieusement jusqu'au jour où un signe, un oracle, les instruira de la naissance du nouveau Dalaï-lama, autant que de l'endroit où l'enfant peut être découvert. Le Dalaï-lama n'est pas élu ou choisi : il est recherché, trouvé et reconnu selon un processus bien défini, incluant parfois des instructions orales ou écrites émanant du défunt lama.

Ceux qui auront vu le film *Kundun* l'auront appris : le jeune enfant que l'on croit la réincarnation du Dalaï-lama est interrogé, afin de savoir s'il possède quelques souvenirs rémanents de son existence antérieure. La même procédure est suivie par d'importants lamas du Tibet. Cette procédure est connue sous le nom tibétain de « tulku », et le lama réincarné est aussi appelé « tulku », que l'on pourrait littéralement traduire par « incarnation de sagesse » ou « manifestation de Bouddha ».

Nombre de mes maîtres tibétains ne sont plus de ce monde, mais leurs tulkus, qui portent le même nom qu'eux, grandissent dans des monastères dispersés à travers le monde. Le sage et éclairé maître de méditation Kalu Rinpotché, par exemple, est réputé s'être réincarné dans le fils d'un neveu, qui, outre son secrétaire, était aussi un de ses disciples. Cet enfant partage actuellement son existence auprès de ses parents, entre les monastères de Darjeeling et du Bhoutan. Mon premier maître tibétain fut le lama Yeshe. Son tulku se trouve être un adolescent espagnol qui vit à présent dans le sud de l'Inde, dans un monastère connu sous le nom de Sera, qui fut aussi le nom du monastère du lama Yeshe, au Tibet. De nombreux Occidentaux ont été reconnus comme étant la réincarnation de maîtres tibétains, parmi lesquels quelques femmes.

Tout récemment encore, je rentrai du monastère de Shechen, au Népal, où, une semaine durant, j'avais participé à la traditionnelle intronisation d'un jeune enfant reçu comme le tulku de Dilgo Khyentse Rinpotché. Ainsi qu'on peut se l'imaginer, ces intronisations sont toujours prétexte à de joyeuses manifestations.

Cependant, l'oppression que la Chine exerce sur le Tibet ne manque pas de soulever de nombreux problèmes à propos des nouveaux tulkus. De tout temps, le personnage le plus haut placé dans la hiérarchie bouddhiste après le Dalaï-lama a été le Panchen-lama. Or, chacun se souviendra des flots d'encre qu'a fait couler ces dernières années le successeur du défunt Panchen-lama. Bien qu'ayant été reconnu par le Dalaï-lama en la personne d'un jeune Tibétain, le gouvernement chinois, à seule fin d'exercer son diktat, lui substitua un enfant de son choix. Du véritable Panchen-lama, que l'on croit séquestré en Chine, personne n'a plus entendu parler depuis. Aujourd'hui encore, le Dalaï-lama s'emploie à rameuter l'opinion mondiale pour qu'on libère celui qu'il considère comme le plus jeune prisonnier politique. Il s'agit là d'une véritable tragédie.

Au Tibet proprement dit, la lignée la plus connue de lamas réincarnés après le Dalaï-lama et le Panchen-lama est celle des Kamarpa-lamas, qui illustrent l'exemple le plus ancien du principe tulku. Ce principe devint partie intégrante de la culture tibétaine au cours du XIIe siècle, après que le premier Karmapa, à la tête de la lignée Kagyu, parvint à l'illumination. Il existe une légende sur cet événement et qui est tenue pour parole d'évangile par les Tibétains. Elle raconte qu'au moment où Kamarpa connut l'illumination, les dakinis, déités féminines, furent si enthousiastes qu'elles voulurent lui faire un présent inhabituel. De leurs cheveux elles tissèrent un chapeau noir que le Karmapa garderait symboliquement sur sa tête où qu'il allât. C'est la raison pour laquelle le Karmapa est connu comme étant le « lama au chapeau noir ». Quelques siècles plus tard, l'empereur de Chine ordonna que l'on fabriquât une couronne noire sertie de pierreries à l'intention du cinquième Karmapa. Cette couronne, à présent de tissu, est souvent portée au cours d'initiations et autres cérémonies. Les Tibétains entretiennent la croyance selon laquelle toute personne qui apercevrait le Karmapa portant cette couronne recevrait une bénédiction particulière et serait assurée de connaître l'illumination.

Un autre mythe prétend qu'au cours de sa vie Bouddha avait prédit qu'une lignée de lamas illuminés nommés Karmapa répandraient le dharma pour le bien de l'humanité jusqu'à l'illumination finale. En fait, « Kamarpa » signifie « celui qui poursuit la tâche de Bouddha ». Ces Karmapa, qui continuent d'être la plus ancienne lignée des tulkus tibétains, sont réputés prédire leur propre mort de même que leur propre renaissance. En conséquence de quoi, ils transmettent leurs instructions sous forme de lettre prémonitoire sur le moment de leur retour, ainsi que la forme sous laquelle ils réapparaîtront.

Considéré comme Bouddha vivant, le Karmapa, seizième du nom, fut l'un de mes maîtres préférés et aussi le plus proche. Quiconque s'approchait de Gyalwa Karmapa sentait en cette présence qui inspirait d'emblée le respect une grandeur et un pouvoir spirituels immenses.

Je fis sa connaissance dans un monastère de Darjeeling. Mon premier face-à-face avec lui eut lieu au cours d'une bénédiction. Nous attendions en ligne, et au moment où vint mon tour, j'étais, comme il se doit, fortement impressionné, si considérable était sa présence spirituelle. Chacun voyait en lui un brillant esprit et, chaque fois que j'allais le revoir, sa personnalité allait profondément m'émouvoir.

Peu après, mes amis m'apprirent que j'apparaissais sur une photographie du Karmapa dans une vitrine de la ville. Je m'en rendis compte *de visu* quelque temps plus tard en allant dans l'échoppe du photographe. Le cliché montrait, en effet, le Karmapa m'adressant un sourire, mais, comme je lui faisais face, seule une partie de mon visage était visible. Quand, en manière de plaisanterie, je reprochai au photographe d'avoir gâché par ma présence un si bel instantané, il me répondit le plus sérieusement du monde qu'il eût aimé fixer sur la pellicule le seul sourire du Karmapa, mais que, de l'endroit où il se tenait, il n'avait eu d'autre choix que de me garder dans son objectif. Je possède néanmoins un exemplaire de cette photographie, et j'avoue que c'est une de mes préférées, à cause des bons souvenirs qu'elle me rappelle.

Le Karmapa, qui effectua de nombreux voyages aux États-Unis, avait son monastère à Woodstock, au sommet d'une colline. Il mourut à l'hôpital de Chicago en 1981. À l'exemple de la majorité des Tibétains, c'était un fervent croyant de la renaissance. Le seizième Gyalwa Karmapa fut aussi un grand ami des animaux. Au Népal, je lui connus un chien de compagnie, tout noir, ainsi que de nombreux oiseaux exotiques, y compris des perroquets, à qui il apprenait à réciter son nom mantra, « Karmapa Chenno », qui pourrait se traduire par « Lama, prends garde à moi ».

Une des histoires que j'affectionne le plus à propos du Karmapa me fut racontée par un de ses suivants. À l'époque où Sa Sainteté n'était qu'un jeune garçon vivant dans un monastère du Tibet, une servante, nommée Yonga, disparut mystérieusement dans la nuit sans qu'on la revît jamais. Personne ne semblait avoir idée de l'endroit où elle était allée. Quelques séances de méditation rassurèrent le jeune Karmapa sur son sort : la servante était sauve ; en conséquence de quoi, il décida de s'en désintéresser. Néanmoins, quelques années plus tard, il devait apprendre que Yonga était effectivement morte. Attristé par cette nouvelle, le jeune Karmapa fit dire de nombreuses prières à la mémoire de cette servante pour laquelle il avait eu une grande affection.

Le temps passa. Puis, un jour, alors qu'il n'était encore qu'un adolescent, le Karmapa et ses suivants traversaient à cheval les plaines de l'est du Tibet quand, profitant d'une halte, le jeune homme décida de faire quelques pas. Un moine suivait, non loin derrière.

« Yonga ! Yonga ! » se mit-il soudain à crier ainsi qu'il avait coutume de le faire avec feu sa servante. Le suivant se demandait après qui diable il criait ainsi, mais il continua néanmoins à suivre le Karmapa, assuré que les dharma protecteurs veillaient sur son jeune maître.

Ainsi, ce dernier poursuivit sa route dans la prairie désertée, tout en continuant d'appeler : « Yonga ! Yonga ! » Puis soudain apparut, bêlant, un petit mouton bleu himalayen. Sans la moindre crainte, la bête trottina vers le Karmapa et, s'agenouillant, se mit à lui lécher la main.

Le garçon se retourna alors vers son suivant avec une mine réjouie pour annoncer : « À présent, Yonga est revenue parmi nous. »

On raconte qu'à compter de ce jour Karmapa, roi du grand dharma, et le mouton furent inséparables.

Renaissance en Occident

La renaissance du dharma du Bouddha, ici, en Occident, est l'œuvre d'un important groupe de maîtres bouddhistes venus d'Asie, et dont la générosité permit de transmettre les connaissances spirituelles aux Occidentaux que nous sommes. Une très large part du mérite revient essentiellement au seizième Karmapa, celui que l'on disait, sans contredit possible, le bouddha vivant, et que beaucoup tenaient pour extralucide et omniscient. De fait, préoccupé par les intentions de la Chine à l'endroit du Tibet, le Karmapa quitta son pays natal bien avant qu'il ne fût investi par les communistes, en 1959, pour s'installer, avec ses suivants, dans un monastère du Sikkim.

Au cours de sa vie, le Karmapa, seizième du nom, s'employa à répandre les premières idées du dharma par de nombreux voyages sur les continents européen et américain, convaincu que la propagation du dharma hors du continent asiatique s'imposait de manière irrévocable. Il va sans dire que le Karmapa était éminemment conscient des bouleversantes prédictions énoncées dès le VIIIe siècle par Padma Sambhava, fondateur du bouddhisme tibétain. Une de ses plus célèbres prophéties atteste que « le jour où voleraient des oiseaux de fer et que les chevaux galoperaient sur des roues, le peuple du Tibet serait brutalement dispersé à travers le monde comme d'un coup de pied dans une fourmilière, et le dharma trouverait refuge dans la terre des hommes au visage rouge ». Nombreux furent ceux à dire qu'en choisissant de mourir à l'hôpital de Chicago au lieu de sa terre natale, le seizième Karmapa envoyait un message aux bouddhistes du monde entier. Le dharma et le bouddhisme venait de faire un pas de géant.

Je songe souvent au Karmapa et rêve de lui avec une surprenante récurrence. À ses disciples il dit : « Chacun de vous restera éternellement en mon cœur. Écoutez ma voix qui résonne en vous, et ainsi vous saurez. » Nul ne le tint jamais pour un grand érudit ; mais tous louèrent sa compassion, son énergie, sa science et sa clairvoyance. Ce fut un grand maître spirituel.

Quand on est en Asie, en compagnie de lamas, de tulkus, de moines, de moniales et de bouddhistes ordinaires qui, tous, ont une foi inaltérable en la renaissance, le climat spirituel est si fort qu'il est difficile de s'y soustraire. À l'époque où le seizième Karmapa initiait ses disciples au dharma, d'étonnants phénomènes survenaient ; rêves spirituels, flux d'énergie, visions du

Bouddha et d'autres déités étaient chose fréquente, tout comme l'étaient différentes sortes d'éveils. Dans un tel contexte, une renaissance semblait tout à fait plausible, et quand, comme cela m'est arrivé, on entendait un jeune tulku évoquer sa précédente vie, on ne pouvait réagir que favorablement. Pourtant, en Occident, on serait beaucoup plus enclin à dire : « Oui, mais… qui peut savoir, exactement ? »

Renaissance ici et maintenant

Fort de ces enseignements, on pourrait se demander en quoi cet ancien concept de la renaissance et du renouvellement de soi peut agir sur notre vie de tous les jours. Nous serions pourtant plus éclairés si nous gardions en mémoire que ce concept de renaissance ne s'adresse pas seulement aux individus, mais à tout ce qui constitue la vie, car les idées peuvent renaître, les mouvements peuvent renaître et, certes, le dharma peut renaître lui aussi. De fait, il est en train de renaître, ici et maintenant, pendant que nous nous parlons. Il renaît en vous, il renaît en moi, et en tous ceux qui veulent entendre son appel.

La renaissance d'un individu ne se fait pas seulement vie après vie, mais aussi dans l'instant. Chaque expiration que nous faisons est comme une petite mort qui, conséquemment, donne aussitôt lieu à une renaissance. La moindre transformation, chaque changement auquel nous nous soumettons, consiste à renaître. L'occasion nous est offerte de nous réinventer continûment, et, du reste, nous ne nous en privons pas, puisque même les cellules de notre corps changent tous les sept ans. Je n'invente rien : cela a été scientifiquement établi. Notre esprit est en perpétuelle mutation. Nous sommes tous en cours d'élaboration avec, devant nous, une foule de possibilités.

À un moment ou à un autre, nous nous sommes tous sentis déprimés ou vaincus. Dans de tels moments, nous attendons que renaisse l'espoir. Les gens qui se séparent pour se réconcilier ensuite font souvent référence à la renaissance de l'amour. Nombre de personnes m'ont fait observer que ce concept de renaissance n'est pas si éloigné de l'idée de renouveau et de résurrection symbolisée par la pâque chrétienne.

Nous nous demandons tous – et nous en inquiétons un peu aussi, n'est-ce pas? – ce qu'il adviendra de nous après la mort, ce qui subsistera par-delà le tombeau; si nous connaîtrons une vie meilleure ou si nous sombrerons dans un glacial oubli. Or, à cet égard, le concept de la renaissance nous aide à observer directement au-dedans de nos vies la manière dont s'exerce le processus d'évolution: nous abandonnons notre enfance, notre jeunesse; nous renonçons à certaines habitudes pour aller vers la maturité, puis sombrer dans la vieillesse. Pour autant que ces renoncements nous soient faciles, nous serons plus aptes à franchir l'étape suivante. Chaque fois, il nous faudra vider un peu la coupe de nos fixations, de nos préjugés et de nos opinions afin de laisser place au renouveau. Les enseignements tibétains sur la renaissance prônent tous le principe de l'instant présent et une conscience soutenue de la vie comme de la mort.

La notion de renaissance recouvre cependant un autre propos: à l'image des maîtres orientaux qui consentent à enseigner le dharma aux Occidentaux, il nous appartient d'être le reflet de la bonté, de la sagesse et de la réflexion, de telle sorte que chaque jour renaissent justement bonté, sagesse et réflexion.

En des temps où le temps se mesure en millionième de seconde, une renaissance, comme tout le reste, semble survenir plus rapidement. Une pensée s'ouvre sur une autre pensée. Une notion est à peine abandonnée qu'elle est incontinent remplacée par une autre. Tout va si vite! Pour chaque existence se présente une infinité d'occasions de renaissances et de glorieux recommencements. Plus nous plongerons profondément dans notre présent, moins nous offririons de résistance au flot ininterrompu du changement et de l'évolution. Vivre ici et maintenant nous permettra de voguer sans anicroche dans le courant des événements, alors que par des prises de position rigides et définitives, nous serons immanquablement balayés ; les montagnes et même les continents n'échappent pas à cette règle. Pour tirer, notre vie durant, les pleins bénéfices d'une renaissance, il convient de lâcher prise, de ne pas rester figés sur nos idées et nos concepts. Cessons de résister et laissons la réalité couler à travers nous.

De tout temps et de maintes façons, les peuples ont essayé de prolonger la vie ou d'interférer dans le principe de transformation naturelle. Tout, depuis la momification jusqu'à la cryogénisation, a été tenté. Cela revêt un aspect obscur, et les chercheurs se garderont de toute légèreté en matière de vie ou de mort, car le problème est si vaste, tellement effrayant que souvent l'on incline à retenir les idées les plus folles. À seule fin d'échapper à ces transformations naturelles, d'aucuns optent pour le suicide. Là, on ne peut s'empêcher de penser à tous ces pauvres gens de Jonestown qui mirent un terme à leur existence ou aux membres de la secte de la Porte du Paradis. Certains d'entre eux firent même une apparition à la télévision. Pour intelligents et cultivés qu'ils parussent, à quoi diable pensaient-ils ? Comment purent-ils un instant s'imaginer chevauchant la queue d'une comète ? Le bouddhisme tibétain nous enseigne qu'il est condamnable de tuer un être humain, y compris soi-même.

Comprendre le sens véritable du merveilleux concept qu'est la renaissance nous aide à accepter l'inévitable, à renoncer à tout ce qui constitue l'éphémère, que ce soit notre enveloppe charnelle ou un somptueux gâteau au chocolat, mais aussi, de façon beaucoup plus significative, à la vaine croyance selon laquelle l'inévitable peut être évité. Cette mise en pratique de la notion de renaissance renforce notre volonté de vivre véritablement, suivant des règles morales, mais dans la joie de l'instant, dans la conscience aiguë que tout change et que tout renaît.

Il n'est pas plus étonnant de naître deux fois que de naître qu'une.

VOLTAIRE

La foi et le doute

Ainsi, la foi est l'assurance que nos espoirs se réaliseront, la conviction que l'invisible existe.

HÉBREUX, 11,1

Pour vivre, il convient d'avoir la foi. Foi pour se brosser les dents, foi pour se dévêtir, foi pour remonter son réveille-matin, foi pour se mettre au lit. Avant de se coucher, les maîtres Kadampa du Tibet sacrifient à la coutume du lit de mort, en retournant leur tasse de thé, pour se rappeler la non-permanence de leur existence. Rien n'indique, en effet, que nous nous réveillerons demain matin ; partant, le seul fait de régler son réveil est déjà un acte de foi en soi, puisque nous croyons à un lendemain que nous ne pouvons qu'imaginer. La foi, c'est cela.

Il semble presque impossible d'aborder le sujet de la spiritualité contemporaine sans parler de foi. Chaque religion, tout concept de croyance en appelle à la foi de quelque manière que ce soit. Les juifs entretiennent la croyance d'avoir été investis de la parole de Dieu, parole selon laquelle un messie viendra, qui les réunira tous en terre d'Israël. Un des thèmes principaux abordés au cours de la pâque juive se traduit par le cri de ralliement : « L'an prochain à Jérusalem. » Tous les juifs partagent cette croyance. Pour les chrétiens, le Messie est déjà venu en la personne du Christ et sa promesse. Tous les dimanches, dans les milliers d'églises disséminées à travers le monde, les catholiques chantent le mystère de la foi : le Christ est né, le Christ s'est élevé au-dessus des foules, le Christ reviendra. Les musulmans croient au prophète Mahomet, par la bouche duquel se répand la parole divine.

Cependant, le bouddhisme n'étant pas une religion au sens théiste du terme, quelques esprits éclairés allégueront que la foi ne participe pas de la pratique bouddhiste, et préféreront – à mon sens à juste titre – mettre en exergue l'importance du culte. Thich Nhat Hanh a dit : « C'est moins une question de foi qu'une question de pratique. » Bouddha lui-même aborda de façon très pragmatique la pratique spirituelle, déclarant en substance : « Essayez, vous verrez bien ce qui en ressortira. » Ces quelques mots illustrent un des conseils les plus répandus de Bouddha.

Toutefois, mettre l'accent sur la pratique ne doit pas pour autant nous faire oublier le rôle de la foi dans le culte bouddhiste. En réalité, les maîtres tibétains soutiennent unanimement que la foi et la dévotion jouent un rôle prépondérant sur le chemin de la Lumière. Le chant bien connu de la lignée de Maha mudra nous dit bien : « Le renoncement est le socle de la méditation, la réflexion et la conscience en sont le cœur, la foi et la dévotion la tête. Puissions-nous nous ouvrir à ces qualités spirituelles et progresser sur le chemin. » Le renoncement en est le fondement parce que fouler les sentiers du spirituel permet au chercheur de s'éloigner des biens terrestres ; la réflexion et la conscience en sont le cœur parce que au cœur même de la pratique ; la foi et la dévotion la tête parce que s'y trouvent les yeux, qui favorisent la vision approfondie de soi.

Au terme de mes études secondaires, je me rendis à Bodh Gaya, là même où Bouddha connut l'illumination. Je m'y retrouvai seul, perdu dans une file interminable de chercheurs et de pèlerins. Ce que je me rappelle le mieux, ce sont de longs débats sur la foi et l'esprit avec des gens de rencontre durant une nuit entière. Le groupe que nous formions était des plus éclectiques : certains d'entre nous étaient chrétiens, d'autres juifs, bouddhistes, hindous, taoïstes, sufis, sikhs et jaïns. Je retrouvai là des Californiens sur les chemins de Katmandou, des étudiants préparant une thèse, des linguistes, des athlètes de haute volée, des grimpeurs, d'anciens Bérets verts ayant servi au Viêt-nam, des commerçants et des contrebandiers, en même temps qu'un nombre incalculable de moines et de moniales, catholiques autant que bouddhistes. Il y avait ceux qui entendaient passer une seule nuit dans un ashram, et ceux qui y séjournaient depuis des décennies, ceux dont la dévotion n'allait qu'à un seul gourou et ceux qui les consultaient tous. Des sages et des sinoques, des saints et des pécheurs et tout ce qui peut se trouver entre les deux.

À Bodh Gaya, les temples pullulent : birmans comme tibétains, zen autant qu'hindous. Le temple zen se caractérise par un immense gong, transporté par bateau depuis le Japon, et que deux bonzes font résonner à l'aube et au crépuscule. Nous en guettions le son, ponctuant chacun de nos jours, et dont l'écho se propageait jusque dans les plaines. Dès la tombée de la nuit, des milliers de Tibétains se dirigeaient, une lampe au beurre de yak à la main, vers le stupa, pour s'incliner révérencieusement devant la statue dorée du Bouddha assis à l'ombre de l'arbre bodhi.

On ne peut que s'émerveiller de l'immense foi et de l'extrême dévotion que suscite un lieu comme Bodh Gaya. Cependant, si, après ces longues palabres, il apparut tout aussi clairement que chacun avait des vues personnelles sur ses croyances, il n'en restait pas moins que tous ces gens croyaient en quelque chose, sinon comment expliquerait-on un si long pèlerinage ?

Des croyances, il en existe de toutes sortes à travers la planète. Nous en voyons les manifestations partout. Néanmoins, il n'est personne chez qui la foi soit innée ou automatiquement acquise. Elle fait partie de ces sentiments qui ne nous viennent pas aisément, mais, *a contrario*, au prix d'efforts soutenus. Oui, bien sûr, il est des individus pour qui croire est plus aisé qu'à d'autres. Moi qui vous parle, je me suis toujours considéré un peu cynique, quelqu'un qui objecte à tout. Ici, en Occident, il m'arrive de rencontrer des personnes aux croyances les plus diverses, croyance aux anges gardiens et aux démons, à l'astrologie, aux boules de cristal, au spiritisme, et aussi à Dieu et son cortège de saints patrons. Nombreux aussi sont ceux qui, à l'exemple de saint Thomas, ne jugent pas nécessaire de croire en une chose dont ils n'ont pas fait personnellement l'expérience. Parmi ceux-là, se reconnaissent ceux pour qui la foi est un sujet de raillerie, qu'ils associent à la superstition. Mais à la vérité, la foi ne peut faire que du bien. Des études médicales ont démontré qu'elle favorisait parfois la guérison de graves maladies. Cela prouve que ce que d'aucuns nommeront superstition, d'autres l'appelleront science. Une foi profonde a la vertu de chasser de nous toute peur, et de nous donner le sentiment de tenir une place dans le grand univers. Le théologien catholique, feu Henri Nouwen, dit un jour : « La foi est la confiance absolue en ce que notre place est, et sera, toujours ici. »

En Asie, bien sûr, nombreuses sont les déités que l'on vénère ou auxquelles on croit. Alors que le bouddhisme quittait l'Inde pour se transporter vers l'Himalaya, l'Asie du Sud-Est, la Chine, la Corée, le Viêt-nam et le Japon, des bribes des religions autochtones s'y glissèrent. Il s'ensuivit une séparation du bouddhisme en trois branches distinctes : le zen, le theravadin et le vajrayana. Le cœur infini du dharma est éternel et ne saurait être soumis à des considérations culturelles, linguistiques ou temporelles. Nonobstant, il existe dans ces branches variées du bouddhisme des différences qui sont le reflet de subtiles nuances dans l'expression de la foi.

Au Tibet, la religion qui précéda le bouddhisme se nomme Bon, un système de croyance fondé sur un chamanisme possédant son panthéon de dieux et de démons. Quelques rites parmi les plus colorés du Bon ont trouvé leur place au sein du bouddhisme tibétain et subsistent encore aujourd'hui. Ces rites connaissent un écho favorable auprès de certains Occidentaux, quand d'autres les pensent trop « exotiques », de la même manière que certaines personnes s'accommodent fort bien de l'élégante sobriété du zen, alors que certains le jugent trop strict. Au demeurant, nombreux sont les bouddhistes occidentaux qui me disent se sentir davantage « chez eux » dans le vipassana moderne ou dans la traditionnelle méditation intérieure, laquelle est probablement de celles qui intègrent le moins de rites et de coutumes.

Sur ces trois traditions, une question m'est souvent posée : « En quoi les bouddhistes croient-ils, exactement ? » Et, pour être entièrement franc, il n'est pas rare que je m'interroge sur mes convictions. Sur quelles croyances, s'il en est, s'articule la religion bouddhiste ? Je crois, quant à moi, qu'il existe différentes pratiques reflétant l'âme du principe bouddhiste.

Un exemple : *les bouddhistes ont foi en la découverte d'un havre de paix dans la tourmente de la vie.*

Ce havre, nous le trouvons dans ce que nous tenons pour les « Trois Joyaux », à savoir, le Bouddha, le dharma, et la sangha. Dans toutes les traditions bouddhistes, un adepte du culte s'agrège à la communauté en prenant part à un rite ancien connu sous le nom de cérémonie du refuge. La prière du refuge ou des vœux est énoncée simplement en ces termes :

Je trouve refuge dans le Bouddha, maître illuminé

Je trouve refuge dans le dharma, enseignement spirituel

Je trouve refuge dans la sangha, communauté spirituelle...

Trouver refuge dans la gemme triple atteste de notre foi en Bouddha, en tant que maître de l'éveil, et, par sa

« bouddhicité », en la capacité pour chacun d'entre nous de s'éveiller à la Lumière. Dès lors, cela induit la croyance au dharma, enseignements spirituels illuminés, et à l'existence de la vérité pure et simple. Cela atteste enfin de notre foi à la sangha, aptitude à guérir et à être guéri par l'amour et le soutien trouvés au sein de notre communauté spirituelle. Recherchera-t-on assistance et consolation spirituelle qu'on se tournera invariablement vers le Bouddha, le dharma et la sangha.

Pour être subtile, cette croyance n'en a pas moins une très grande portée. En parvenant à croire – ou ne fût-ce qu'imaginer – pouvoir atteindre la Lumière, c'est-à-dire sa « bouddhicité » innée, le chercheur solitaire aura foi, par voie de conséquence, en sa valeur intrinsèque, en son véritable potentiel et en son aptitude innée à la bonté.

Le Dalaï-lama étonna un groupe d'érudits occidentaux en leur demandant ce qu'ils entendaient par l'expression « avoir une piètre estime de soi », tant il était peu familier de ce concept, bien qu'il enseignât le bouddhisme à des Occidentaux depuis plusieurs décennies. Au Tibet, il n'existe aucun terme équivalent à « une piètre estime de soi ». Comment cela se pourrait-il dans un pays où chacun est perçu comme un Bouddha en puissance ? De fait, à un certain degré, l'estime de soi, la valeur intrinsèque et la notion d'appartenance sont tenues pour acquises. Cela étant, cette croyance en sa propre valeur s'étend conséquemment et logiquement à tout individu. Si éveillés à la compassion que nous puissions être, les autres le sont autant que nous.

En parlant de foi, nous soulevons infailliblement la question de son antonyme, c'est-à-dire le doute, côté obscur, face cachée de la foi. Il suffit d'un simple regard sur le monde qui nous entoure pour que les doutes qui nous assaillent prennent toute leur signification. Au dire de certains, le doute représente un des grands problèmes contemporains. T.S. Eliot n'écrivit-il pas :

Entre le concept,
Et la création,
Entre l'émotion,
Et la réponse
L'ombre s'interpose...

Cette ombre dont il est ici question, c'est le doute. Cependant, il nous faut d'abord admettre qu'il suffit d'entreprendre une tâche pour qu'aussitôt s'installent le doute et l'incertitude. Même la méditation porte en elle sa part de doute. « Mon esprit n'est jamais tranquille... Je me sens incapable de faire ceci ou cela... Je n'ai pas l'impression de m'y prendre comme il se doit... Je ne tiendrai jamais vingt minutes... »

Même expérimentées, les personnes qui s'adonnent à la méditation pressentent toujours une certaine errance spirituelle, et se seront préparées à combattre leurs doutes et leur confusion de pensée. Nul ne sera surpris d'apprendre que les plus saints et les plus sages, y compris Bouddha, auront connu des instants de doute. Soyez donc bienvenus au club; c'est justement par la foi que nous les surmonterons et que nous pourrons poursuivre notre tâche.

Je viens à peine d'emménager. Ce fut une entreprise considérable que de déplacer ce qui constitue mes biens terrestres, à savoir mobilier, vêtements, vaisselle, bibelots, mais aussi des tonnes de livres, de cassettes et de documents. Ces livres sont actuellement rangés dans des boîtes en carton, lesquelles boîtes forment des piles himalayennes dans la ferme que je dois habiter. Quand je les contemple, je doute sincèrement de pouvoir retrouver un jour tel livre ou tel document dont j'aurais besoin et, pour peu que je m'y attarde, ces doutes prennent alors une dimension formidable; ils me submergent et se muent en profond désespoir. Pourtant, je n'en suis pas à mon premier déménagement, et j'ai l'habitude de tous ces tracas. Alors, je reprends confiance, je retrouve la foi pour me dire que, tôt ou tard, mes livres retrouveront leur véritable place. J'ai confiance dans les gens qui m'apportent leur aide ; j'ai confiance en ma capacité à surmonter cette période transitoire. Comme je viens de le dire, la chose ne m'est pas étrangère, et il n'y a pas de quoi fouetter un chat.

Sur le chemin de la spiritualité, nous devons nous attendre à perdre peu ou prou la foi, à ce qu'en nous s'installe le doute, voire le désespoir. Tout peut alors nous sembler confus et chaotique, truffé de zones d'une insondable obscurité. Nous nous mettons à douter de la pertinence du processus ou même d'une possibilité d'illumination. Mon maître zen coréen, Ku San (neuf montagnes), avait fait sien un aphorisme que l'on pourrait traduire ainsi : « À petit doute petite illumination, à grand doute grande illumination. » Aussi nous engageait-il à entreprendre un dialogue spirituel appelé « combat du dharma », où l'on joue à se colleter avec ses peurs les plus profondes, ses angoisses et ses interrogations.

Parfois aussi l'unique solution qui nous soit offerte consiste à nous raccrocher à ce qui nous reste de foi, en nous rappelant que nous sommes dans une période transitoire. Si insupportable qu'elle puisse nous paraître, l'existence porte en elle l'assurance d'un changement, de quelque nature qu'il soit. Fortes de cela, les personnes avisées auront foi en ce que leurs doutes font partie d'un processus normal d'évolution. Quand bien même ignorerions-nous temporairement la façon la plus éclairée de résoudre un dilemme, il nous sera toujours loisible de nous renouveler, de nous renforcer, de recharger nos batteries en gardant à l'esprit que la situation évolue déjà, là, sous nos yeux. Il existe une méthode très ancienne qui s'adresse à ceux pour qui une séance de méditation devient éprouvante : elle consiste à s'interrompre, se détendre, se rafraîchir les idées, puis à recommencer. Il en va de même pour la vie de tous les jours, sitôt qu'une situation prend une tournure inattendue ou se révèle particulièrement douloureuse. Il suffit d'essayer, mais encore faut-il garder la foi.

Cette foi nous vient de notre conviction à pouvoir nous ouvrir à la vie. Cette notion de foi dans l'avenir se positionne à rebours de toute attitude dirigiste, tant envers notre vie qu'envers celle d'autrui. La notion de foi est également sous-jacente à celle du renoncement bouddhiste, laquelle induit l'aphorisme populaire de celui qui, philosophe, déclara : « Laissons faire », ce « Let it be » si bien inspiré de John Lennon. Être habité par la foi revient à pouvoir chanter et danser la vie sous toutes ses formes. Cette foi est source de joie et d'engagement au détriment de notre pusillanimité et de notre peur du lendemain. Elle laisse place à beaucoup moins d'inquiétudes au profit d'un meilleur accès aux mystères de l'existence.

L'Aveu

Comme le nageur
tourne son visage vers le ciel
et laisse l'eau le soutenir,
comme le faucon est dans les airs
avec l'air pour le retenir, je veux apprendre
à tomber et, libre, flotter dans la profonde étreinte
de l'Esprit créateur,
sachant que nul effort n'est besoin
pour toucher à tant de grâce.

Denise Levertov

Karma : vérités et conséquences

Ne négligez pas vos bonnes actions, si insignifiantes soient-elles, en pensant n'en tirer aucun bénéfice ; la plus petite goutte finit par remplir les plus grands réservoirs.

Ne négligez pas vos mauvaises actions sous prétexte qu'elles sont dérisoires ; toute minuscule qu'elle soit, l'étincelle peut embraser une meule aussi grande qu'une montagne.

BOUDDHA

Les traditions spirituelles les plus importantes reposent toutes sur la croyance selon laquelle l'univers a un plan, qu'il possède une dimension morale, et qu'en quelque manière, nos actions, bonnes ou mauvaises, nous sont strictement comptabilisées. À commencer par le bannissement d'Adam et Ève du jardin d'Éden, la tradition judéo-chrétienne, par exemple, évoque le châtiment d'un dieu qui abhorre le mal et n'aime que le bien. Dans toutes ces traditions théistes, il n'est vertu ni rigueur comme de toucher à la grâce divine.

Au rebours de ces religions, le bouddhisme ne possède aucun dieu pour récompenser le bien ou châtier le mal. Plutôt que de dépendre d'une intervention extérieure, le bouddhisme procède d'une notion de loi universelle de responsabilité. C'est ce que les adeptes du dharma appellent le « karma » ou principe de relation de cause à effet. Les bouddhistes ne visent aucun créateur en tant que cause première ou principe mouvant de l'univers. À l'inverse, la loi de la causalité repose sur une donnée physique basique : à chaque action, une réaction. Nous semons et nous récoltons ; lâchons un verre et il se brise ; lançons une balle, elle rebondit, tirez un fil et toute la manche vient avec, caressez un chien, et il remue la queue, aidez un ami à déménager et vous accroîtrez votre aptitude à servir… Plus on donne, plus on reçoit.

La loi du karma nous instruit de notre capacité à infléchir le cours de notre existence et celle d'autrui. La croyance bouddhiste veut qu'en faisant le bien nous accumulions des mérites qui influent sur notre destinée en générant une sorte de capital karmique. Cette compréhension est fortement rattachée à la reconnaissance de l'interrelation et l'interdépendance de tout ce qui nous entoure. À ce sujet, le Dalaï-lama a écrit : « L'enseignement de Bouddha nous apprend que chacun est maître de sa destinée, et que tout repose sur nos actes. Ainsi, nos joies et nos peines découlent des bonnes et des mauvaises actions que nous aurons commises et qui sont, non du fait d'autrui, mais de notre propre fait. »

Les nombreuses conférences que je donne me contraignent de passer de nombreuses nuits à l'hôtel où je me vois systématiquement octroyer un exemplaire de *USA Today*, que j'ai fini par percevoir comme le journal du voyageur par excellence. Je lisais, ce matin encore, à propos d'un article sur la ligue majeure de base-ball : « Chaque équipe a son karma particulier. » Je n'ai pas pu m'empêcher de sourire. De nos jours, on entend à tout bout de champ parler de karma, même dans la page des sports ! Il est vrai que nous, Occidentaux, entretenons une certaine confusion quant à la définition exacte du mot « karma ». Que de personnes ne m'ont pas dit :

« Qu'ai-je donc fait dans ma vie antérieure pour mériter cela ? » « Cela » étant souvent des difficultés relationnelles, un emploi décevant, une succession de petits et grands malheurs. L'inconvénient, avec ce genre de réflexion, c'est qu'elle tend vers le fatalisme, refusant ainsi de prendre en compte toutes les actions que la personne aura faites ou omis de faire dans *cette* existence pour en arriver à une telle situation. Elle fait abstraction de ce que nos actes d'*aujourd'hui* pèsent sur ce que nous vivrons *demain*.

Les trois erreurs que nous commettons au sujet des anciens enseignements du karma, consistent à penser : premièrement, que le karma relève de la fatalité et du destin ; deuxièmement, que notre avenir est scellé et notre karma immuable ; troisièmement, que face à lui, nous ne pouvons que constater notre impuissance.

Or, pour comprendre le karma, il nous faut d'abord reconnaître que, dans le bouddhisme, les notions de précarité, de contingence et de continuité excluent celle de paradis ou d'enfer éternel. Le karma est au contraire l'application et la résultante des dures lois de la réalité. L'univers entier est perçu comme procédant du karma. Le karma collectif façonne notre monde ; le karma individuel notre destinée. Il en est le créateur.

La morale bouddhiste réfute toute théorie manichéenne. Rien n'existe pour lui qui soit totalement bon ou totalement mauvais, préférant évoquer des actes appropriés ou inappropriés, des paroles, des pensées, des gestes sensés ou maladroits. C'est par la manière dont nous nous comportons en vertu de l'immuable principe de cause à effet que nous définirons notre karma. Un acte moral sera considéré juste ou éclairé, un acte immoral déplacé. Cela constitue l'unique fondement de l'éthique bouddhique, limite entre sagesse et folie, entre adresse et maladresse, logique miséricordieuse qui sépare le bien du mal.

La bonne action est retenue, encouragée en ce qu'elle contribue à se forger un bon karma. Rappelons-nous que le karma inclut la cause et l'effet ou, comme je me plais à dire, la vérité et ses conséquences. En étant le reflet de notre sagesse, de notre équilibre et de notre compassion, nos actes nous ouvrent à une vie meilleure, à un meilleur karma. Agir et réagir différemment revient à obtenir des résultats différents. Alors que nous en prenons conscience, notre karma devient notre dharma, notre devoir, notre destinée, notre expression de la vérité.

Les maîtres bouddhistes affirment qu'en appréhendant le phénomène de la causalité dans un contexte de vacuité on parvient à comprendre la réalité. Toute la doctrine du bouddhisme tourne autour de la compréhension de cette réalité vraie en regard des apparences. La raison sous-jacente à la méditation tient à ce qu'elle permet d'acquérir une meilleure conscience des événements qui nous entourent. Entretenir ce genre de conscience nous conduit à ne plus être victimes des circonstances ou de notre manque de lucidité, et à pleinement assumer notre karma, au lieu de vouloir vainement le nier, l'éviter ou l'éluder.

Cette conscience réflective est la saine réponse à une situation ou à un stimulus. Par définition, elle améliore notre karma en ce qu'elle favorise la clarté d'esprit avant même que nous soyons tentés de réagir. De la sorte, nos réponses aux problèmes de l'existence se font plus intentionnelles, plus éclairées. Nous nous avisons des choix qui nous sont offerts, et sommes plus aptes à renoncer à nos réponses instinctives ou machinales.

Les lois du karma sont très mobilisatrices. Nous pourrons toujours avoir conscience du puissant souffle émotionnel et psychologique qui nous traverse, issu d'événements et de découvertes antérieurs, mais la manière dont nous le percevrons tient une place prépondérante.

De quelque façon que nous ayons été modelés, nous ne sommes pas tenus de suivre perpétuellement de vieux schémas. Nous entendons souvent dire autour de nous: « Je suis déjà passé par là et je ne recommencerai pas. » Parfois, c'est encore plus succinct que cela: « Il n'en saurait être question. » En usant d'une telle expression, nous signifions notre intention de ne plus nous conformer aux modèles préétablis. Nous proclamons ouvertement notre liberté de choix. C'est l'expression d'une prise de conscience et de notre volonté d'instaurer de nouveaux modèles dans la manière d'aborder notre karma.

Il importe au chercheur de ne jamais oublier que les lois du karma doivent être pressenties dans un souci d'équilibre, et non pas utilisées comme une arme qu'il retournera contre lui-même ou quiconque l'aura offensé. Il est tout aussi insensé de s'attacher aux vétilles qui pourraient nous donner mauvaise conscience, que d'adopter une attitude nihiliste et d'alléguer que rien n'a d'importance. Comme l'a dit Bouddha, en toute chose il convient de trouver le juste milieu.

De bien des façons, je m'entends souvent poser la question suivante: « Croyez-vous que les mauvaises relations que j'entretiens avec certains membres de ma famille sont dues à des liens karmiques qui me rattacheraient à mes vies antérieures? » À ceux-là, je réponds toujours: « C'est possible; je ne le sais pas. Il est possible qu'*une partie* de votre karma antérieur se poursuive dans votre vie actuelle. » C'est le mieux que je puisse répondre, ne sachant pas si le karma de cette personne remonte à la veille ou à des centaines d'années.

L'enseignement essentiel qu'un chercheur puisse tirer du bouddhisme, c'est que le karma est en perpétuel remaniement, et que son engagement envers autrui se situe dans le présent. Les querelles familiales à propos de broutilles ne requièrent nullement l'avis de devins pour que l'on comprenne qu'elles n'ont aucun lien avec le passé. Padma Sambhava déclara: « Si vous voulez connaître votre vie passée, examinez votre situation actuelle; si vous voulez connaître votre avenir, penchez-vous sur vos actions présentes. »

La sagesse du dharma est fondée à nous inciter inlassablement à vivre au présent et à affronter la vérité telle qu'elle se présente dans l'instant. Dans le Nouveau Testament, Jésus le fit avec ses disciples en leur disant: « Ne vous inquiétez pas du lendemain, à chaque jour suffit sa peine. » Je me souviens d'avoir entendu, lors d'une émission de télévision, une personne demander au Dalaï-lama s'il se rappelait ses vies antérieures. Le chef spirituel tibétain détourna la question en répondant avec un fin sourire qu'« il lui arrivait souvent d'oublier ce qu'il avait fait la veille ».

Puisque nous influons sur notre karma, autant dans cette vie que dans nos vies antérieures, il nous est toujours possible d'infléchir celui de nos vies futures en faisant preuve de droiture, d'honnêteté et d'équilibre. La causalité est toujours mise en avant, et un défaut de probité dans le présent peut être dans l'avenir une source de conflits insoupçonnés pour des raisons qui lui seraient apparemment étrangères.

Puisque le karma se fonde sur la causalité, on comprendra qu'il intervienne en tout et pour tous. Les plantes, les animaux, les groupes, les nations et le monde lui-même sont partie intégrante du processus corrélationnel karmique. Thich Nhat Hanh, poète et maître zen vietnamien, appelle ce phénomène « l'inter-être ». Du karma nous pouvons, par exemple, constater les effets sur notre environnement: jusqu'au début du XXe siècle, personne ne s'élevait contre le fait que déchets et détritus fussent déversés dans les mers et les océans. Aussi subissons-nous aujourd'hui les conséquences de l'étroitesse de nos perceptions. La sagesse bouddhiste souligne que les accidents n'existent pas, mais qu'ils sont la conséquence d'actes plus ou moins conscients ou délibérés. Le réchauffement de la planète en est une preuve parmi les plus patentes.

D'autre part, force nous est d'admettre que l'univers recèle un très grand mystère. Pour illuminé et conscient d'un demi-millénaire de vies antérieures qu'il eût été,

Bouddha lui-même avouait que seul un esprit omniscient pouvait appréhender les véritables fondements de la causalité. À titre d'exemple, il évoqua l'unicité de la queue du paon et sa spectaculaire palette de couleurs, en arguant que seul un esprit omniscient peut expliquer dans le détail pourquoi il possède des plumes si longues et si colorées. Qui saurait dire par quelle succession d'événements certains phénomènes se produisent, qu'ils soient bons ou mauvais ? Reste que le bouddhisme nous enseigne que nos actes passés jouent un rôle prépondérant dans notre avenir et que c'est à nous qu'il appartient de mettre ce savoir à profit. La tradition karmique regorge d'histoires d'hommes et de femmes qui parvinrent à se purifier des pires actes et de leurs tragiques conséquences. Quoique le karma soit un phénomène inexorable, il peut être amélioré et parfois même transcendé. Les Tibétains affirment que même le pire des karmas est rédempteur, parce que toujours passible de transformation et de purification.

Changer de modèles et d'habitudes n'est évidemment pas chose aisée, mais nul n'a jamais prétendu que ce pouvait l'être. Nous sommes si attachés à notre façon de vivre, si routiniers dans nos comportements, que nous en venons à oublier qu'il existe mille autres façons d'être et d'agir. Nous sommes si profondément enlisés dans nos raisonnements, que nous avons du mal à sortir des sentiers battus. Il va sans dire que nos plus fortes habitudes résident en nos dépendances, parfaits exemples de notre conditionnement karmique, et qu'aller dans leur sens revient à les renforcer. Pour être un obstacle à notre karma, ces dépendances peuvent être néanmoins corrigées et parfois même évacuées.

J'en veux pour exemple une amie, à ses dires totalement dépendante au chocolat même si celui-ci a des effets néfastes sur son poids et sa peau. Si grands que soient ses efforts pour résister à la tentation, elle finit toujours par céder à un moment ou à un autre et, dès lors, n'a d'autre souci que de rattraper le temps perdu.

Elle affirme que la moindre faiblesse l'entraîne immanquablement vers la démesure. J'éprouve les mêmes pulsions pour les glaces.

Si renoncer au chocolat et aux glaces est déjà difficile, imaginez quel supplice ce doit être de se priver de café, d'alcool, de drogue ou de tabac. Qu'en est-il, alors, de tous les réflexes, les habitudes, les manies et les tics qui nous assaillent journellement ? Je connais quelqu'un qui éprouve de grandes difficultés à contrôler ses réactions. Suivant les conseils de son thérapeute, il ceint ses poignets de larges bandes élastiques qu'il fait claquer sitôt que la colère le prend. C'est une manière comme une autre de se contraindre à garder son sang-froid. Grand bien lui fasse !

Tel qui aura tenté de changer de comportement sera on ne peut mieux placé pour dire combien cela est difficile. Un changement d'attitude, quelle qu'en soit la nature, requiert une intention clairement exprimée, à laquelle s'ajoutent détermination, volonté, persévérance, conscience et force de caractère. Il n'en demeure pas moins que nombre de gens trouvent en eux suffisamment d'énergie pour corriger leurs comportements et, de ce fait, se bâtir un nouveau karma. Dans le meilleur des cas, ils parviendront à la liberté et la plénitude auxquelles ils ont toujours aspiré.

Pour autant que nous voulons orienter notre existence vers un avenir meilleur, le mieux serait encore d'accroître notre conscience quant à la manière d'améliorer notre karma au cours de notre vie. Cela peut se faire isolément ou en groupe, auquel cas ce sera au bénéfice de tous. À titre d'exemple, je dirais que le mouvement féministe a changé le karma de l'ensemble des femmes. Ceux et celles qui s'emploient à sauver les forêts, les océans et les espèces menacées d'extinction tentent de construire un meilleur karma pour l'ensemble de l'humanité. « De la graine naît le fruit. » Cet aphorisme suffit à résumer à lui seul le principe initial de la loi du karma.

Interrogez-vous, demandez-vous ce que vous pouvez faire dès aujourd'hui pour changer votre karma de demain. Choisissez un élément contestable de votre existence et penchez-vous dessus. Le karma se présente sous des formes diverses: physique, émotionnelle, familiale, sociale, etc. En guise d'exemple, je dirais qu'il nous est toujours possible de changer notre karma relationnel par des comportements différents avec l'être aimé, et notre karma physique par un régime alimentaire approprié.

Voici quelques exemples de personnes en passe de changer leur karma:

L'an dernier, en consultant son médecin, Annie apprit que, malgré ses quarante ans, elle risquait une crise cardiaque. Son cholestérol et sa tension artérielle atteignaient des chiffres hallucinants. Un traitement médical s'imposait, auquel elle se soumit en même temps qu'un régime alimentaire accompagné d'exercices physiques. Cette combinaison se révéla des plus heureuses, puisqu'elle produisit de surprenants résultats. L'amélioration de son état ne fut pas seulement physique, car elle se découvrit meilleure mère qu'elle l'avait cru, pour le plus grand bénéfice de son karma et de celui de ses enfants.

L'avarice de David était telle qu'elle l'avait écarté de la majorité des gens de son entourage. Mais après des années il en vint à la conclusion que ses rapports avec l'argent devaient être réétudiés, et qu'à cette fin une thérapie, tant individuelle que familiale, s'imposait. Quelques mois plus tard David avait déjà fait de sérieux progrès quant à la répartition du pécule familial. Là encore, son changement d'attitude avait changé le karma de toute sa famille.

Janette, qui habite la ville de New York, rêvait depuis toujours de partir en week-end à la campagne. Son seul obstacle : elle n'avait jamais touché un volant de sa vie. Au prix d'un effort soutenu, elle parvint, cependant, à passer son permis de conduire. Aussi, aujourd'hui, ne se prive-t-elle pas de louer une voiture quand l'envie lui prend d'aller faire de petites excursions à la campagne. Apprendre à conduire a changé sa vie, dit-elle. C'est si agréable de s'évader ! De ce simple fait, son karma s'est trouvé transfiguré.

Mes maîtres tibétains me répétaient souvent que la meilleure manière d'améliorer son karma consiste à chérir, préserver et protéger la vie sous toutes ses formes, qu'une telle attitude atteste de la noblesse, de la bonté et de la générosité du cœur. Récemment, une de mes élèves me racontait qu'elle marchait dans un jardin, quand elle entendit un bruissement sous une feuille morte. La feuille retournée, elle découvrit un papillon de nuit prisonnier dans le lierre rampant, et s'empressa de l'en libérer. Elle le regarda s'envoler, la poitrine gonflée de bonheur, et comprit que, par ce geste spontané, elle venait d'influer sur son karma.

Si nous départir de nos anciennes habitudes contribue à améliorer notre karma, il en va de même chaque fois que nous respectons et protégeons la vie. Les résultats en sont perceptibles par les sentiments que ces actes éveillent en nous. La pratique bouddhiste dans un contexte semblable nous amène à nous montrer plus attentifs aux conséquences de nos actes. En retour, elle nous libère de nos entraves et nous fait faire l'économie d'un karma à répétition. La prochaine fois que vous vous sentez pris dans un engrenage d'actions aussi récurrentes que stériles, ressaisissez-vous et tentez de reconnaître l'origine de vos déboires. Sont-ce vos doutes qui vous tenaillent ? Votre rancœur ? Votre colère ? Votre anxiété ? Votre mauvaise conscience ? Vos sentiments de culpabilité ou quelque impression que vous ne sauriez définir ? Êtes-vous soumis à des mauvais penchants ? Quoi que ce soit, dites-vous que vous n'en voulez plus, et changez de comportement. À cette fin, ne vous laissez pas submerger ; ne vous abandonnez pas à ces habitudes qui se sont révélées si décevantes, mais allez plutôt jusqu'à votre fenêtre, détendez-vous, respirez un peu et, autant que faire se peut, souriez. Inspirez et détendez votre esprit, expirez et renoncez avec le sourire. Dix fois :

Inspirez, expirez... une fois...

Inspirez, expirez... deux fois...

À présent, poursuivez vos activités. Cela fait, vous avez changé vos habitudes, et par là même votre karma.

Bouddha énonça la ronde de la cause et de l'effet, cette chaîne universelle qui jamais n'eut de commencement, afin qu'elle eût force de loi.

EXTRAIT DU *CHEMIN DE LA PURIFICATION*,
DE BOUDDHAGOSHA,
MAÎTRE DU IIe SIÈCLE

La recherche de la réalité et de la vérité

Les choses ne sont pas ce qu'elles semblent être, non plus qu'elles sont différentes.

LANKAVATARA SUTRA

Que faut-il entendre par « réalité » ? Ce pourrait être un objet capricieux, imprévisible à l'extrême, que l'on retrouve tantôt dans la poussière du chemin, tantôt sur une feuille de journal dans le caniveau ou dans une jonquille en plein soleil. Elle éclaire quelques personnes rassemblées dans une pièce et ponctue quelques paroles fortuitement prononcées. Elle submerge celui qui chemine sous la voûte étoilée, et fait du silence un monde plus réel que celui de la parole. Mais... voici qu'apparaît un omnibus dans le tumulte de Piccadilly... Parfois, aussi, elle semble emprunter une forme de nous trop éloignée pour que nous en saisissions la nature, encore que quoi qu'elle touche, elle semble le fixer, le rendre permanent. C'est ce qui subsiste quand la peau de nos jours est jetée aux orties ; c'est ce qui reste de nos amours et de nos haines de jadis.

VIRGINIA WOOLF, *UNE CHAMBRE À SOI*

La réalité, c'est ce qui refuse de disparaître dès que l'on cesse d'y croire.

PHILIP K. DICK

La réalité laisse une grande place à l'imagination.

JOHN LENNON

Puisque la chose ni existe ni n'existe pas,
puisqu'elle est ni réelle ni irréelle,
et qu'elle est au-delà du rejet ou de l'acceptation,
mieux vaut encore en rire.

LONGCHENPA, MAÎTRE TIBÉTAIN DU IVe SIÈCLE

Vivre dans la vérité et dans l'incarnation du dharma

Les décisions des sages ne sont jamais arbitraires, quant à guider leurs semblables dans l'harmonie de la vérité. Sages, ils sont sous la protection de la vérité, car ils œuvrent en accord avec le dharma.

BOUDDHA

La vérité se définit quelquefois par un accord ou une congruence de l'esprit avec la réalité. Depuis des siècles, les théologiens, tout autant que les philosophes, ont tenté de donner une définition exacte de la vérité. Cette notion revêtit d'emblée une telle importance que les premiers penseurs crurent utile de conférer un V majuscule à ce mot, qui serait désormais la Vérité avec un grand V.

Dès le Ve siècle, saint Augustin s'interrogea sur la véracité des Saintes Écritures. Comment savoir, entre mille autres choses, si Moïse disait la vérité ? Aussi écrivit-il : « Et quand je l'aurais su, aurait-ce été de lui ? Non [...] mais au fond de moi, du tréfonds de mon esprit, la Vérité, qui n'appartient aux Hébreux, aux Grecs, aux Latins ou aux Barbares, m'apparut pour me dire, sans lèvres et sans langue et sans même une syllabe : "La vérité parle par sa bouche." »

Pour la majorité d'entre nous la vérité existe, à défaut de quoi nous mettrions un terme à nos interrogations. Nous poursuivons notre quête du monde qui nous entoure, habités par la conviction qu'en creusant suffisamment nous trouverons les réponses que nous cherchons. La caractéristique essentielle de la quête de la vérité réside en ce qu'elle découle d'un cheminement ininterrompu participant de la vie elle-même. Le poète Rainer Maria Rilke s'exprima en ces termes : « Vivre dans l'interrogation, plutôt que de se complaire dans des réponses toutes faites. » Si pertinente soit la remarque, cette quête suscite tant de désillusions, que l'on partage le sentiment de Gertrude Stein quand elle écrit :

« Il n'y a pas de réponse,
Il n'y aura pas de réponse,
Il n'y a jamais eu de réponse,
Là est la réponse. »

Où qu'on soit dans le monde, les termes de « chercheurs spirituels » ou « chercheurs de Vérité » sont indifféremment utilisés. Le grand guide spirituel hindou, Mahatma Gandhi, intitula sa biographie ainsi : *Histoire de mes expériences avec la Vérité.* Du reste, la pratique spirituelle telle qu'il la définissait n'était autre que la recherche de la Vérité et, en tant que notion conceptuelle, la Vérité offre les mêmes résonances aux oreilles du chercheur. Qui, en Occident, n'a pas retenu cette notion selon laquelle « Dieu est amour, Dieu est Vérité » ? Ainsi, quand nous réfuterions la notion de Dieu en tant qu'Être suprême, celle de Vérité universelle est cautionnée par la majorité d'entre nous.

Pour parler de cette Vérité universelle, il est souvent fait usage en Orient du mot « dharma ». Dharma est un terme vaste et aux sens multiples. Pris dans le plus étendu, le dharma fait référence à tout enseignement reflétant des vérités essentielles et universelles. Il est toute chose en profond accord avec la réalité, qu'elle soit d'ordre spirituel, religieux, philosophique, moral ou même scientifique. En fait, tout ce qui relève de l'enseignement bouddhiste, nous nommons cela le dharma.

Pour difficile que ce soit de reconnaître la Vérité, le bouddhisme nous rappelle qu'il nous est toujours possible de cerner la réalité pour « être simplement ce qu'elle est », c'est-à-dire intacte, dépourvu des faux-semblants issus de notre imagination. Les bouddhistes appellent parfois cela « tel quel » comme dans « tel qu'il en est », ou « l'état », à l'état brut. Là réside un des grands idéaux du bouddhisme : être capable de vivre et d'agir en parfait accord avec la réalité, de façon à devenir l'incarnation de la Vérité, l'incarnation de la sagesse, l'incarnation du dharma.

Il va sans dire qu'en bien des manières la réalité revêt un caractère relatif et aléatoire, mais elle n'en possède pas moins sa forme et sa fonction, ainsi que son essence. Cette essence se reflète dans l'état de ce qui est *dans les faits,* quand la forme traduit « la manière dont les choses se passent ». En voici quelques exemples : on peut faire référence à une vraie table ou à un vrai livre, sachant aussi qu'il pourrait s'agir de vrai bois et de vrai papier. Pour l'être humain, l'eau reste de l'eau ; c'est-à-dire un élément qui lui est extérieur, alors que pour le poisson, elle représente l'intégralité de son univers. Ainsi, non contents de reconnaître « l'état » de l'eau, on peut aussi en dénombrer les rôles et « la manière dont les choses se passent ». Forts de cela, nous comprenons alors que la recherche de la Vérité et de la réalité impose que nous nous projetions au-delà des présomptions et des concepts superficiels que nous cultivons sur nous-mêmes et le monde qui nous entoure, qu'il nous faut apprendre à n'être plus déçus par les simples apparences ou par des faits issus de notre imagination.

À ce stade, les chercheurs de la Vérité m'adjureraient de faire preuve de réalisme et de renoncer à ma vaine quête, arguant que mes conseils relèvent de l'utopie et qu'ils ne sauraient être mis en pratique sur le chemin de la spiritualité. À ceux-là, je répondrai que le chercheur peut s'attacher à la Vérité par deux moyens simples et pratiques :

En cultivant la clairvoyance, c'est-à-dire en étant capable de reconnaître la réalité, ce qu'elle est véritablement et la manière dont elle se déroule.

En cultivant sa véritable personnalité, c'est-à-dire en étant vrai et en vivant vraiment.

Cultiver la clairvoyance

Bouddha a dit un jour :

> *Ce monde qui ne cesse de se métamorphoser, il faut le voir*
> *comme les étoiles évanescentes disparaissant dans l'aube naissante,*
> *comme l'écume des torrents,*
> *comme la rosée matinale sur le brin d'herbe,*
> *comme la flamme de la chandelle vacillant au grand vent*
> *comme un écho, un fantôme, une hallucination,*
> *comme un rêve...*

Existe-t-il un moment de l'histoire de l'humanité où nous aurions eu plus grand besoin de clairvoyance ? Du point de vue de ce qui nous entoure, il nous suffit d'allumer notre poste de télévision pour voir et entendre des gens nous dire ce que nous devons manger, boire, porter, penser, bref, aimer. En Occident, nous avons des politiciens, des chefs religieux, des pandits, des présentateurs, des prédicateurs, des hôtes, ainsi que des centaines de représentants de divers groupes d'intérêts. Tous ces gens-là, aux intentions bien « ciblées », n'ont d'autre souci que de nous amener à voir le monde selon leur point de vue. De quelque côté que nous nous tournions, il y a toujours quelqu'un qui cherche à infléchir la réalité, à lui donner du « spin », de l'effet, comme à une balle de tennis. Certains en ont fait même une nouvelle profession, et on les nomme « spin doctors ».

Sur le plan personnel, nous ne nous privons pas non plus de mettre du « spin » dans notre existence. L'imagination faisant rarement défaut, nous nous appliquons à affabuler sur nos actes et à n'écouter que ce que nous voulons entendre. Ainsi, nous pouvons indifféremment nous prendre pour des gens heureux et prospères ou pour de pauvres ratés ; penser avoir réponse à tout ou n'en avoir aucune qui soit digne d'intérêt ; réinventer notre passé, mais aussi spéculer exagérément sur l'avenir. En fait, nous inclinons tous plus ou moins à renier notre véritable personnalité et, partant, à connaître des désillusions. Nous nous bornons aussi parfois à nous convaincre de la véracité de ce que nous entendons. Ainsi, de nombreux fumeurs ont préféré croire les arguments spécieux des défenseurs du tabac que d'admettre que fumer était néfaste pour leur santé ; certains personnes sont convaincues que la vie ne vaut pas d'être vécue si elles ne peuvent suivre la mode ; sans parler des électeurs qui acceptent d'accorder du crédit aux propos de certains politiciens quand ils allèguent que l'option écologique est une utopie sur le plan de l'économie nationale.

Un des grands principes sur lesquels repose le dharma du Bouddha est cette part de sagesse que l'on nomme clairvoyance ou encore lucidité d'esprit, et tous ses enseignements tendent à favoriser l'accroissement de cette clairvoyance. Les bouddhistes débattent souvent de la signification de l'ouverture du « troisième œil[1] », cet œil de sagesse, de conscience et de pénétration. D'ailleurs, le premier livre du Dalaï-lama s'intitule *L'Œil de la sagesse,* et voici pourquoi :

1. Situé à l'emplacement exact de l'hypophyse du cerveau ou glande pinéale. Certains affirment que l'hypophyse est ce troisième œil. *(N.d.T.)*

En observant les choses telles qu'elles sont, nous pouvons aborder le monde qui nous entoure avec conscience et lucidité. En voyant au-delà des faux messages et des faux messagers, nous sommes en mesure de reconnaître et de dépasser ce qui nous attire comme ce qui nous rebute; nous pouvons surmonter nos préjugés, nos ambitions et nos idées préconçues, comprendre ce qui fait que nous nous rangions à un point de vue plutôt qu'à un autre. De la sorte, nous renonçons progressivement à nos perceptions erronées pour nous atteler à des objectifs plus importants et plus significatifs. Au plan de l'individu, un tel revirement peut avoir d'extraordinaire répercussions. Cette clairvoyance que nous acquérons peu à peu signifie que nous gagnons en sagesse, et que les circonstances, les gens et les habitudes ont moins d'emprise sur nous.

Les bouddhistes croient qu'en ouvrant l'œil de la sagesse ou œil du dharma, on parvient à oblitérer sa vision dualiste du monde. De ce monde, la sagesse nous donne une vision élargie, qui nous projette au-delà des considérations isolationnistes et égocentriques ordinaires, et nous permet de jeter des ponts entre nos semblables et notre véritable personnalité. Un ancien adage dit que « la vérité appartient à ceux qui ont des yeux que le désir n'obscurcit pas ». Ce qui signifie en clair que l'on ne peut espérer trouver la vérité qu'après s'être libéré de ses préjugés et de ses attachements.

Cultiver sa véritable personnalité

Si je devais revivre ma vie, je partirais nu-pieds, plutôt au printemps, et resterais ainsi jusqu'à la fin de l'automne. J'irais danser plus souvent. J'irais plus souvent au manège. Plus souvent aussi cueillir des pâquerettes.

NADINE STAIR, OCTOGÉNAIRE

Nous avons tous la possibilité d'être un peu plus vrais, un peu plus authentiques, qu'en pensez-vous ? Pourquoi faut-il alors attendre d'avoir vieilli pour comprendre que l'enfant est encore là, en chacun de nous, bien vivant et prêt à s'amuser ? Pourquoi faut-il attendre que nous ayons vieilli pour prendre conscience du plaisir qu'il y a dans les choses les plus simples, celles-là mêmes qui reflètent notre joie et notre bonté intrinsèque ?

Shakespeare a dit : « Pour l'être qui est le tien sois vrai. » Sur l'Oracle d'Apollon, à Delphes, on peut lire : « Connais-toi toi-même », et Gandhi a dit : « Tourne le phare vers l'intérieur. » Pourtant, combien d'entre nous se connaissent ou seulement se rappellent ce qu'ils ont été ? Nous gaspillons tant de temps à vivre dans ce monde d'« il faudrait », à combler des espérances que nous-mêmes ou les autres ont instillées en nous, que nous en oublions notre véritable personnalité et sommes incapables d'être sincères avec nous-mêmes.

Nous éprouvons parfois un tel sentiment de honte que nous affectons de n'avoir aucun souvenir de notre vie passée. Nous reléguons ces souvenirs aux oubliettes sous prétexte qu'ils sont de ceux qu'on ne veut ni connaître ni voir. Parmi nous, il en est aussi qui jouent sans cesse un rôle et se cachent derrière un masque afin de mieux affronter le monde. Nous choisissons des vêtements distinctifs et nous inventons une personnalité afin de nous donner du lustre, de rendre ce que nous croyons être une meilleure image de nous-mêmes. Mais à travers ces rôles que nous tenons, il nous arrive de comprendre que nous ne sommes pas ce que nous croyons être. Mais alors, qui sommes-nous vraiment ? C'est dans ce « Qui suis-je ? » que réside la question fondamentale. C'est précisément celle que nous nous posons tout au long de notre vie et en bien des façons, en voulant trouver la bonne réponse, c'est-à-dire notre véritable identité. Peut-être que la réponse est justement qu'il n'y a pas de réponse.

Qu'adviendrait-il de nous si nous commencions à nous défaire, couche après couche, de ce qui constitue notre personnalité ? Si nous cherchions à voir ce qui se cache sous le vêtement, l'expression du visage, les aspirations, les ambitions, l'éducation, les rôles que nous sommes tenus de jouer, les sentiments dans lesquels nous sommes figés... que resterait-il ? Que *nous* resterait-il ? L'âme éternelle, diraient les chrétiens, le reflet du Royaume des cieux. Le bouddhisme présume qu'en creusant suffisamment nous serions laissés à notre nature originelle, ni morte ni née, l'être fondamental. C'est en cela que réside la nature du Bouddha, notre vraie nature, la part de paradis qui est en nous et que l'on nomme nirvana. Le propos de la méditation consiste justement à nous aider à accéder à la réalité et à la vérité. La méditation est un procédé simple, direct, naturel et sans détours le naturel dans la « bouddhicité ».

Nous admirons tous les personnes capables de concilier sainteté et réalisme, ces gens aussi aptes à être aussi proches de leurs semblables que de leur véritable nature. Au Tibet, quand on dit de quelqu'un qu'il est un saint homme ou une sainte femme, on emploie le terme de « cheuba », que l'on pourrait traduire littéralement par « faiseur de dharma », adepte de la spiritualité, incarnation de la vérité.

Mais, si grande que soit notre admiration pour ces adeptes de la vérité, de quels moyens disposons-nous aux fins de les imiter ? Dans leurs prières, les Tibétains implorent les dieux pour que leur cœur et leur esprit ne fassent qu'un avec le dharma et que leur existence se fonde dans la vérité. Pourquoi nous, Occidentaux, n'en ferions-nous pas autant ? Pourquoi ne prierions-nous pas pour trouver le chemin de la Lumière et de la Vérité ?

Jadis vivait un moine que sa pratique de la méditation errante conduisait à d'incessantes promenades autour de l'ancien monastère de Petring. Son distingué professeur, Geshe Tempa, qui se promenait aussi, le vit et dit : « C'est bel et bon de tourner ainsi autour des lieux saints, mais mieux vaut encore pratiquer le sublime dharma. »

Mortifié, le moine se plongea dans l'étude des anciens sutras bouddhistes qu'il entreprit d'apprendre par cœur. Il tentait de déchiffrer les textes sacrés sanskrits et tibétains, quand son professeur vint se pencher par-dessus son épaule : « Tu as grand mérite à étudier les écritures et plus encore à vouloir les retenir, dit Geshe Tempa. Mais mieux vaudrait encore pratiquer le noble dharma. »

Le moine était à présent très troublé, mais il accorda aux admonitions de son maître tout le sérieux qu'elles méritaient et, après une intense réflexion, se mit à pratiquer avec ferveur la méditation. Le découvrant, assis dans son coin, le regard fixe, le vieux maître dit encore : « La méditation est une excellente pratique, mais elle est loin d'avoir les vertus de l'authentique dharma. »

Comme on peut se l'imaginer, le moine était à présent tout penaud et désemparé. Il n'y avait rien qu'il n'eût essayé, et pourtant, son maître bien-aimé persistait à ignorer ses efforts. « Vénérable maître, fit alors le moine d'un ton implorant, que dois-je donc faire pour pratiquer l'authentique dharma ?

— Cesser de t'acharner et t'abandonner », répondit simplement Geshe Tempa avant de poursuivre son chemin.

Souvent les vérités profondes affleurent et sont les plus simples et les plus directes. Nous pratiquons le dharma sitôt que nous renonçons à nos idées préconçues sur les tâches qui nous sont imparties. Nous découvrons la vérité par le renoncement, l'acceptation, en voyant les choses telles qu'elles sont et en nous montrant tels que nous sommes. Elle réside en notre lumière intérieure, en notre valeur intrinsèque, notre sincérité et notre authenticité. C'est ce que l'on appelle vivre dans la vérité.

Le bouddhisme tibétain recèle une remarquable pratique d'interrogation et d'analyse de la sempiternelle question du « Qui suis-je ? ». Elle a pour dessein d'aider les chercheurs dans leur compréhension et dans la perception de ce que nous sommes vraiment, au rebours de ce que nous paraissons et ce que nous aimerions être. Une telle pratique se nomme « rushen », qui se traduirait par « faire la distinction entre ».

Ce rushen pose la question de l'être sur un plan nouveau, beaucoup plus profond. Pour les Occidentaux que nous sommes, je crois qu'il est, quant à moi, la méthode de méditation la plus efficace, sachant qu'elle nous force à recourir à nos facultés d'analyse. Cette analyse aiguë favorise l'exploration au-delà du processus intellectuel ordinaire, et nous permet de nous affranchir des illusions et des fausses opinions que nous avons de nous-mêmes.

Méditation analytique du « Qui suis-je ? » par le rushen

La méthode du rushen consiste à nous dépouiller des multiples strates qui constituent notre personnalité apparente, ainsi que des réflexes conditionnés qui nous aliènent de notre lumière intérieure, de notre bouddhicité luminescente. C'est ce qui nous permet de discerner le réel de l'irréel, de séparer notre véritable nature de notre personnalité apparente.

Commencez votre méditation en vous posant la question : « Qui suis-je ? Que suis-je ? » Ensuite examinez une par une toutes les étiquettes qui, selon vous ou votre entourage, pourraient vous convenir. Et posez-vous les questions appropriées, sans omettre celles qui s'appliquent à votre mode d'existence :

Qui suis-je ?

Suis-je vraiment seulement moi ? Vraiment et seulement moi ?

Quel est mon nom ?

Suis-je un homme ? Suis-je une femme ?

Ou quelque chose en plus ?

Suis-je un père, une mère, une sœur, un frère, un fils, un oncle, etc. ?

Suis-je professeur, charpentier, avocat, plombier, assistante sociale, etc. ? (Dites votre métier.)

Suis-je membre d'une communauté, d'un comité, adepte religieux, yogi, membre de la sangha ?

Suis-je un électeur ? De droite, de gauche, du centre, etc. ?

Suis-je l'ami, l'ennemi de quelqu'un ?

L'image que je projette dans le monde est-elle le reflet de ma personnalité profonde ?

Suis-je une personne élégante ou une personne négligée ? Suis-je propre ou sale ?

Ai-je une grosse voiture, une petite voiture, une camionnette ?

De quels qualificatifs userais-je pour me décrire ?

Qui suis-je, en réalité ?

À présent, approfondissons l'exercice.

Qui est celui qui pose des questions ?

Que suis-je en train de vivre à l'instant présent ?

Quels sont mes sentiments ?

Quels sons entends-je en ce moment précis ?

Que vois-je ?

Observez quelque chose qui se trouve dans votre champ de conscience, un son, une vision, une sensation, et arrêtez-vous-y peu à peu. *Quelle est la nature de ce son ?* (Par exemple :) *Se situe-t-il à l'intérieur ou à l'extérieur de moi ? L'entends-je avec mon oreille ou avec mon esprit ?* À moins que ce ne soit l'interaction des trois facteurs – la perception, l'objet et leur interaction.

À quel niveau se situe mon interrogation ? Au niveau du cerveau, du cœur, du corps, de l'esprit ?

Nous savons qu'il ne suffit pas d'avoir des oreilles pour pouvoir entendre, car la conscience auditive est requise : un cadavre n'entend pas. Alors que tombent les murs derrière lesquels nous nous sommes retranchés, nous parvenons enfin à un niveau de compréhension où la conscience nous apparaît comme le dénominateur premier et fondamental.

Demandez-vous alors si vous pouvez avoir une perception avant qu'elle ne survienne, avant que vous ne puissiez la conceptualiser et lui donner un nom. Pouvez-vous, par exemple, entendre un son avant de le nommer ? Pouvez-vous plonger en vous-même de manière à avoir de ce son une perception à l'état brut, sans le rattacher au moindre concept, à la moindre pensée ?

Par un tel exercice, nous tentons d'observer la nature de la perception et de la connaissance. Qui met une étiquette ? Qui pense : « J'aime ceci, je n'aime pas cela » ? Par quel moyen savons-nous, ressentons-nous, pensons-nous ? Par une observation directe de soi, notons comment nos désirs, nos impulsions, notre activité volontariste nous stimulent et nous entraînent.

Demandez-vous à vous-même : *Quelle opinon ai-je de moi-même ? Quelle étiquette m'appliquerais-je à cet instant précis ? Me perçois-je comme une personne compétente, incompétente, sans valeur ou si méritante que je me sens tous les droits ? Suis-je une victime ?* Demandez-vous : *Est-ce tout ce que je suis ? N'y a-t-il rien d'autre en moi qui attire le regard ?*

Ces étiquettes proviennent-elles d'expériences passées ? Demandez-vous pourquoi vous y êtes si attaché, et quelles sont les répercussions issues de ces réminiscences, visuelles ou auditives, du passé.

Qui suis-je, que suis-je ? Dans le tréfonds de mon être, qui ou qu'est-ce qui vit ces instants, en ce moment précis ? Éprouvez cela directement.

Le discernement est une facette clé de la sagesse et de l'intelligence spirituelle. En pratiquant le rushen, nous tentons de découvrir et d'atteindre l'authentique présence, notre propre vérité, notre propre réalité. C'est la profonde pratique du dharma tibétain dans la tradition Dzogchen, partie de l'introduction des maîtres à la nature de l'esprit. Cette introspection intensive nous incite à faire appel à notre conscience discriminatoire par un processus d'élimination, afin de découvrir tout ce que nous ne sommes pas. Ainsi nous rapprocherons-nous de notre lumière intérieure et de ce que nous sommes vraiment.

Nombreuses sont les personnes qui pratiquent ce type de méditation et qui affirment n'avoir rien découvert. À la vérité, cette réaction est des plus courantes. Il n'empêche qu'en descendant suffisamment profondément en nous-mêmes, nous parvenons à connaître un renouveau. Parfois, ce sentiment de vide ne dure qu'un moment, nous éprouvons alors une sensation de liberté, d'ouverture et de vérité. Par ce truchement, nous pouvons enfin entrer dans le processus de transformation de cette personnalité que nous traînions derrière nous comme un boulet. C'est là une des meilleures pratiques du dharma pour se plonger profondément dans l'énigme de l'être et du non-être, et faire l'expérience de notre véritable nature, notre être authentique. Cette révélation possède une dimension autrement grande que les riens auxquels nous nous identifions. Vous-même en retirerez une liberté et une joie immenses, je puis vous l'assurer. C'est la manière de devenir une réincarnation de Bouddha ou authentique Vous-dah.

Regardez profondément en vous. Je pense que vous aimerez ce que vous découvrirez.

Par nature, l'esprit est lumineux, pur et parfait.

BOUDDHA

L'illumination par bien des noms

C'est illusion que de commencer par le soi pour comprendre toute chose. C'est illumination que de laisser le soi s'éveiller à toute chose. C'est être un Bouddha que d'être éclairé sur l'illusion. Mais c'est être une personne ordinaire que d'être induit en erreur au milieu de l'illumination.

DOGEN, MAÎTRE ZEN JAPONAIS

Maître Dogen vécut au XIIIe siècle. À trois ans à peine, il perdit son père et, cinq ans plus tard, sa mère qu'il aimait tendrement. En dépit de son âge et de son profond sentiment d'aliénation, Eighi Dogen décida de donner un sens à la mort de sa mère. Debout dans le temple près des personnes endeuillées, il regardait la fumée monter lentement des bâtonnets d'encens, quand son corps et son esprit se détachèrent de la cérémonie. Il allait écrire plus tard avoir perçu la réalité et la nature transitoire de l'existence. Ce fut là sa première illumination. Elle allait le suivre tout au long de sa vie.

Mes élèves me demandent souvent la différence qu'il y a entre une expérience mystique et une illumination, car il existe, de fait, une distinction : quoique les expériences mystiques ouvrent la conscience au sacré – confirmation qu'il existe autre chose par-delà le moi et le monde visible –, elle n'apporte pas forcément la sagesse, la pénétration d'esprit ou une quelconque transformation de ce moi. En un mot comme en cent, expérience mystique ne signifie pas obligatoirement illumination ni ne conduit à une existence religieuse ou spirituelle.

D'autre part, toutes les formes d'illumination contribuent à l'éveil. Elles ouvrent la conscience à la réalité telle qu'elle est. Inévitablement, ces apprentissages s'accompagnent de sagesse et d'une inaliénable acuité de l'esprit. C'est un peu comme s'éveiller des transes de l'illusion. Naturellement, ces périodes d'illumination peuvent ne durer que quelques instants et ne susciter que de petits éveils, le temps de se dire: « Comment n'y avais-je pas pensé plus tôt? » C'est surtout à cela, en fait, que tiennent ces instants d'illumination.

Un des obstacles majeurs, pour le chercheur, c'est d'admettre que l'illumination ne relève pas forcément de l'extraordinaire, mais se rattache simplement à la réalité. En ouvrant l'œil de la sagesse, nous voyons ce qui est, sans qu'un choix nous soit imposé. Ainsi, le maître zen écrivit: « Avant de m'adonner à la pratique du zen, je ne voyais dans une montagne qu'une montagne, dans les rivières que des rivières et dans les arbres que des arbres. Mais après cela, je ne vis plus rien de tel: c'est seulement après que je connus l'illumination que les montagnes redevinrent des montagnes, les rivières des rivières et les arbres des arbres. »

Les bouddhistes font la distinction entre l'illumination totale et parfaite du Bouddha et les diverses manifestations de l'éveil. L'illumination de Bouddha s'accompagna d'une complète compréhension de la réalité: son œil de sagesse entièrement ouvert le fit accéder au parfait entendement des lois du karma et de la renaissance. Il comprit ainsi le sens profond de l'ignorance, de l'attachement et du désir. Souvenons-nous que le Bouddha est réputé s'être rappelé pas moins de cinq siècles de vies antérieures, et avoir perçu avec force détails son cheminement vers l'éveil. On le dit aussi capable de lire dans les vies antérieures de ses contemporains et de répandre la lumière sur leur karma.

La parfaite illumination du Bouddha est décrite comme un événement aussi soudain que stupéfiant. Néanmoins, à l'instar de tous les cheminements spirituels, son cheminement fut parsemé d'embûches, mais aussi d'éveils précurseurs d'illumination. S'efforcer de se rappeler ses vies antérieures n'avait rien d'un jeu pour Bouddha, son but étant de comprendre le phénomène de cause à effet karmique qui, en deçà de sa vie présente, l'avait conduit à l'illumination. Grands furent ses renoncements au cours de sa vie, pour se plonger, des années durant, dans la méditation et l'introspection. À ses disciples il révéla ses anciennes existences déjà dévolues au salut de ses semblables. Son cheminement spirituel, il l'effectua pas à pas et, ce faisant, établit la preuve capitale et sans précédent que cela pouvait être fait, qu'il n'appartenait qu'à nous de parvenir nous aussi, à l'illumination, qu'il est possible à chacun d'être aussi sage, aussi illuminé et serein, aussi généreux et compatissant que Bouddha.

L'illumination est un droit imprescriptible et inné. Elle met un terme à l'ignorance et à l'illusion. Cependant, long est le chemin de l'ignorance à la conscience et à la compréhension. Les enseignements bouddhistes classiques, lesquels recèlent les différents stades de la pénétration d'esprit, stipulent que les facteurs qui nous enchaînent à notre état d'inconscience sont au nombre de dix. Les voici :

L'illusion
Le scepticisme et le doute
L'attachement aux règles et aux habitudes
La luxure
L'obsession
Le matérialisme

La recherche d'expériences singulières
L'orgueil
L'inquiétude
L'ignorance

Les chercheurs dans leurs premières perceptions de la réalité sont dits « entrant dans le courant », car ils ont les deux pieds dans le courant de la réalité. Ils atteignent le nirvana, fût-ce brièvement. On nous enseigne que ces chercheurs se caractérisent par leur faculté à surmonter les trois premiers facteurs, illusion, scepticisme et attachement. Cependant, cette première perception acquise, il ne leur reste pas moins un long travail à effectuer sur eux-mêmes avant d'être considérés comme pleinement illuminés.

Avancer sur le chemin de l'illumination nous apprend à nous libérer de ces dix entraves. En de rares occasions, ces entraves tombent d'un seul coup, lors de spectaculaires métamorphoses ou d'extraordinaires révélations mais, le plus fréquemment, elles disparaissent une à une, avec de la patience et du temps. Tout chercheur doit comprendre qu'il serait irréaliste de penser que cela peut se faire sans efforts ni conflit. Il pourra toujours s'affranchir de son obsession ou de sa volonté maladive, mais subsistera toujours en lui une trace d'orgueil. On peut associer ce phénomène à un flacon de parfum vide : longtemps après subsiste encore l'odeur de son contenu. Mais il suffit de persister dans le cheminement spirituel, pour que ces entraves se relâchent peu à peu jusqu'à disparaître complètement. À ce moment-là, les voiles de l'illusion qui nous entoure se lèvent et nous permettent de toucher à la vérité. C'est l'illumination.

Le Bouddha avait coutume de s'adresser aux personnes, l'une après l'autre, en tant que « fils et filles d'une noble famille ». Il le fit avec des personnes de son âge, mais aussi de plus âgées que lui. De ses élèves et de ses disciples il disait qu'ils étaient des enfants parce qu'ils n'avaient pas encore atteint la maturité spirituelle. Il faisait référence à ses enseignements comme à des jouets pour distraire les enfants de la souffrance, de l'ignorance et de la confusion qui les habitaient.

Conformément à la vision éclairée, nous ressemblons tous à des enfants perdus dans les ténèbres, des somnambules qui persistent à dresser de nouveaux obstacles. C'est folie de croire que nous résoudrons nos problèmes en réaménageant à notre guise nos rêves quotidiens, quand la façon la plus sage et la plus simple de s'en libérer consiste simplement à s'en départir. C'est à la portée de quiconque en a le désir. La prémisse sous-jacente au bouddhisme est la promesse pour tout un chacun de s'éveiller de ses rêves illusoires. C'est une bonne idée, je crois, que de se rappeler fréquemment que « bouddha » signifie simplement « éveillé ». Le philosophe et psychologue américain William James affirme que nous sommes tous, autant que faire se peut, à demi éveillés.

Étant tous aussi pleinement concernés par l'édification d'un monde meilleur, nous rendrons un immense service à l'humanité en sortant de notre ignorance et en renonçant à notre mauvaise conduite. Ce serait un réel bienfait, une contribution de tous et chacun. Comme son nom l'indique, le bouddhisme altruiste Mahayana prône l'illumination non seulement pour soi, mais pour tous les êtres vivants. Une prière mahayana que je récite souvent se dit ainsi :

Puissent tous les êtres de la terre
à qui nous sommes fondamentalement associés,
connaître la plénitude, l'éveil et la liberté.
Puissent-ils connaître la paix sur terre
et dans l'univers tout entier.
Puissions-nous ensemble achever notre voyage spirituel.

Afin de nous aider à parfaire notre voyage spirituel vers l'éveil, les écoles bouddhistes ont élaboré une série de pratiques, de conseils avisés et même de petites astuces. Le bouddha dharma est une panacée qui se présente sous différents styles et saveurs.

Le bouddhisme zen, par exemple, recèle une technique éprouvée depuis des siècles, destinée à aider le chercheur à prendre conscience de la réalité par une sorte de découverte émerveillée. Cette technique, c'est celle du koan, de l'énigme proposée de la façon suivante :

Le disciple s'engage dans une retraite pour s'adonner intensément à la méditation sous la houlette d'un maître zen. Ces retraites ou « sesshins » durent en principe entre cinq et sept jours, pour se prolonger parfois jusqu'à trois mois et même davantage. Les participants passent de longues heures à méditer et à psalmodier des prières, mais se livrent aussi à des exercices physiques consistant surtout en des tâches ménagères. Hormis cela, la pratique spirituelle est seulement interrompue par de courtes périodes consacrées aux repas et au sommeil. Chaque jour, chaque adepte et son maître n'ont pas moins de deux ou trois entretiens privés, au cours desquels le maître posera une énigme. Jour après jour, le maître confronte son élève à ce koan en exigeant une réponse. Mais ce koan, à thème surtout existentiel, est si nébuleux, si incompréhensible que l'élève doit faire appel à toutes ses ressources mentales, lesquelles le conduiront finalement à l'illumination aussi appelée « satori ».

Quelques-unes de ces énigmes sont : « Un chien possède-t-il une nature bouddhique ? » « Quel est le son du claquement d'une seule main ? » « Quel visage aviez-vous avant la naissance de vos parents ? » Il appartient au disciple de donner la bonne réponse. À la question : « Qu'est-ce que le Bouddha sacré ? », un maître zen répondit, en levant le bol de bois qu'il tenait entre ses mains : « Ce bol. » Pourtant, je vous le demande : comment imaginer que le Bouddha sacré puisse être un bol ?! À la même question, un autre répondit : « Un rouleau de papier hygiénique. »

Chaque élève se voit ainsi attribuer une énigme spécifique sur laquelle il doit réfléchir durant sa retraite. Chacun de nous se souvient de ces énormes boules de chewing-gum ou de ces bonbons très durs sur lesquels nous exercions nos dents. Eh bien, ces koans ont cette vocation spécifique qui est de nous contraindre à nous façonner l'esprit, quitte à ce que nous demandions grâce.

Mon maître zen coréen se plaisait à poser cette simple question : « Qu'est-ce que c'est ? » Quel que fût l'objet auquel elle se rapportait, nous étions tenus d'y réfléchir. Supposons qu'un élève voie passer un avion dans le ciel. « Qu'est-ce que c'est ? » se demande-t-il. Est-ce le grondement des réacteurs qui parvient à ses oreilles ? L'éclat métallique dans l'azur ? Le souvenir d'une photographie récemment aperçue dans un journal ou seulement le reflet de son imagination ? À moins que ce ne soient trois cents et quelques personnes serrées les unes contre les autres en train de regarder un mauvais film en mâchonnant des cacahuètes grillées. Qu'est-ce que c'est ? Que diable est-ce ? Qu'est-ce qui est réel ? Y a-t-il quelque chose qui le soit ?

Les disciples qui participent à un sesshin zen doivent s'attendre à être talonnés par leurs maîtres. Ces derniers leur infligent des chocs spirituels (délicatement administrés) afin de percer la coquille de leur ignorance. Parfois, un élève entend la même question si souvent qu'il ne sait plus que répondre. Il arrive aussi que, sentant le désarroi de l'élève, le maître le renvoie avant même que l'entretien ait commencé, cela à seule fin de l'ouvrir à une nouvelle conscience. Mon ami, le maître zen Robert Aitkin Roshi, affirme pouvoir conduire par la technique du koan un disciple, si novice soit-il, à un satori. Personnellement, j'ai vu des maîtres zen amener régulièrement leurs élèves à des renaissances et à des illuminations.

Dans le zen les histoires ne manquent pas qui relatent des satori aussi soudains qu'inattendus. Ainsi, une moniale qui portait une jarre au clair de lune eut la surprise de voir le fond de sa jarre disparaître, et connut aussitôt une illumination. À quoi devait-elle cette illumination ? À l'eau contenue dans la jarre qui reflétait la lune et qui, en se répandant sur le sol, ne laissa qu'un trou noir et béant, un vide sans intérieur ni extérieur, sans conflit, sans lune et sans soleil. Dans « l'effondrement » de la jarre, la jeune moniale venait de voir l'effondrement de son égotisme, ce qui, avouons-le, n'est pas ordinaire.

Il y a aussi cette histoire à propos d'un moine zen balayant le chemin qui bordait le temple. Une dalle en était décollée, et au moment où le moine l'accrocha avec son balai, elle alla violemment heurter un bambou avec un bruit mat. Ce son, pour le moins inattendu, suffit à susciter chez le moine un éveil. Pourquoi ce son ? Eh bien, à l'instar de la moniale, ce moine était spirituellement prêt pour cet éveil, et ce son n'avait été que le catalyseur de sa révélation, révélation que l'un et l'autre approfondiraient au cours des années suivantes.

Il n'est pas donné à tout le monde d'avoir des perceptions aussi soudaines et aussi aiguës de la réalité. Dans le bouddhisme, il existe un très vieux débat sur la valeur de ces révélations brutales par rapport aux éveils lents et progressifs, beaucoup plus fréquents. Pour ceux qui vivent une telle expérience, cela tient le plus souvent des deux. Tel le fruit qui tombe de l'arbre quand il est mûr, les adeptes connaissent l'illumination au moment opportun, à défaut de quoi, l'instant passera sans être remarqué.

Dans toutes les écoles bouddhistes, tibétaines ou autres, il existe d'autres manières de précipiter un éveil. La prière, le chant, la méditation, certains ouvrages, musiques et danses rituelles en sont quelques exemples. En pratiquant l'introspection, par exemple, en nous demandant sans cesse : « Qui suis-je ? Que suis-je ? », nous tentons de nous éveiller, d'avoir une perception directe de la réalité absolue. Dans le bouddhisme tibétain, existent des enseignements secrets que l'on murmure, des « traitements de choc », mais aussi d'anciennes initiations pour aider les chercheurs à atteindre la maturité spirituelle et la réalisation de soi. Les maîtres Dzogchen nous surprenaient toujours par le « Phat ! » qu'ils poussaient au cours de notre méditation. Si cela ne nous menait pas à l'éveil, du moins ce cri soulevait-il un grand éclat de rire.

Une pratique particulière au bouddhisme tibétain est connue sous le nom de « phowa » ou transfert de conscience, qui est un autre moyen d'être catapulté à l'état d'éveil. Une telle pratique permet à l'adepte de transformer son état d'esprit ordinaire en illumination, à rassembler ses esprits et ses énergies pour ensuite le projeter par la fontanelle – qui est la couronne du chakra – vers le cœur d'Amitabha, le Bouddha de la Lumière infinie, champ du Bouddha aux bienfaits infinis. Les adeptes du phowa sont spécifiquement initiés à cette pratique par un maître qualifié. À l'instant de la mort, elle permet à de nombreux Tibétains de s'assurer de leur direction spirituelle et, en élevant la conscience à des niveaux élevés à partir desquels l'éveil sera plus aisément accessible, de connaître une meilleure renaissance.

Quelques adeptes doivent pratiquer leur vie durant, jusqu'au jour où ils peuvent enfin projeter leur esprit et leurs concepts limités dans l'étendue irradiante de la conscience nue. Dès lors, ils sont prêts à affronter la mort sans le concours de leur lama ou de leur maître. Connaître une telle expérience, c'est, bien sûr, prendre suprêmement conscience que l'esprit qui nous habite est désormais imprégné de l'essence spirituelle du Bouddha.

Un lama tibétain a bouleversé le monde comme phowa-lama. Il s'agit d'Ayang Rinpotché, réputé avoir amené de nombreux disciples vers l'illumination de l'esprit. Si cette illumination, cette prise de conscience soudaine, ne dure parfois que quelques secondes, elle suffit cependant pour qu'une existence en soit transfigurée. Ayang Rinpotché tentait de nous faire effectuer ce bond à travers la couronne du chakra en nous faisant pousser un cri particulier. Ce cri était « hic », comme dans hiccup[1] ; notez bien la réaction du corps quand nous avons effectivement le hoquet : nos épaules et notre énergie sont projetées vers l'avant. J'aime à penser au « hic », comme à un phénomène qui nous aiderait à nous élancer vers les sommets de l'éveil. Plus qu'une exclamation ou qu'une simple onomatopée, « hic » est employé comme un mode d'interpellation de notre énergie et de notre conscience, comme lorsqu'on crie « hé ! ». Il n'a pas de signification particulière, sinon celle d'éveiller notre attention.

Voici une méditation phowa que vous devriez essayer de vous-même :

Invoquez et visualisez une lumière intense, la plus élevée, la plus sacrée que vous puissiez imaginer : ce pourrait être celle de Bouddha, de Jésus, de Tara, de la Vierge Marie ou de votre saint favori. Si vous ne vous sentez rattaché à aucune de ces images, visualisez une sphère sacrée répandant sur vous sa lumière et sa bénédiction. Placez cette vision directement devant vous, légèrement au-dessus de votre tête.

À présent, imaginez votre esprit ainsi que toutes vos énergies comme une sphère de lumière. Rassemblez les énergies issues de toutes les parties de votre corps jusqu'à ce que vous voyiez et sentiez cette boule de lumière.

Prenez trois ou quatre profondes inspirations et, tout en retenant votre souffle, imaginez cette boule d'énergie se projetant hors de votre corps et de votre tête à travers la couronne du chakra, et criez avec force « hic ! ». Imaginez la lumière comme étant votre esprit se fondant

1. « Hoquet », en anglais. *(N.d.T.)*

avec la lumière sacrée, et dites-vous : « Mon esprit et l'esprit divin du Bouddha ne font plus qu'un. »

Je m'adonne souvent à cette pratique le soir, à l'heure du sommeil. Je m'imagine la tête reposant sur les genoux du lumineux Bouddha, encore qu'il ne vous soit pas interdit de lui préférer Tara ou Jésus. C'est une excellente manière de reposer notre âme et notre cœur inquiets et de nous préparer à nous abandonner au divin instant de la mort.

Il existe de nombreux autres exercices favorisant notre approche de l'éveil. Une meilleure prise de conscience, sous quelque forme qu'elle se présente, peut nous ouvrir à une sagesse plus profonde. D'aucuns affirment que ce seul exercice de méditation en surveillant sa respiration peut conduire à l'illumination, que la réflexion suffit parfois à ramener l'existence à sa plus simple expression. Alors que les images affluent dans nos pensées, alors que, par la respiration, notre corps se remplit d'une énergie nouvelle, nous prenons lentement conscience de tous ces soucis dont nous nous encombrons, et que sont nos illusions, nos fantaisies, nos faux espoirs… Nous voyons la manière par laquelle nous nous définissons et, ainsi, tout ce que nous pouvons bâtir à partir de notre propre expérience. Par cette prise de conscience de la respiration, nous constatons combien le simple fait d'être assujettis à des considérations sans objet perturbe notre existence. Ainsi pouvons-nous faire l'apprentissage d'un retour à la simplicité et à une tendance moins exhaustive de l'être et du savoir.

J'en veux pour exemple les nombreuses personnes qui ne sont pas conscientes du caractère obsessionnel de leurs pensées, jusqu'au jour où elles commencent à méditer, et comprennent alors qu'elles pourront s'y soustraire moyennant un effort soutenu. Cependant, il n'est pas rare, pour les gens qui méditent, de découvrir que la compréhension du processus sur lequel se fondent leurs pensées, leurs idées préconçues et leur mode d'interprétation constitue déjà une percée en soi.

En toute conscience, faites les exercices suivants :

Regardez-vous au fond des yeux dans un miroir et notez bien ce qui apparaît à votre conscience. Éprouvez-vous le sentiment de votre propre identité ? Y voyez-vous l'objet de votre réflexion, un dialogue établi avec vous-même ? Les yeux, dit-on, sont le miroir de l'âme. Bornez-vous à observer ce qui vous vient à l'esprit, ce qui suscite vos pensées. Poussez l'expérience en tenant un petit miroir derrière votre oreille afin de voir vos yeux se reflétant à l'infini. Plongez-vous dans cette observation jusqu'à perdre le fil de vos pensées, puis regardez qui vous êtes réellement.

Faites le même exercice avec l'être cher en vous regardant mutuellement dans les yeux, mais seulement après que vous serez convenus qu'aucun d'entre vous ne réagira de quelque façon que ce soit par la voix, le geste ou l'expression du visage. À présent, observez comment cette autre présence amène votre propre personnalité à intervenir sur l'instant présent. Vous vous sentez soudain presque contraint de réagir. Néanmoins, quand bien même un sourire vous semblerait opportun, respectez votre accord et abstenez-vous-en ; vous aurez toujours le loisir d'en discuter plus tard. Il s'agit là d'un exercice de prise de conscience. Accordez-vous, ainsi qu'à votre partenaire, cet instant privilégié où vous communiquerez d'âme à âme, de cœur à cœur, sans jugement, sans intervenir ni réagir.

Imaginez-vous pareil à une sphère de lumière sans fonction ni rôle précis, simplement une sphère lumineuse transparente ou translucide, et notez ce qui peut être observé à partir de ce point. Essayez d'imaginer votre esprit totalement transparent, comme un pur cristal reflétant ce qui l'entoure sans la moindre déformation. Au cours d'initiations tantriques, un de mes maîtres tibétains, le grand Dilgo Khyentse, avait coutume de brandir un cristal en s'écriant avec véhémence: « Qu'est-ce que l'esprit? » Par ce biais, il entendait éveiller ses élèves à leur propre conscience. « La nature de l'esprit est transparence », ne cessait-il de répéter. C'était là une manière de nous rappeler que l'esprit est, par nature, clair, lucide, infini et rayonnant.

Le fait à retenir à propos de l'illumination, c'est qu'elle ne survient pas en un clin d'œil, qu'il s'agit au contraire d'un processus de maturation spirituelle régulier auquel il convient de se soumettre, mais qui, une fois accompli, devient irréversible.

Cela est vrai même si vous avez déjà connu une forme d'illumination. Si merveilleuse qu'ait été une telle expérience, si ouverts à la réalité que nous soyons devenus, nous devons toujours faire montre d'humilité. Le satori n'est pas le bout du chemin, mais plutôt le commencement. Comme je le répète souvent, il est plus facile d'être illuminé que de le rester.

L'illumination, ce n'est pas ce que l'on croit, et une transformation revêt rarement un caractère définitif. Le fait qu'elle nous soit révélée est donc moins important que le fait que nous la vivions, l'incarnions, la contrôlions et en découvrions les applications dans notre vie quotidienne. Dans le cas contraire, à quoi nous servirait-elle? De véritables réalisations spirituelles sont une des manifestations de l'illumination – manifestation de Bouddha. Car de l'illumination, il n'y a en fait que des preuves tangibles qui ne relèvent pas de la foi seule, mais se traduisent surtout dans nos gestes quotidiens. Il s'agit de savoir qui nous sommes et ce que nous pouvons devenir plutôt que d'imaginer ce que nous croyons être. Entre-temps, gardons les yeux grands ouverts sur ce que nous vivons dans l'instant; c'est encore ce qui est le plus digne d'intérêt.

À cinquante ans, quelques années avant sa mort, le maître Dogen illuminé écrivit un poème édifiant sur la manière de percevoir le monde à travers l'illumination. Le voici :

Cet automne, un esprit clair et frais recouvre le vieux montagnard.
L'âne lève la tête vers la voûte étoilée où flotte la lune opalescente.
Rien n'approche. Rien ne survient.
Plein d'entrain, je m'abandonne, repu de riz, repu de grain,
M'ébrouant joyeusement de la tête à la queue,
Ciel dessus, ciel dessous, nuage, promesse d'eau.

Illuminé de l'infinie et merveilleuse vérité, je me montrai toujours aimable et enjoué.

HUNG CH'ENG-CH'OU

Ouvrir son cœur ou apprendre à aimer

Aimez-vous les uns les autres, tel est mon commandement.

JÉSUS, *ÉVANGILE SELON SAINT JEAN*

J'ai entendu naguère une histoire à propos d'un groupe d'hommes et de femmes attendant qu'on leur ouvrît les portes du paradis. Appréhendant le jugement divin, ils commencèrent à s'interroger sur leur conduite durant leur vie sur terre. « Ai-je été un bon père ? » s'inquiétait l'un. « Ai-je accompli quelque chose qui en valût la peine ? » se demandait l'autre. « Me suis-je montré généreux envers les nécessiteux ? » se tourmentait un troisième. Mais au moment de comparaître devant le Créateur, tout le monde se demandait : « Ai-je suffisamment aimé mes semblables ? »

Il est possible en effet que les questions qu'un chercheur puisse se poser sur son évolution spirituelle se résument à celle-ci : « Ai-je témoigné suffisamment d'amour à mon prochain ? »

Depuis le commencement des temps, des hommes et des femmes au grand cœur ont tenté de convaincre leurs semblables de s'aimer les uns les autres. À ses suivants le Dalaï-lama repète souvent : « Pour rendre les autres heureux, faites preuve de compassion. » Il en va de même pour Mère Teresa qui déclara une fois : « Ce qui compte, ce n'est pas tant ce que nous accomplissons, que l'amour que nous mettons dans nos actes ; ce n'est pas tant ce que nous donnons, que l'amour qui se trouve à l'intérieur. »

Apprendre à aimer est le propos d'une vie spirituelle, et non pas accroître ses pouvoirs psychologiques, non pas faire des révérences, réciter des prières ou même méditer : non. Seulement apprendre à aimer. Car l'amour est lumière, l'amour est vérité.

Vers qui se tourne votre amour, et en quelles circonstances ? Y songez-vous quand il s'agit de vos enfants, de vos amis, de la personne qui partage votre vie ? De votre animal de compagnie ? À moins que votre amour soit plus prosaïquement celui de la nature, de la chasse et de la pêche, d'un après-midi ensoleillé dans votre jardin ou sur le bord d'un lac... L'amour, pour vous, est-il à l'image du Prince Charmant ? Est-ce celui de Dieu, de votre entourage, de la musique, du sport, de la lecture ? Et qu'en est-il de l'amour de la justice et de la liberté ? Cet amour qui gonfle votre cœur, s'adresse-t-il surtout à vous-même ? Éprouvez-vous assez d'estime envers vous-même pour vous croire digne d'amour ?

Parler d'amour revient souvent à évoquer l'objet de notre admiration ou, à tout le moins, quelque chose susceptible de nous émouvoir. Lorsque nous disons aimer quelque chose ou quelqu'un, il n'est pas rare que nous aimions surtout les sentiments que cette chose ou cette personne éveille en nous. Nous pouvons toujours prétendre aimer quelqu'un, mais qu'aimons-nous, exactement ? Sur ce sujet, notre pensée s'exprime surtout en des termes pleins de réserve tels que : « J'aime être avec toi, parce que je me sens bien », ou encore : « J'aime mon travail, mais j'ai toujours hâte qu'arrive la fin de la semaine. » Mais alors, qu'en est-il exactement ? Serait-ce que nous ne saurions rendre l'amour qui nous est donné ou qu'il ne produise pas sur nous l'effet escompté ?

Dans notre cheminement spirituel, il nous est toujours possible d'acquérir une meilleure compréhension de l'amour et de son sens précis. Nous pouvons apprendre à ouvrir notre cœur et à cultiver un sentiment plus profond, plus sûr, plus vaste et moins tourné vers nous-mêmes que vers notre prochain.

Mon premier gourou en Inde fut ce saint étonnant du nom de Maharaji Neem Karoli Baba. Tout son enseignement reposait sur un amour sans partage envers Dieu et un dévouement indéfectible envers l'humanité. En tant que « bhakta », c'est-à-dire adepte de l'hindouisme, sa pratique spirituelle tout entière était dévolue à l'union avec Dieu ; en tant que maître, il ouvrit son cœur et s'employa à enseigner à ses élèves que la divine lumière brille en chacun de nous. Un interprète l'accompagnait souvent, mais celui que nous appelions « Maharaji », c'est-à-dire « grand roi », était plutôt avare de ses propos et tenait rarement des discours. Tous ses enseignements semblaient émaner du seul amour qui s'irradiait de sa personne et qui nous enveloppait tous, disciples et suivants.

Après sa mort, quelques-uns d'entre nous reçurent quelques pages de son journal personnel. Je me rappelle encore mon enthousiasme à recevoir une part de son héritage et ma hâte d'en lire le contenu, croyant qu'il contiendrait des notes importantes sur sa vie et ses pensées, quelque révélation qui me viendrait en droite ligne de ce saint mystérieux, dont la pensée m'était restée inaccessible, même après l'avoir côtoyé une longue période de ma vie.

Au moment où ces pages nous furent distribuées, nous nous avisâmes, quoiqu'elles fussent de dates différentes, qu'elles étaient couvertes de cet unique mot « Ram », qui est un autre vocable pour désigner Dieu. C'était là le mantra du Maharaji, et son amour du divin son seul héritage.

Un jour où nous étions, une vingtaine environ, assis autour de lui, dans son ashram, le maharaji nous surprit tous quand son truchement nous demanda : « De quelle façon le Christ méditait-il ? » Nous étions tous stupéfaits, tant le Christ nous semblait étranger à une telle pratique. Mais le saint homme répondit lui-même à sa question en s'exclamant : « Il se plongeait dans l'amour, se plongeait dans l'amour, se plongeait dans l'amour, se plongeait dans l'amour... » avant de sombrer dans un profond silence.

Platon expliqua l'amour en alléguant que c'était une sorte de folie, une divine folie. Mais alors, comment définir ou expliquer qu'un homme puisse être à la fois un saint et un fou ? Qui saurait expliquer l'infinie dévotion de saint François d'Assise, de Rumi ou de tous ces fous de Dieu ? Le grand yogi tibétain Milarepa déclara un jour : « La folie est une caractéristique de ma lignée, fou de piété, fou de vérité, fou du dharma. » La vie de Neem Karoli Baba illustre parfaitement cette folie. Son amour indéfectible du sacré s'irradiait de sa personne et illuminait quiconque s'approchait de lui. Qui le côtoyait avait l'impression de n'avoir meilleur endroit où se trouver. Son principal enseignement reposait sur le verbe aimer, aimer et servir. Penser à Dieu en aimant, penser à ses semblables en les servant. Être au service de Dieu en se mettant au service des hommes.

Quand je fis sa connaissance, Neem Karoli Baba était déjà octogénaire, sinon nonagénaire. Tout le monde était frappé par son contact toujours égal et facile, qu'il s'adressât à un étranger ou à une personne qu'il connaissait depuis cinquante ans. Il y avait déjà là une grande source d'inspiration. Dans son ashram, de nombreux saints hommes avaient coutume de nous dire des récits extraits du *Rāmāyana*, une épopée indienne comparée en sanskrit. Le *Rāmāyana*, que les hindous tiennent pour sacré, relate l'histoire de Rāma, incarnation du dieu Vishnou, et de Sītā, sa divine compagne. En Inde, Dieu est toujours représenté sous une forme mi-masculine, mi-féminine. Aussi les voit-on confrontés à de nombreuses épreuves, aidés par Hanuman, roi des singes sacrés, dont l'exceptionnelle capacité d'amour se traduit par la dévotion dont il entoure Rāma et Sītā.

Si les histoires du capucin Hanuman comptent parmi mes favorites, je me dois de préciser que, pour l'Occidental que je suis, la notion d'un roi des singes m'apparut de prime abord absurde. Mais, avec le temps, le secret se révéla à moi dans toute sa pertinence et sa profondeur.

Je garde toujours en mémoire la dévotion inconditionnelle que voue à Rāma et à Sītā le singe Hanuman. Il les aime de tout son cœur et n'aspire qu'à rester à leurs côtés, de jour comme de nuit. Finalement, un peu exaspérée, forcément, Sītā va à lui et déclare : « Tu ne peux rester auprès de nous la nuit, Hanuman, quand le seigneur et moi sommes seuls.

– Mais pourquoi ? Pourquoi ? Pourquoi ? » se lamente le roi des singes.

Patiente, Sitā essaie de lui faire entendre raison :

« Vois-tu cette marque rouge, ce tilak[1], là, sur mon front ? Cela signifie que je suis mariée à Dieu, et que moi seule puis rester nuit et jour en sa compagnie. »

Dès lors, le capucin Hanuman cesse de demander *pourquoi* il ne peut rester auprès de ses maîtres et, en bon chercheur qu'il est, commence à réfléchir *comment* il peut s'unir au sacré. De ce simple fait, il s'engage alors de plain-pied dans le chemin de la spiritualité. En Inde, se dit-il, le rouge est symbole de divinité. En singe malin qu'il est, Hanuman décide de se rendre au bazar du marché afin d'y subtiliser un sac de teinture rouge. De la couleur divine il se teint entièrement le corps et l'âme, se disant que sa nouvelle apparence l'autorisera à accompagner Rāma et Sītā partout où ils iront.

C'est ainsi que Hanuman parvint à réaliser son vœu et, n'étant plus séparé de ses maîtres, put enfin les servir avec une ferveur de chaque instant.

---

1. Équivalent chez les hindous de l'alliance que les Occidentaux portent à l'annulaire. *(N.d.T.)*

Hanuman illustre la volonté de l'homme de se rapprocher de Dieu, et le fait qu'il soit animal sert à rappeler l'animalité qui sommeille en chacun d'entre nous. Néanmoins, la nature animale de Hanuman est transcendée par une vie au service du divin. Il incarne l'idée qu'en vouant notre existence à l'amour et au service des hommes, nous parviendrons à la bonté et à la sainteté. Cela explique également que Hanuman soit nommé « roi des singes ». Ainsi que l'a révélé Charles Darwin, de l'état de primates nous avons évolué jusqu'à un niveau de conscience supérieur, théorie au demeurant évoquée dans les mythologies du monde entier, bien des siècles avant lui.

Dans l'art religieux hindou, Hanuman est souvent dépeint se déchirant la poitrine pour laisser apparaître l'image de Rāma et de Sītā, debout, main dans la main lors de leurs épousailles, entourés de guirlandes de fleurs. Par ses actes et par son dévouement, Hanuman réussit à intérioriser le sacré et à le découvrir au fond de son cœur. Il montre l'exemple en nous indiquant le chemin de la piété, du dévouement et de l'amour sans partage.

Dans notre ashram, alors que nous écoutions un de ces saints mendiants, connus sous le nom de « saddhu », nous lire l'histoire de Hanuman, Maharaji fut gagné d'une émotion si vive qu'il se redressa brusquement, le visage ruisselant de larmes, et se précipita hors de la pièce. Même s'il avait entendu ce chant d'amour et de piété des centaines de fois, il était incapable de se contenir, tant il était ému. Aussi, pour peu que je me sente spirituellement désabusé ou plein de suffisance, je me remémore Maharaji et le singe Hanuman non sans un certain sourire.

Maharaji est mort dans son ashram un soir de pleine lune en septembre 1973. Quand l'immense procession de ses disciples suivit sa dépouille dans les rues de la ville sainte de Brindavan, des dizaines de milliers de badauds lancèrent des fleurs sur son cercueil.

Des chants et des prières furent dits en sa mémoire, et de la nourriture fut dispensée aux pauvres des jours durant.

Dans le temple de Maharaji, on peut voir une énorme statue de marbre rouge de l'illustre singe Hanuman. Certains affirment que le jour où Neem Karoli Baba fut incinéré, on vit couler des larmes de ses yeux marmoréens. L'enseignement de Maharaji selon lequel l'on ne sert Dieu qu'en servant l'humanité indique une révélation, une authentique ouverture du cœur et de l'esprit. Plus d'un quart de siècle s'est écoulé depuis sa mort, mais je ne peux m'empêcher de penser encore à l'amour qu'il vouait à Dieu et aux hommes.

Toute religion, toute tradition spirituelle possède ses saints, hommes ou femmes qui insufflèrent l'amour à leurs semblables grâce à leur capacité d'aimer : Mère Teresa, le Dalaï-lama, saint François d'Assise, Albert Schweitzer, Baal Sem Tov, Rumi, Kabīr, sainte Thérèse d'Avila, Hildegarde von Bingen. En tout temps, en tout lieu, dans toutes les sociétés, des géants spirituels ont marché parmi nous. Certains n'ont jamais été reconnus comme tels, et n'eussent-ils pas été canonisés, que leur conduite relève, en tout état de cause, de la sainteté. Car la qualité essentielle de ces géants spirituels aura été l'amour.

Parfois, certaines personnes me disent avoir eu la chance d'avoir été élevées parmi des modèles d'amour et d'attention. Elles évoquent leurs grands-pères, leurs grands-mères, des oncles, des tantes ou des parents dont la conduite leur semble exemplaire. De ces personnes émanaient une bonté, une affection, une compassion et une tendresse de tous les instants. Au Tibet, ces gens-là, ces géants sans bannière ni oriflamme, ont un nom : on les appelle des yogis silencieux.

Entre la fin des années soixante et le début des années soixante-dix, bon nombre d'Occidentaux se rendirent en Asie pour y étudier le bouddhisme. Ceux qui s'y installèrent furent, pour la plupart, des gens qui eurent l'heur de trouver des maîtres et des gourous qui les acceptèrent comme disciples, et que leur amour d'autrui élevait au rôle de bienfaiteurs et de mentors. Ces maîtres ont beaucoup à enseigner sur la méditation, mais leurs enseignements sont encore plus riches de ce qu'ils recèlent en amour, en compassion et en joie.

Du mot « amour » nous faisons un usage intempestif, excessif et souvent fâcheux, comme si, outre savoir de quoi nous parlons, nous avions l'assurance de tenir tous le même discours. Pourtant, il existe au moins trois catégories d'amour bien distinctes.

L'amour instinctif

Il fait partie de celui que l'on dit issu d'une certaine « alchimie ». Il survient lorsque l'on est attiré par un autre être humain par un effet du karma, d'obscures phérormones, une subtile énergie. Nous l'appelons parfois romance, luxure ou passion, mais je préfère, quant à moi, le terme d'« amour instinctif ». Ces amours instinctives donnent parfois lieu à des amours plus profondes, plus affectives, parfois pas.

L'amour affectif

L'amour affectif établit un contact, il tisse des liens. C'est le genre d'amour que nous ressentons envers nos proches et nos amis. Nous sommes parfois si attachés à certaines personnes que nous n'hésitons pas alors à employer le terme d'« âme sœur ». L'amour affectif fait fréquemment fond sur des affinités à partir desquelles l'amour se bâtit et croît à mesure que nous apprenons à ouvrir notre cœur.

L'amour conscient

On fait souvent référence à l'amour conscient comme à un amour sans bornes, d'essence divine. De tous les types d'amour, c'est le plus difficile à cultiver, car il se définit dans notre capacité à aimer sans réserve ni conditions. J'use à dessein du terme « conscient » parce qu'il repose sur une intention bien définie. Il ne participe nullement de l'« accident », et n'induit ni luxure, ni fantasmes, ni besoins. De cet amour, nous n'attendons rien que la joie rayonnante d'aimer simplement.

Or, c'est justement vers cet amour conscient que tend le cheminement spirituel des chercheurs que nous sommes. Ne craignons pas de mettre l'accent sur le mot « tend », car nous nous y employons au mieux de nos possibilités. Certains d'entre nous n'hésiteront pas à se fustiger, sous prétexte qu'ils nourriront toujours quelque réserve sur cet amour. Que de personnes ai-je entendues se plaindre de ce qu'elles se sentaient inaptes à atteindre l'amour divin. Cela revient à manquer d'humilité, et à oublier qu'il convient de commencer petitement et de demeurer réalistes quant aux objectifs que nous nous serons fixés.

Ces personnes, les plus riches d'enseignements sur l'amour, sont souvent de celles qui se caractérisent par leur capacité à exprimer leur amour journellement, grâce à une multitude de gestes en apparence anodins. Mère Teresa disait : « Nous ne pouvons accomplir de grandes choses, seulement des petits riens, mais avec beaucoup d'amour. » Ce géant spirituel de très petite taille disait aussi : « Ce que nous accomplissons n'est qu'une goutte d'eau dans l'océan. Mais si elle n'y était pas, l'océan ne serait pas exactement ce qu'il est. »

Je crois salutaire de prendre le propos de Mère Teresa au pied de la lettre, et de rester attentifs à ce qui nous entoure de façon constante. Nous atteindrons notre but en découvrant les moyens concrets par lesquels nous exprimerons notre amour aux personnes qui croiseront notre chemin. Nous n'accroîtrons notre capacité d'aimer que par la pratique, tel un muscle qu'il faut faire travailler régulièrement afin qu'il garde son élasticité.

Soit, me direz-vous, mais encore faut-il savoir en quoi consiste une telle pratique. Il est vrai que l'amour est un vaste concept. Pour nous ouvrir à sa pratique, démontons quelques-unes de ses composantes, il nous paraîtra alors plus accessible.

La pratique du pardon

Nous vivons dans un monde où l'injustice règne presque sans partage. Certaines de ces injustices semblent, par surcroît, précisément dirigées contre nous, et nous y répondons en les prenant très à cœur: « Je ne comprends pas qu'on puisse être aussi mesquin », « Elle m'a fait attendre trois quarts d'heure sous la pluie », « Il a oublié la date de mon anniversaire », « Il m'a quittée pour une autre », etc.

N'avons-nous pas tous en mémoire une personne à qui accorder notre pardon nous semble inconcevable, tant elle nous a blessés ? Certains événements semblent n'être apparus que pour nous laisser dans la bouche un goût d'amertume, un goût que nous refusons d'oublier, et que nous gardons comme une plaie ouverte au fond de notre cœur.

Pourtant, pour légitime que puisse sembler pareil sentiment, que dire alors des injustices qui se perpétuent à grande échelle à travers la planète ? Pour peu que je me mette à parler d'amour et de pardon, il se trouvera toujours quelqu'un pour brandir le souvenir d'Hitler et de l'holocauste. Force m'est d'admettre que je ne possède pas sur le sujet de réponse toute prête. Comme le dit l'expression, certains actes sont à ce point insoutenables que « même Dieu en détournerait le regard ».

Si vous étiez né en Algérie, aurait-on le droit de s'attendre à ce que vous pardonniez les atrocités commises sur vos frères, vos sœurs, vos parents, vos enfants? Qu'en serait-il si les membres de votre famille avaient péri dans l'holocauste? Au Rwanda, en Bosnie, au Cambodge, dans un de ces pays où la haine a eu force de loi? Comment pardonner un génocide? Comment absoudre les artisans de l'apartheid? Comment le Dalaï-lama peut-il pardonner aux dirigeants chinois les souffrances infligées au peuple tibétain? Et pourtant, je sais qu'il leur a pardonné. Là réside toute la magie spirituelle d'un cœur ouvert et aimant.

Le pardon et la tolérance confrontés au mal est un sujet difficile à aborder. Qui saurait comprendre l'incroyable étalage de cruauté auquel nous assistons chaque jour? Le Dalaï-lama m'a dit de vive voix n'être pas étranger à la colère. Il a néanmoins appris à la maîtriser, à approfondir sa compassion et son sens du pardon. Il va sans dire que chaque pardon est un acte d'amour, mais également un acte de sagesse libératoire, libératoire parce qu'il décharge notre cœur d'un fardeau indu, et qu'il nous laisse libres de vivre autrement l'instant présent, sans égard pour les contingences futures ou passées. Cela est un miracle intérieur que chacun d'entre nous est en mesure de susciter, je puis vous l'assurer. Car l'incapacité à pardonner se répercutera directement sur notre personnalité; cela aussi je puis vous l'assurer. Nous en paierons le prix en amertume, en colère, en ressentiment, en haine. Cela affectera notre santé, tant physique qu'émotionnelle. Aussi devons-nous nous employer à pardonner, mais entendons-nous bien: pardonner certes, mais sans jamais oublier. Thomas Szasz écrivit: « Le borné ne pardonne ni n'oublie: le naïf pardonne et oublie, le sage pardonne mais n'oublie pas. » Souffririons-nous à cause d'une personne ou d'une situation donnée, que la sagesse et le bon sens nous dicteront d'éviter désormais de retomber dans une situation similaire. Amour et sagesse sont intimement liés. En oubliant le passé, en niant la douleur, qu'elle soit nôtre ou celle d'autrui, nous nions notre mémoire et, comme le fit si pathétiquement observer Elie Wiesel, nous nions notre pérennité, nous nions l'espoir. Il est, à l'évidence, très difficile de pardonner à un Hitler, à un Pol Pot ou un Idi Amin Dada, mais nous nous efforcerons de pardonner à une nation qui aura favorisé la propagation du nazisme ou toute autre forme de haine raciale. Nous devrons aussi pardonner la part que nous avons tous prise dans de tels événements, autant que nous voudrons résister à la haine ; faute de quoi, nous ne pourrons jamais espérer en l'avenir.

Se rappeler les nombreuses cruautés et injustices de ce monde nous aide à mieux prendre conscience de nos pensées et de notre propre conduite. Si nous réprouvons et détestons l'inhumanité de l'homme autant que nous le prétendons, il nous faut alors coûte que coûte extirper de notre cœur et de notre esprit toute forme de haine et de préjugé. Cela est absolument nécessaire pour parvenir au bien-être et à la paix intérieure. Cela aussi fait partie de l'amour.

Un des points les plus importants que le chercheur gardera à l'esprit à propos du pardon, c'est qu'il devra parfois se pardonner, être en paix avec lui-même et avec ses souvenirs. Nous avons tous commis des actes dont nous sommes peu fiers. Nous éprouvons tous le besoin de nous faire pardonner. Mais le pouvons-nous, seulement ? Mon amie Gail prend du poids avec une facilité affligeante. Elle culpabilise dès quelle absorbe une calorie de trop. La semaine dernière, Alan a perdu son sang-froid en présence de ses enfants. Il se sent si coupable de les avoir malmenés, fût-ce verbalement, qu'il ne peut se le pardonner. C'est un mauvais père, dit-il. Parce que sa mère souffrait de la maladie d'Alzheimer, Dorothy a dû la placer dans une maison spécialisée ; et quoique consciente qu'un tel choix s'imposait, elle ne peut se le pardonner et s'interroge encore sur les solutions qu'elles auraient pu envisager. Barbie a égaré une mallette appartenant à son employeur. Malgré les paroles rassurantes de ce dernier, elle ne peut se le pardonner. En rompant avec sa fiancée, Dennis a l'impression de lui avoir brisé le cœur : depuis, il souffre d'un affreux sentiment de culpabilité et se dit qu'il ne se le pardonnera jamais. À la plus petite erreur, Daniel ne peut s'empêcher de pester contre sa distraction ou sa négligence. « Je suis complètement idiot », bougonne-t-il en se frappant le front du plat de la main. Mais quelles terribles fautes peut-il donc commettre pour mériter une telle sévérité ? Pourquoi diable est-il si dur avec lui-même ?

L'exercice du pardon commence souvent en le pratiquant sur nous-mêmes. Écoutons saint François de Sales quand il dit : « Soyez patient envers autrui, mais surtout envers vous-même [...] Ne vous laissez pas décourager par vos faiblesses et vos défauts. Comment pourrons-nous faire montre d'indulgence envers nos semblable, si nous en sommes incapables envers nous-mêmes ? »

Il serait bon de garder en mémoire que les plus endurcis ont aussi leurs limites.

La pratique de l'acceptation et de la compréhension

Dans les cercles de spiritualité, il y a toujours beaucoup à dire sur la tolérance et l'acceptation sans réserve. Mais il nous sera difficile d'accepter les autres avant d'avoir assimilé cette notion très simple selon laquelle tous les êtres humains ont un dessein partagé : celui d'accéder au bonheur. Tout commence à partir de ce point, et pour nous tous sans exception : ce n'est qu'en cours de route que les choses se gâtent.

Il y a de cela quelques semaines, mon éditeur assistait à l'office du dimanche dans une église protestante de son voisinage, office dont une partie, appelée « Joies et regrets », est réservée aux paroissiens qui désirent apporter leur témoignage et chercher un soutien dans la prière. Ce dimanche-là, m'apprit-il, une dame nommée Andetrie Smith s'était levée pour parler d'une expérience qu'elle avait vécue dans le métro de New York. Une femme s'était approchée d'elle pour lui demander l'aumône car, disait-elle, dans un accès de fureur aveugle, son mari avait incendié la maison, brûlant gravement leurs deux enfants.

Alors qu'elle prêtait l'oreille à ce triste récit, la femme assise près d'Andetrie était de plus en plus troublée. « C'est affreux ! s'insurgea-t-elle enfin. Les personnes qui agissent ainsi devraient être condamnées à la chaise électrique ! N'êtes-vous pas de mon avis ? ajouta-t-elle à l'adresse d'Andetrie.

— Non, répondit cette dernière. L'acte qu'a commis cet homme est horrible et condamnable, mais je ne vois pas à quoi cela nous mènera de le haïr et de souhaiter sa mort. Je pense plutôt que nous devrions nous efforcer de découvrir les raisons qui l'ont poussé à commettre cet acte démentiel, et tenter de le comprendre, de l'accepter et de l'aimer, quelle que soit la gravité de son crime.

— Je veux bien, mais je ne vois pas comment, répondit la femme. Moi qui vous parle, je suis juive, et vous n'êtes pas sans savoir que tout le monde déteste les Juifs. »

Andetrie qui était noire et originaire du sud des États-Unis, avait connu la ségrégation raciale, dit alors :

« Personnellement, je n'ai aucun grief contre les Juifs, et je suis bien placée pour savoir ce que veut dire être en butte à la haine et à la discrimination. Pour moi, la vraie difficulté, c'est que nous n'avons pas encore trouvé un moyen de nous comprendre les uns les autres. »

Puis de faire observer à sa voisine que même Malcolm X avait changé de point de vue sur la question raciale, quelques années avant d'être assassiné.

Andetrie aime à dire que l'amour, c'est avant tout traiter son prochain comme nous aimerions qu'il nous traite. Ce qui s'entend pour elle avec honnêteté, compréhension et respect. Elle sortit du métro attristée par la tragédie qui avait frappé la femme et ses enfants, conclut-elle, mais néanmoins heureuse d'avoir été comprise par sa compagne de voyage ou, tout au moins, de lui avoir donné matière à réflexion.

Si cette histoire est intéressante, c'est qu'elle nous montre comment chacun de nous peut s'ouvrir aux autres et élargir son cercle d'affinité et de compréhension. Au lieu de capituler devant l'énervement de sa voisine Andetrie exposa son point de vue avec intelligence et justesse sur l'incapacité de cette femme à faire preuve d'amour et de tolérance. À l'intransigeance de sa voisine, elle opposa sa volonté de comprendre son point de vue, en démontrant les vertus de l'amour et de la tolérance.

Accepter, comprendre les sentiments d'autrui et ce qui les suscite est peut-être la tâche la plus lourde que l'amour puisse exiger de nous. Sur le chemin de la spiritualité, on s'efforcera d'admettre que l'on puisse abhorrer certains actes sans pour autant haïr la personne qui les commet. C'est de l'acte qu'il nous faut juger et non de la personne. Par ce biais, nous pourrons alors nous délester du faix qui pèse sur nos épaules, fût-il de colère, d'amertume ou de ressentiment. Des ressentiments, nous en éprouvons naturellement tous, certains même envers leurs parents. Puis, c'est en devenant parents à leur tour que leur perception évolue peu à peu. Ces personnes se rendent compte qu'en dépit de leur désir de se montrer des parents modèles, elles imposent, sinon leurs diktats, du moins leur autorité à leurs propres enfants. Ces parents qui leur inspiraient crainte et respect leur apparaissent alors comme de simples êtres humains, avec leurs forces et leurs faiblesses. Survient ensuite le pardon, né d'un sentiment proche de la tendresse. Ce serait comme un grand cercle, la roue de l'être et du devenir qui, tournant sans cesse, fait de nous des êtres en perpétuelle mutation.

Dans la religion bouddhiste, le cœur de l'amour se dit « bodhicitta », lequel est la traduction littérale d'« éveil de l'esprit » ou « esprit d'illumination ». En pratiquant le bodhicitta, nous cultivons un cœur aimant et soucieux du bien-être de l'humanité tout entière. S'éveiller au sacré revient à se forger un cœur assez vaste pour contenir tous les êtres vivants, quelles que soient leurs pensées ou leur religion.

Bouddha dit un jour : « Dès l'instant où vous ne vous sentez pas différent de votre prochain, si vous pouvez éprouver des sentiments identiques aux siens, comment pourriez-vous lui faire du tort ? »

La pratique de la non-violence et de l'amour de la vie

Le tout premier principe de spiritualité que l'humanité devrait mettre en pratique est peut-être celui de la non-violence. Le premier commandement nous dit bien : « Tu ne tueras point. » Quant à Bouddha, il affirma un jour que ses quarante-cinq années d'enseignement pourraient tenir en quatre lignes :

> *Ne point faire le mal,*
> *Cultiver la bonté et tout ce qui nous est salutaire,*
> *Se purifier le cœur et l'esprit,*
> *Tels sont les commandements de l'Être de lumière.*

En sanskrit, le vocable « ashima » signifie non-violence, prise de position radicale contre tout ce qui pourrait nuire à autrui quelle qu'en soit la manière. C'était aussi un des grands préceptes de Mahatma Gandhi, dont le pouvoir de vérité ajouté à celui de la non-violence et de la résistance passive eut raison de l'impérialisme britannique. C'est lui aussi qui affirma ne pas haïr les Anglais, mais seulement les lois qu'ils édictèrent aux populations de son pays. En recevant le prix Nobel de la paix pour sa résistance non armée à l'envahisseur chinois, pour continuer de prêcher à travers le monde la résistance passive contre la violation des droits de l'homme, le Dalaï-lama marche sur les traces de Gandhi et de Martin Luther King.

Parler d'aimer la vie, de lui rendre hommage, c'est aussi nous interroger sur la façon dont nous pourrions créer un monde plus équitable. Gandhi affirma un jour que la plus grande violence résidait dans la pauvreté. Aussi ne suffit-il point d'évoquer des valeurs spirituelles et d'ignorer les véritables problèmes humains de notre époque, car nous n'aimerons, nous ne protégerons la vie qu'en cultivant notre générosité spirituelle; nous lui rendrons hommage en nous employant à tout mettre en œuvre pour sauver la planète et les êtres qui l'habitent.

Dans le bouddhisme, l'amour de la vie passe par la reconnaissance du droit à la vie pour toute créature, visible ou invisible. Nous commençons par nous aimer nous-mêmes et notre propre vie, et estimons à leurs justes valeurs les merveilleuses occasions qui nous sont offertes. Cette attitude, nous l'étendons ensuite aux personnes que nous aimons le plus, sachant combien leur existence nous est précieuse, puis nous élargissons le cercle, jusqu'à respecter et chérir la vie de personnes qui nous sont étrangères – et même que nous n'aimons pas – autant que la nôtre. Finalement, cet amour que nous répandons sur nos semblables s'étendra à tous les êtres de la Création. Cela ira jusqu'à la mouche à qui l'on ouvrira la fenêtre pour qu'elle retrouve sa liberté ou la fourmilière que l'on prendra garde de ne pas piétiner. Mais peut-on aimer et respecter la vie à ce point, vous demanderez-vous? À cela je répondrai que, sous quelque forme qu'elle se présente, la vie est sacrée, sacro-sainte et inviolable. Tout comme nous, personne ne veut mourir, souffrir ou perdre un être cher.

Il est si facile de dire: « Oh, moi, je suis un pacifiste, quelqu'un qui n'a jamais tué personne... » Mais alors, qu'en est-il de tous ces petits meurtres que nous commettons ? Toutes ces bestioles que nous avons écrasées sans même y penser ? Ces paroles assassines que nous avons prononcées ? Je me revois, quand j'allais au lycée, empruntant un raccourci pour rentrer chez moi. Je traversais le parking d'un « supermarché » quand je découvris, parmi les boîtes vides et les détritus, un oisillon blessé. Toute honte bue, je suis bien forcé d'avouer que j'achevai la pauvre bête. Si une part de moi-même n'avait d'autre désir que d'abréger ses souffrances, on peut s'interroger encore sur la nature de mes pensées profondes. Qui sait ? Peut-être avait-on donné *King Kong* la semaine précédente à la télévision… Toujours est-il qu'un profond sentiment de honte s'était soudain emparé de moi. J'avais joué un rôle qui m'avait été soufflé de l'extérieur, et que je devais très probablement à la violence affichée au cinéma et à la télévision. Quoi qu'il en soit, j'en conçus tant de remords que je n'en soufflai mot à personne des années durant. Penser à ce triste événement me conduisit finalement à espérer n'avoir jamais plus à commettre un tel acte. Et j'avouerai que, depuis, entre autres bestioles, je n'ose même plus tuer un moustique.

Nous avons tous au fond de notre mémoire des visions de nous-mêmes dont nous ne sommes pas tentés de nous enorgueillir, des circonstances où nous nous sommes montrés insensibles ou irrespectueux envers la vie. Prendre conscience de nos fautes, nous repentir et décider que cela ne se reproduira plus est une manière de contribuer à l'amélioration de notre karma. Cette prise de conscience a ceci de salutaire qu'elle nous remet dans la bonne direction, nous réoriente vers une vie plus noble et plus sereine.

Mère Teresa fut et demeure un modèle parce qu'elle eut l'incroyable force de tourner son amour vers les malades, les oubliés, les démunis. Sa mission de porter secours aux mourants, à ceux que la misère reléguait au plus bas étage du genre humain, commença en 1940, au moment où elle se rendit au chevet d'une mourante, hors des murs de son couvent de Calcutta. La détresse qui s'étalait devant ses yeux marqua d'autant plus profondément son esprit qu'elle s'avisa qu'il n'y avait rien là qui fût inhabituel. Dès lors, elle fit le vœu de mettre en œuvre tout ce qui lui était humainement possible pour secourir les oubliés de la terre. Alors qu'elle cheminait à travers les rues grouillantes de la cité, nul ne restait étranger à son regard compatissant. L'amour qu'elle portait en elle embrassait des personnes que beaucoup eussent qualifiées de répugnantes ou d'insignifiantes. Un autre qu'elle aurait détourné les yeux de cette immense souffrance, mais Mère Teresa, elle, préféra se pencher sur ces âmes abandonnées.

Nous rendons hommage à la vie dès l'instant où nous investissons dans la recherche de la paix et de l'harmonie entre tous les êtres. Les moines d'Asie se déplacent toujours avec précaution, de crainte d'écraser un insecte. Ils prodiguent un effort de chaque instant pour éviter de détruire toute forme de vie, surtout lorsqu'ils voyagent ou creusent la terre. Si, de prime abord, je trouvais cela charmant, je n'en saisis la véritable portée que beaucoup plus tard.

L'année dernière, lors d'une visite à des amis, en Nouvelle-Angleterre, je me promenais le long d'une route après l'orage et découvris que la chaussée était parsemée de minuscules escargots qui risquaient à tout moment d'être écrasés par un véhicule. Sans même y penser, je me précipitai et les portai jusqu'au bas-côté, l'endroit vers lequel ils semblaient se diriger. Ce n'est qu'une fois cette modeste mission accomplie que je m'avisai du chemin que j'avais parcouru et commençai à me dire que sauver d'aussi insignifiantes créatures pourrait *aussi* représenter une manière de pratiquer l'amour de la vie. Cela nous aide à cultiver un esprit d'amour, la conscience que toute vie est précieuse. Cet instant fut pour moi le meilleur moment de la journée.

Faire montre de compassion, c'est avoir profondément conscience de la souffrance d'autrui. De récentes recherches à propos de l'altruisme ont démontré que nous éprouvons tous le désir atavique de nous construire sur un plan fondamental, car il y a en nous bien plus de bonté que nous pouvons le concevoir. En outre, il a été démontré que la compassion et l'altruisme ont sur nous le meilleur effet. Ils nous fortifient tant mentalement que physiquement. Ils améliorent notre karma. Chogyam Trungpa Rinpotché avait coutume de nommer la nature bouddhique « bonté initiale ». Sans être littérale, cette traduction nous permet d'en pressentir le sens exact, soit que nous sommes bons par nature et qu'au fond l'homme est un être intrinsèquement aimable et doux.

Une des méthodes les plus simples pour accroître sa compassion consiste à lever toutes les barrières érigées par les mécanismes de défense que nous aurons construits au cours de notre vie. La pratique spirituelle peut être comparée à un attendrisseur. Sans user d'un maillet ou de tout autre moyen brutal, il nous est loisible, peu à peu, jour après jour, d'attendrir notre cœur.

Être conscient de la souffrance – qu'elle soit nôtre ou celle d'autrui – aide à nous radoucir. Cette souffrance peut nous toucher, nous émouvoir, nous rendre plus aimants grâce à une ouverture élargie du cœur et de l'esprit. L'expérience d'une maladie grave, d'une tragédie ou même d'un cœur brisé a un effet direct sur le cœur, siège de notre sensibilité. Issue d'une famille aisée, saint François d'Assise vivait une adolescence dissolue quand il fut frappé par une terrible maladie qui, après plusieurs mois d'immobilisation, fit de lui un être transfiguré, plein de compassion et de sensibilité envers les démunis et les malades. Cette compassion, conjuguée à la faculté de communiquer avec n'importe qui, y compris les oiseaux et les animaux sauvages, fit de lui un des saints les plus estimés. Les statues le représentent toujours entouré d'animaux, un oiseau perché sur son épaule.

Il nous est toujours possible de nous servir de nos propres expériences pour accroître notre aptitude à la compassion. À quelque degré, nous savons tous ce qu'est la souffrance, physique ou morale. Cette connaissance suffit à nous inspirer les actions qui contribueront à alléger les souffrances de nos semblables. Qu'un de nos enfants pleure, et nous nous empressons de réagir à sa détresse; pourquoi en serait-il autrement pour les enfants des autres? Même les animaux sauvages ont un gîte et une mère auprès de laquelle se réfugier la nuit tombée.

Réfléchir aux exemples de femmes et d'hommes doués de compassion à travers les siècles et jusqu'aujourd'hui nous ouvre le cœur et l'esprit et renforce notre capacité à exercer notre amour sur quoi que ce soit que nous entreprenions. Rappelons-nous les paroles d'Abraham Lincoln: « Que m'importe la religion d'un homme si son chien ou son chat ne s'en trouvent pas mieux pour autant. »

La pratique de la cordialité et de la bienveillance

Le Dalaï lama déclara récemment que la cordialité et la bienveillance étaient ce qui comptait le plus dans la vie d'un homme. C'est aussi simple, aussi judicieux, aussi humain que cela. Par quel moyen? vous demanderez-vous; en faisant en sorte que les autres se sentent aimés, tout simplement. Une des grandes vertus du Dalaï-lama, c'est de faire immédiatement sentir à son interlocuteur qu'il s'intéresse à lui.

La cordialité et la bienveillance sont une façon parmi d'autres de véhiculer notre amour, notre esprit de tolérance. Nous nous efforçons d'être chaleureux et attentifs envers nos enfants, nos amis, notre famille, nos voisins, nos collègues, nos relations et aussi envers les étrangers. La question qui se pose, c'est de savoir si nous pouvons faire encore mieux que cela.

Nous est-il possible d'être un peu plus aimables, un peu plus attentionnés envers notre entourage ? Cela requiert une bonne dose de détermination. Je trouve, quant à moi, qu'il est important de s'adresser aux autres avec douceur et aménité, d'être un peu plus présents, même en dépit du poids qui alourdit nos épaules. Il convient de réfléchir aux mots qui attestent de notre tolérance et de notre soutien. Nous devons songer à nous montrer plus généreux de nos possessions – de notre temps, de notre savoir, de nos ressources financières, de nos émotions et de nos sentiments. Un brin de gentillesse, un rien de chaleur, un soupçon d'affection, une trace d'empathie feront leur chemin parmi nos relations. Cela s'avère avec nos enfants, notre famille et nos amis ; mais cela vaut également pour les autres, même avec ceux que nous sommes assurés de ne jamais revoir. Il est bon de faire en sorte que notre existence témoigne de la place que l'amour et l'affection tiennent dans notre vie de tous les jours.

La pratique de la joie

La joie est prière ; la joie est force ; la joie est amour… Un cœur joyeux est infailliblement un cœur brûlant d'amour.

Mère Teresa

Esprit est synonyme de joie, et l'éveil est joyeux. La vie est un miracle qu'il nous faut célébrer.

Il me semble indispensable de nous découvrir nous-mêmes et de suivre notre chemin de joie. Heureux, joyeux, notre cœur chante. Mais que faites-vous pour être heureux ? Qu'est-ce qui nourrit votre esprit et rend vivace l'amour en votre cœur ? Rappelons-nous qu'une vie spirituelle est vibrante et non monotone, extatique et non statique. Trouver des moyens pour mettre un surcroît de joie dans notre existence contribue à répandre cette joie alentour.

Non contente d'éclairer nos visages, la joie nous soulage de nos maux. Ne vous sentez-vous pas heureux en voyant le sourire d'un enfant ? N'êtes-vous pas rempli d'allégresse de la joie qui s'étale autour de vous ? Nous sourions en de joyeuses occasions – une naissance, un hommage à l'amour. L'amour dessine de grands sourires sur les visages. Récemment, je rencontrai une jeune mère dont le bébé de deux mois sortait d'une intervention chirurgicale destinée à corriger une grave infirmité congénitale. La santé de l'enfant était précaire, mais après l'opération, les pronostics étaient plutôt favorables : le bébé grandirait normalement, sans le moindre handicap. Aujourd'hui, la mère et son enfant rendaient visite à leur famille, et la joie de la jeune femme était si grande que son visage était illuminé au point que qui s'approchait d'elle se sentait à son tour transporté. Il survient parfois que la joie de certaines personnes – ou la nôtre – soit si bouleversante qu'elle nous émeuve jusqu'aux larmes.

Il m'est toujours agréable d'être en compagnie de Tibétains, car ils témoignent continûment d'une grande allégresse et d'une exubérante cordialité. Probablement faut-il y voir un effet de l'air pur et grisant des montagnes combiné à une foi inébranlable. Les gens se plaisent à entourer le Dalaï-lama parce qu'il est si débordant de joie qu'elle en devient communicative. Il n'y a pas si longtemps je lisais un commentaire de feu John F. Kennedy à propos d'un entretien qu'il avait eu avec le Dalaï-lama. Il y était écrit qu'après le départ de ce dernier, le président s'était senti comme plongé dans une obscurité soudaine, comme si le saint homme avait quitté la pièce en emportant une lanterne avec lui. J'ai moi-même connu la même impression auprès de Sa Sainteté. Peut-être vous-même avez-vous vécu quelque chose de similaire auprès d'une personne ou d'un objet, au cours de votre vie.

Le chemin de la joie est celui de l'ouverture du cœur, d'un cœur débordant d'amour. Alors souriez. Rendez quelqu'un heureux et soyez-le vous-même. Apprenez l'amour ; répandez l'amour ; soyez amour : vous aimerez, j'en suis sûr.

La pratique de la paix

Un monde de paix est un monde non violent et débordant d'amour. Nous aurons partie liée avec l'effort de paix en œuvrant à la réconciliation générale dans tous les champs de l'existence et dans celui de notre propre vie. Nous nous efforcerons de faire la paix avec les êtres que nous aimons, mais aussi avec ceux avec lesquels nous sommes entrés en conflit. Nous essaierons de faire la paix avec la terre entière. À cette fin, voici quelques conseils :

Plantez un arbre. C'est ce que le Bouddha conseillait à ses disciples une fois par an au moins, en témoignage de gratitude envers la terre pour sa munificence.

Faites la paix avec vous-même en vous autorisant du repos, car le repos est sacré.

Faites la paix avec le divin en éveillant votre bonté intérieure ou en récitant des prières.

Œuvrez chaque jour pour la paix, et de toutes les manières qu'il vous sera donné. Soyez serein et en paix.

Aidez la vie ; aidez une âme. Dans le Talmud, il est écrit que sauver une vie équivaut à sauver le monde entier.

Dans un essai intitulé *Hope, Dispair and Memory*[1], le prix Nobel de la paix Elie Wiesel écrivit : « La race humaine doit se rappeler que la paix n'est pas un don de Dieu à ses créatures, mais un don que nous nous faisons les uns les autres. » Avant lui, Thich Nhat Hanh commanda : « Ne parlez pas de paix, soyez la paix. »

Om Shanti, Shanti, Shanti. Paix, paix, paix...

L'amour est complexe, à telle enseigne qu'il nous arrive de témoigner notre amour par des façons dont nous n'avons pas toujours conscience. Comme le savent tous les parents du monde, il survient que le seul mot d'amour que nous puissions produire soit « non ». Parfois aussi, l'unique chose que nous puissions faire, c'est justement de ne rien faire. Une de mes amies me racontait que le jour où elle mit au monde son premier enfant, ce fut au prix de dizaines d'heures de travail, de lutte et de larmes. Il lui semblait alors que cet enfant ne viendrait jamais au monde. Quand la sage-femme lui intima : « Allons, poussez encore une fois », mon amie protesta avec acrimonie : « Je ne peux pas ! » Alors, avisée, la sage-femme lui cria : « Hurlez comme si vous haïssiez ce bébé ! » Et mon amie de vociférer : « Je hais ce bébé ! » Aussitôt, quelque chose se relâcha en elle. Elle venait de mettre au monde une superbe petite fille.

Subtiles et mystérieuses sont les voies de l'amour...

L'année dernière, mon amie Kathy se rendit en Inde afin d'assister à une cérémonie commémorative en l'honneur d'une femme nommée Mary Davis. Morte à quatre-vingt-neuf ans, Mme Davis était la mère bien-aimée de quatre enfants et, lors de l'office religieux, Kathy se retrouva assise derrière Margi, fille de Mary, et de Jonathan, petit-fils de Mary, censé prononcer son éloge funèbre.

1. Espoir, désespoir et souvenir. *(N.d.T.)*

Personnage établi et prospère, Jonathan mit à profit ce panégyrique pour parler de ses expériences passées. Il raconta que durant son enfance, il dut se plier à des enseignements pour lesquels il n'avait aucun don, ce qui lui semblait d'autant plus décourageant qu'il allait d'échecs en déconvenues. Bref, il en était venu à détester l'école. Nonobstant, il parvint à se ressaisir et à retrouver confiance grâce à une prière que sa grand-mère avait enseignée à Mary, sa mère. Chaque matin, avant son départ pour l'école, Jonathan devait mettre ses mains dans celles de Margi, la regarder dans les yeux, et répéter après elle la prière. Cette prière que Mary avait laissée en héritage à sa famille. Je n'ai jamais connu Mary, mais je pense souvent à elle et à sa prière.

LA PRIÈRE DE MARY

Je suis le lieu par quoi Dieu luit
Lui et moi ne faisons qu'un
Il me veut où et comme je suis.
Je n'ai nul doute, nulle crainte ni dessein.
Mais pour peu que je sois libre et soumise,
À travers moi son plan d'amour se réalise.

Deuxième partie

Aborder la pratique spirituelle

Ce n'est pas une question de foi.
C'est une question de pratique.

THICH NHAT HANH

Notre bonté innée a besoin de s'exprimer. En élaborant et en nous maintenant dans une pratique spirituelle, nous admettons implicitement prendre notre vie spirituelle au sérieux. Chaque fois que nous prions, méditons, nous engageons dans une lecture ou dans une pratique spirituelle donnée, nous rendons hommage à notre nature bouddhique – lumière intérieure –, au meilleur de nous-mêmes, ainsi qu'à notre potentiel à son niveau le plus élevé, soit communier avec le sacré.

Cependant, chaque jour apporte son lot de contraintes petites et grandes : se lever, se laver, se vêtir, déjeuner, conduire les enfants à l'école, le travail, les réunions, le dentiste, le teinturier, téléphoner aux amis, acheter un cadeau d'anniversaire pour sa mère, sortir le chien, sans oublier de réfléchir aux programmes à la télévision et au menu du dîner. Nous pouvons tous nous étendre longuement sur nos activités, celles que nous devons autant que celles que nous aimerions faire : elles sont toutes aussi importantes les unes que les autres ; mais nous ne devons pas pour autant négliger notre vie spirituelle.

Il existe nombre de gens, chercheurs sincères, qui résistent à la pratique spirituelle, sous prétexte que le sacré s'appuie sur des miracles et des coïncidences heureuses. Parfois, aussi, cela tient simplement à ce qu'ils n'ont pas trouvé une pratique qui sied à leur personnalité. Souvent, ils ne comprennent pas en quoi consiste la méditation, en quel sens, par exemple, elle est censée agir. Or, les pratiques spirituelles telles que la méditation nous aident à rester en contact avec l'aspect sacré de notre être. Pour peu que nous nous sentions perdus, elles nous permettent de nous retrouver. La pratique consiste à cultiver notre jardin secret. Mais à différentes gens, différentes pratiques, tel le jardin qui s'orne de fleurs différentes de celles du jardin voisin. Toutefois, je maintiens qu'il en existe toujours une apte à satisfaire chacun d'entre nous.

Participant à un cours de yoga, un ami m'apprit que l'instructrice commença la séance en déclarant à ses élèves que, quoique catholique pratiquante, elle n'avait vraiment connu la foi qu'après avoir commencé à enseigner le yoga. Cela vaut aussi pour moi, car je puis vous assurer que je ne me suis jamais senti aussi près de mes origines hébraïques que depuis que je suis devenu lama. Mais, s'il me faut remonter dans le temps, dès l'âge de dix ans je savais qu'aucune des religions répandues en Occident n'était apte à me satisfaire, car un vide, du corps autant que de l'âme, subsistait.

Peut-être la faute me revient-elle entièrement d'être resté insensible aux rites judaïques durant mon adolescence ; cependant, dès lors que m'apparurent des pratiques telles que la méditation et la prière, tout un monde s'ouvrit à moi. Dans mon esprit d'Occidental, l'initiation religieuse induisait des notions de foi, de rigueur, de respect des lois divines. Puissant, le message s'était solidement ancré dans mon esprit, sans que j'eusse une seule fois entendu quiconque parler d'interrelation entre la pensée, le corps et l'esprit.

Or, un des grands apports que firent les Orientaux aux Occidentaux – et inhérent à la pratique spirituelle orientale – réside en la conscience holistique que la pensée, le corps et l'esprit son intrinsèquement liés. Quand, par exemple, les Sufis orientaux se mettent à tournoyer, ils font usage du mouvement de leur corps pour recentrer et rééquilibrer leur âme et leur esprit. Voilà des milliers d'années que les mystiques yogis savent que la position du corps peut infléchir un état de pensée. Méditation et exercices respiratoires influent sur la chimie organique qui, à son tour, peut concourir à la guérison physique et mentale.

Partout à travers le monde, des personnes de toutes confessions se penchent sur les pouvoirs guérisseurs de la prière. Comme il est possible de le constater, la pratique spirituelle intervient à bien des niveaux.

Toutes les formes de pratiques spirituelles sont identiques dans l'essence et dans le propos. Elles visent à nous faire distinguer la réalité de l'illusion, à découvrir la claire lumière de la compréhension et de la divine sapience. Un grand maître zen prétendit un jour que l'illumination relève de l'accident. Puis d'ajouter incontinent que la pratique spirituelle nous incline justement à cela.

Adonnez-vous à une pratique spirituelle. Quand cela ne vous ferait jamais accéder à l'illumination, au moins connaîtrez-vous la clarté d'esprit. Comme il est souvent énoncé, la pratique permet de parvenir à la perfection ou, mieux encore, *est* la perfection.

Se simplifier la vie et clarifier son esprit ou comment bâtir, approfondir et pratiquer la méditation

Il n'est plus grande magie que la méditation. Changer le négatif en positif, transformer les ténèbres en lumière, tel est le miracle de la méditation.

BHAGWAN RAJNEESH

La méditation assise est le fondement sur lequel repose la pratique bouddhiste. Elle est le reflet même de l'essence de la simplicité. Il suffit de fermer les yeux, de respirer par le nez et de se concentrer pour que survienne une chose étonnante.

« Oui, mais quoi ? m'objectera-t-on. Que survient-il exactement ?

— La clarté et la sérénité », réponds-je seulement.

Voici, néanmoins, la liste de quelques bénéfices que l'on retire de la méditation :

• elle contribue à nous libérer l'esprit du désordre et de la confusion ;

• elle nous rend calmes, sereins, plus conscients de nos ressources intérieures ;

• elle nous procure un sentiment d'équilibre et d'appartenance;

• elle vivifie nos sens et notre perception;

• elle nous aide à comprendre l'imbrication des éléments qui forment le tissu de l'existence;

• elle nous rend plus aptes à progresser dans la vie, et, partant, moins soumis aux aléas du destin;

• elle nous aide à acquérir une meilleure perception de nos objectifs et de nos blocages;

• elle nous aide à être moins égocentriques;

• elle nous aide à accroître notre capacité d'amour;

• elle nous aide à avoir une meilleure vision de la réalité;

• elle nous aide à devenir des êtres réfléchis, aptes à conduire leur vie avec conscience et compréhension;

• elle met un terme à nos illusions et nous éveille à notre conscience;

• elle améliore notre état physique, puisqu'elle est réputée contribuer au processus de guérison de maladies comme l'asthme, l'hypertension, la migraine, le stress, ainsi que les problèmes liés à la concentration.

Rétrospectivement, je ne saurais dire ce qui m'a conduit à la méditation. À l'époque, j'étais encore lycéen. J'ai de moi le souvenir d'un garçon qui tentait de juguler ses émotions par un surcroît d'activité. Comme ma grand-mère se plaisait à me le répéter: « Aussi longtemps que tu resteras actif, Jeffrey, tu seras heureux. » Il n'y a pas si longtemps, en fouillant dans une vieille boîte de cigares, chez mes parents, à Long Island, je découvris une petite épigramme que j'avais troussée, lors de ma première année de collège, en tant que militant politique. J'y avais écrit: « Je me sens perdu parmi des mouvements que nous croyons à tort significatifs. » Dès lors, il m'apparut que j'entreprendrais une méditation afin de découvrir autre chose, même si j'en ignorais la nature. Probablement la méditation m'était-elle apparue comme une activité salutaire. Et une de plus!

Je me rappelle encore mon premier séminaire de méditation, en Inde, en 1971. Il va sans dire qu'entre l'inconfort des lieux et ma maladresse, cela ne se fit pas sans mal. Néanmoins, passés les premiers jours – le séminaire en durait dix –, je fus surpris par l'allant, l'amour et la paix intérieure qui m'avaient envahi. Tout me semblait soudainement accessible, clair, aérien. Une chose étonnante venait de se passer en moi. Cette expérience n'est pas unique, à telle enseigne que certains néophytes font parfois montre d'un tel enthousiasme qu'ils finissent par agacer leur entourage. S'il n'est plus fanatique qu'un nouveau converti, qui lui en ferait grief, quand il n'a d'autre désir que de faire partager son enthousiasme ? Je me rappelle avoir songé écrire à tous les gens qui m'étaient proches pour les inciter à m'imiter.

Ceux-là pour qui les vertus de la méditation sont encore inconnues montreront parfois quelque réticence. Mais le Bouddha a toujours déclaré à ceux qui l'approchaient qu'ils ne s'aviseraient des bienfaits que la méditation avait déjà prodigués à des millions de gens qu'à la seule condition de s'y consacrer. Cela ressemblerait à une expérience scientifique que l'on tenterait sur soi. De la quête du Bouddha il suffit de reproduire les étapes pour qu'elles produisent les mêmes résultats.

Qu'un Occidental songe à la méditation, et l'image lui vient aussitôt à l'esprit d'un homme connu sous le nom de Bouddha, les yeux clos, assis, jambes croisées, dans la position du lotus. Il est vrai qu'en Asie cette image est partout, dans les temples comme aux vitrines des magasins. Elle est devenue si familière aux Occidentaux que quantité de gens ont tendance à croire que la méditation est née avec lui, soit en 563 avant Jésus-Christ. En vérité, la méditation remonte à des temps immémoriaux, bien avant l'apparition des yogis, à une époque si ancienne qu'on ne saurait en retrouver les traces. Nous savons cependant de source sûre que Bouddha découvrit la méditation après avoir quitté le palais de son père. Nous savons aussi que, peu après, il s'entoura des conseils de deux yogis hindous réputés, et que lui-même fut perçu comme tel.

À l'époque de Bouddha, les yogis avaient coutume de se retirer de la société ainsi que de toute contingence et préoccupation matérielles pour se consacrer entièrement à la recherche de la vérité, à la quête du sacré. Le Bouddha et ses disciples s'imposèrent une longue et difficile discipline aux fins de se purifier, de transcender leur corps et leur esprit, avec pour dessein de toucher à un niveau plus élevé de conscience divine. Ils acquerraient ainsi une meilleure perception de la vérité et de la réalité, établiraient enfin le contact entre l'être et l'absolu.

Le Bouddha ne méditait pas en un lieu fermé, à un moment donné, comme nous le faisons aujourd'hui, mais plutôt nuit et jour, au plus profond de la jungle, dans les forêts du nord de l'Inde. Les raisons de sa méditation étaient purement spirituelles : il voulait pouvoir distinguer la vérité de l'illusion, le fini de l'infini, la mort de l'éternité. Il méditait afin de mieux appréhender les effets conjugués de l'ignorance, de l'attachement et du désir. Il méditait pour mettre un terme à la souffrance, personnelle et universelle. Il méditait enfin pour atteindre l'illumination, l'éveil total.

Aujourd'hui, les Occidentaux viennent à la méditation pour différentes raisons, qui sont spirituelles aussi bien qu'émotionnelles ou physiques. En voici quelques-unes :

- cultiver des idéaux, comme la sagesse, l'amour et la compassion ;
- apaiser leur esprit inquiet ou agité ;
- s'accommoder de problèmes physiologiques ayant des répercussions d'ordre psychologique ;
- rétablir le contact entre leur corps, leur âme et leur esprit ;
- se libérer de leur peur, de leur colère, des pensées qui les obsèdent ;

- faire preuve d'un peu plus de compréhension dans leur comportement ;
- rencontrer d'autres chercheurs ;
- ouvrir leur cœur et éveiller leur esprit ;
- prendre conscience de Dieu ;
- connaître l'illumination...

Méditer est d'une exquise simplicité. C'est sensé, pratique autant que bénéfique. C'est sûr, pas le moins du monde envahissant, ni toxique pour deux sous. Nos ancêtres, de Jésus à Gandhi, en passant par Thoreau, Emerson et mon oncle Max, méditaient. C'est un acte naturel, organique et bien de chez nous. C'est agréable et cela fait du bien : « Une séance de méditation quotidienne éloigne la dépression. » C'est à la portée de n'importe qui.

La méditation, ce n'est pas ce que l'on croit. Il ne s'agit pas seulement de s'asseoir et de fermer les yeux, car il existe bon nombre de manières de méditer, y compris la méditation dans le mouvement et dans la danse, la méditation par la musique ou par l'imagerie : certaines personnes chantent, d'autres visualisent en méditant, mais il en est aussi qui s'adonnent à une méditation guidée. Existent également différentes écoles de méditation. Par extension d'idée, tout ce qui contribue à nous rattacher à notre esprit, tout ce qui nous éveille à notre conscience profonde, au divin qui se trouve à l'intérieur et à l'extérieur de nous se nomme aussi méditation.

Je crois important de souligner qu'il est une forme de méditation accessible à chacun d'entre nous. Mais je sais aussi que la méditation assise ne sied pas forcément aux personnes dépressives. Il survient même qu'une dépression appelle parfois une dépense d'énergie. On peut alors recourir à la méditation par la marche ou toute autre méditation naturelle induisant le mouvement.

Le but initial de la méditation consiste à cultiver sa conscience. Ainsi, tout ce qui tend vers ce but peut légitimement se définir comme méditation. Comme l'a si bien énoncé Thich Nhat Hanh : « Tout acte exécuté à la lumière de la conscience devient sacré. » Cela signifie que laver la vaisselle, lessiver son plancher ou changer les couches du bébé peuvent être autant de gestes procédant de la pratique spirituelle. Parce qu'il réclame attention et concentration d'esprit, tout travail manuel est favorable à la conscience méditative.

Si l'apprentissage d'une technique de méditation est très utile, chacun d'entre nous peut néanmoins découvrir dans sa vie des activités qui encouragent et entretiennent cette conscience méditative. On les appelle méditations naturelles, parce qu'elles nous permettent de nous raccorder à notre clarté intérieure et à notre esprit naturellement bouddhique. Les méditations naturelles ne requièrent que peu d'efforts. En voici quelques exemples :

Pour mon amie Marie, le jardinage est une méditation naturelle. Qu'elle sème, bine, plante ou arrose, elle est *totalement* à son affaire, pleinement attentive à la tâche qu'elle s'est assignée. « Je n'ai d'autre préoccupation que celle-là, ni d'endroit où je puisse me sentir mieux », soutient-elle.

Cette conscience méditative, James la retrouve en jouant du piano. Chaque note exige de lui une parfaite attention et une totale concentration. Des pensées viennent-elles s'immiscer entre lui et l'instrument qu'une fausse note le rappelle aussitôt à l'ordre.

Pour Sada, c'est promener son chien dans le parc. Dans ces instants, elle et la bête semblent en parfaite harmonie. Elle marche lentement, observant chaque détail du chemin, prêtant l'oreille au moindre chant d'oiseau, au plus petit murmure du feuillage. Elle n'éprouve nul besoin d'être ailleurs ni de faire quoi que ce soit. Rien ne manque, rien n'est en trop. C'est la perfection, dans toute l'acception du terme.

Moi, j'aime bien me retrouver au bord de l'eau, écouter le bruit des vagues. Chaque fois que l'une d'elles vient mourir sur la plage, j'ai l'impression qu'elle efface tous les événements qui l'ont précédée. Je n'ai pas même besoin de contrôler ma respiration, les vagues le font à ma place.

Comme je viens de l'exposer, les techniques menant à la méditation sont légion, mais la conscience méditative est une. Cette conscience méditative est entière, flottante, extatique et non statique.

Instructions intemporelles pour la méditation assise

S'il est une chose remarquable dans la méditation, c'est que l'expérience peut se reproduire indéfiniment. C'est une science atavique, éprouvée au fil du temps, et dont l'exercice remonte à plusieurs millénaires. Ceux qui s'adonnent à la méditation aujourd'hui en tirent un sentiment de bien-être identique à ceux qui méditaient il y a vingt-cinq siècles de cela, prouvant ainsi que le temps passe, mais que la nature de l'esprit et du cœur demeure.

Aussi ne serez-vous pas surpris que les principes de la méditation assise soient aujourd'hui d'une simplicité presque décevante, et guère différents de ceux que l'on édictait voilà deux mille cinq cents ans. C'est la façon dont mes maîtres apprirent à méditer ; c'est celle qui m'a été enseignée, et celle qu'à mon tour j'enseigne à mes élèves :

1. Asseyez-vous sur un coussin ou un tapis les jambes croisées dans une position aussi confortable que possible. Si la position vous est pénible, ne renoncez pas pour autant à méditer, optez plutôt pour une chaise ou pour un divan. Souvenez-vous que l'on médite avec sa tête, et non avec ses genoux.

2. Gardez votre dos le plus droit possible, tout en restant détendu. Ne vous penchez ni en avant ni en arrière, gardez la tête et le cou dans l'axe du corps. Laissez vos épaules tomber naturellement, et posez vos

mains de manière naturelle sur vos cuisses ou sur vos genoux.

3. Il n'importe que vous gardiez les yeux fermés, ouverts ou entrouverts. La plupart des débutants commencent les yeux fermés ou entrouverts.

4. Respirez lentement par le nez en vous concentrant sur la sensation que produit l'air en entrant et en sortant par vos narines. Ne pensez à rien d'autre qu'à votre respiration. Vous pouvez compter chaque fois que l'air passe par votre nez : un, inspirez ; deux, expirez ; trois, inspirez, quatre, expirez, etc. Comptez ainsi jusqu'à dix, puis recommencez.

5. Restez détendu. Gardez votre corps immobile et votre respiration naturelle et aisée. Laissez les choses se mettre en place naturellement, à leur manière et en leur temps.

6. Restez dans l'instant, dans ce présent sacré.

7. Si une pensée, une sensation, une perception ou un souvenir surviennent durant votre méditation, ne vous y attardez pas ; laissez-les s'estomper. Bornez-vous à respirer, sans vous laisser distraire par les phénomènes environnants. Sitôt que votre pensée vagabonde, ramenez-la à l'objet de votre attention, cette sensation de l'air passant par vos narines. Revenez toujours à votre respiration, ayez conscience de cela, et uniquement de cela.

Ceci est la respiration consciente, principe de base de la méditation.

Les trois phases de la méditation

Une séance de méditation se décompose généralement en trois phases. Accordons-nous quelques instants et tentons d'imaginer ce que peut observer et ressentir une personne s'exerçant à la méditation.

Tony et Sophia, par exemple, qui possèdent une certaine expérience en la matière, viennent s'installer au bord d'un lac avec l'intention d'y méditer une demi-heure environ. Observons nos deux amis et voyons les enseignements que nous pouvons en tirer.

Première phase : arrivée et préparation

Tony et Sophia s'installent. Tony se déleste de son sac à dos, pendant que Sophia étend son tapis et y pose le coussin sur lequel elle va s'asseoir. Elle est presque capable de tenir la position du lotus, alors que Tony s'installera sur son siège pliant, car son genou le fait souffrir. Cependant, nos deux adeptes mettent un soin égal à garder leur colonne vertébrale bien d'aplomb. Sophia fait jouer un peu ses épaules jusqu'à ce qu'elle se sente parfaitement détendue.

Une fois trouvés leur équilibre et leur assiette, nos deux amis conditionnent leur esprit. Ils prennent conscience de l'instant présent et renoncent à toute autre pensée. Comme Tony a de l'expérience, cela lui est facile. Moins rompue à ce genre d'exercice, Sophia, elle, n'y parviendra qu'au bout de plusieurs minutes. En outre, son travail ne laisse pas de la préoccuper, sans parler de sa petite fille, dont Sophia ignore comment elle s'accommodera des deux semaines de colonie de vacances pour lesquelles elle est partie ce matin. Sophia ne pratique la méditation que depuis six mois. Cela suffit pour qu'elle sache qu'une fois détendue et concentrée, elle sera libérée de ses pensées. Ce n'est qu'une question de temps et de patience.

Pour l'instant, Tony et Sophia sont assis ; ils sont de plus en plus conscients, deviennent de plus en plus attentifs à leur respiration. Lentement, ils se mettent à inspirer et à expirer par le nez, mais nous pouvons constater qu'une certaine transformation s'opère sur leur corps. Les épaules sont détendues, le buste est droit, le visage apaisé et serein. Sophia apprécie particulièrement cette première phase de méditation; comme ses pensées l'abandonnent, elle commence à se sentir plus légère, libérée du poids qui pèse sur ses épaules.

Quoique nos amis usent de la respiration pour parvenir à la méditation, on observera qu'ils font appel à des techniques différentes: alors que Tony se borne à éprouver la sensation de l'air entrant et sortant par ses narines, Sophia trouve plus judicieux de compter. Néanmoins, dans l'un et l'autre cas, la concentration sur la respiration reste la même.

Sophia compte:

Un... elle inspire lentement.

Deux... elle expire.

Trois... elle inspire.

Ainsi de suite jusqu'à dix, après quoi, elle recommence.

Au moment où elle aura répété dix fois l'opération, Tony et elle seront arrivés à la deuxième phase de la méditation.

Deuxième phase: accroissement et concentration

Nos deux amis fournissent un égal effort pour se concentrer sur leur situation: ils sont assis et respirent; ils inspirent; ils expirent.

Chaque inspiration procure à Sophia une sensation de bien-être. Son esprit s'éloigne de plus en plus des embarras de la circulation et des pensées qui, quelques instants plus tôt, virevoltaient dans sa tête. Durant un très bref instant, elle en retire une certaine fierté, mais renonce très vite à cette pensée et continue de se concentrer sur sa respiration. Elle eût pourtant aimé s'accorder un petit satisfecit pour sa faculté de concentration, mais, comme le lui a enseigné son maître, « penser à ses pensées, c'est encore penser ». Sophia est partie pour atteindre un bon stade de méditation et elle s'en réjouit.

Tony, toutefois, se heurte à des difficultés. Sorti d'on ne sait où, le souvenir de la jeune femme qu'il fréquentait l'été dernier a refait son apparition. « Que fait-elle, à présent ? » se demande-t-il. Une autre idée s'ensuit : « Peut-être devrais-je lui téléphoner... » Il repousse cette pensée et le souvenir s'efface. Un certain effort lui est nécessaire pour quitter le train de ses cogitations, il y parvient cependant. Pour cela, il inspire et expire longuement. Ça y est : la femme est partie. Mais voilà qu'une autre pensée survient : a-t-il emporté son maillot de bain ? Sinon il ne pourrait pas se baigner dans ce lac magnifique. Cette pensée persiste. Mais Tony s'efforce de se concentrer sur sa respiration. La pensée se dissipe peu à peu, puis finit par disparaître à son tour. La méditation, c'est cela : s'observer, se connaître, se limiter à respirer, à rester libre et à garder sa clarté d'esprit.

Troisième phase : abandon et acceptation

Tony et Sophia continuent de méditer. Naturellement et en toute conscience, ils sont parvenus à ce qu'ils voulaient, c'est-à-dire vivre l'instant présent, le moment sacré. Tous deux y sont sensibilisés ; ils sont calmes et réceptifs. Tous deux connaissent la paix et la joie de la méditation.

Pourtant, le lac bourdonne d'activité. Un oiseau chante dans les frondaisons et une douce brise fait bruire le feuillage. Une libellule virevolte autour de nos amis, cependant que, non loin sur la route, un camion s'immobilise dans un tressautement d'essieux. De l'autre côté du lac, un enfant pleure. Tony et Sophia entendent très distinctement tous ces sons, ils en sont conscients au moment même où ils surviennent, tout comme ils sont conscients des odeurs qui les entourent, des sensations qu'ils éprouvent – la douleur au genou de Tony. Mais, *la conscience des événements du moment dans l'instant, c'est cela la méditation.* Rien que cela.

Méditer, c'est être conscient des choses telles qu'elles sont. Simplement *être* sans préjugés ni arrière-pensées. Tony et Sophia sont conscients des phénomènes alentour, entre le temps où ils surviennent et celui où ils s'effacent. Dans un esprit en état de méditation, il y a place pour tout. Il n'est rien qu'il soit nécessaire de convoquer ou de révoquer. Pour nos amis, renoncer à leurs pensées, par exemple, serait aller trop loin, car la méditation n'est pas une expérience passive, mais dynamique ; c'est, au contraire, être et vibrer.

La méditation permet d'entretenir la conscience de ce qui survient dans l'instant présent. C'est par ce biais que nous devenons plus conscients. C'est une forme d'éveil, car les sons, les pensées et les sensations que suscite une telle expérience ne ressemblent en rien à de la distraction. C'est ce que nous percevons dans le panorama de notre conscience du moment.

Le débutant aura quelque difficulté à savoir comment s'y prendre avec tout ce qui pourra le distraire. Aussi s'astreindra-t-il à méditer dans un lieu propice à sa concentration. Mais, avec l'expérience, il lui sera loisible de méditer n'importe où. J'ajouterai même que tout objet de distraction apportera de l'eau au moulin de sa conscience. Cette dernière n'en sera que plus exacerbée. Ses pensées, qu'il aura su orienter, lui procureront courage et assurance.

Dans cette troisième phase de méditation, Tony et Sophia se fient davantage à leur abandon, au flot naturel de leur conscience, qu'à leur effort de concentration et de méditation. Au cours des dernières minutes de cette méditation, ils se sentiront revigorés, plus alertes, plus conscients des événements environnants. À l'arrivée, tout leur semblera plus brillant, plus léger. Les sons leur paraîtront plus distincts, les odeurs plus prononcées, l'air plus vivifiant. Alors qu'ils se seront rapprochés de leur état naturel, ils se sentiront en étroite harmonie avec tout ce qui compose la nature. En les regardant, nous verrons qu'ils sont parfaitement détendus. Même leur visage semblera plus jeune. Ils se sentiront plus équilibrés, en paix avec eux-mêmes et le monde entier, comme s'ils s'éveillaient à l'aube d'un nouveau jour.

L'après-méditation : transition et intégration

Tony et Sophia se lèvent et s'étirent. Comme prévu, ils font ensemble une petite promenade en prolongation de leur séance de méditation. Ils marchent à pas lents, en suivant le sentier des yeux. Lentement, calmement, ils reviennent à leurs préoccupations journalières. Attentifs au début, ils accélèrent peu à peu le pas. C'est par ce biais naturel qu'ils sortent de leur méditation.

Une des raisons qui poussent Sophia à méditer tient à l'impression qu'elle veut avoir de maîtriser sa propre destinée, car elle a trop souvent l'impression de réagir aux événements. Si son existence est jalonnée d'erreurs, c'est qu'elle a toujours agi par réflexe, disant souvent oui quand elle aurait dû dire non. Grâce à la méditation, elle peut s'aviser d'un coup de klaxon rageur sans avoir à y répondre ; elle peut prendre conscience des paroles ou des actes de certaines personnes sans pour autant se compromettre dans des activités ou des relations qu'elle réprouve. Elle espère que cette conscience lui évitera de prendre des décisions folles ou hâtives, comme ce fut le cas par le passé.

Tony est venu à la méditation parce qu'il se sent débordé, harcelé par toutes sortes de tracasseries. Pour lui, l'existence n'est qu'une succession de rendez-vous, de travaux routiniers et de tâches qu'il doit accomplir hâtivement sous peine d'être débordé. La méditation lui a appris à ralentir son rythme de vie, à savourer les précieux instants de l'existence. Il a l'impression de subir moins de contraintes parce que lui-même se contraint beaucoup moins. Il lui suffit de contrôler sa fébrilité pour avoir l'impression que tout se met en place de soi-même.

La méditation est un moyen d'élever notre conscience quelles que soient les circonstances. L'objectif que Tony et Sophia se sont fixé dans leur période d'après méditation, c'est poursuivre leur vie avec une conscience élargie. La pratique de la méditation leur démontre qu'une prise de conscience infléchit le cours des événements assez longtemps pour qu'ils puissent y remédier. C'est cela, l'autonomie. C'est cela, la liberté.

À propos de la méditation, le grand maître zen Dogen, qui vécut de 1200 à 1253, écrivit ceci : « La méditation n'est pas une manière de découvrir l'illumination, ni même une méthode pour atteindre un but de quelque nature qu'il soit. La méditation, c'est la béatitude et la paix. C'est la concrétisation de la sagesse, la vérité ultime dans l'unicité de toute chose [...] Par la méditation, vous devenez le miroir qui reflète la réponse à vos questions. L'esprit humain dans sa nature véritable dispose d'une totale liberté. Liberté que vous pourrez atteindre intuitivement. N'œuvrez pas dans le sens de cette liberté, faites plutôt en sorte que l'œuvre soit elle-même liberté [...] Pratiquez la méditation, le matin, le soir, à tout instant de la journée où il vous sera loisible de le faire ; vous verrez bientôt tomber un à un les fardeaux qui vous accablent, et vous parviendrez à un niveau d'intuition que vous ne vous soupçonniez pas. [...] Des milliers de personnes qui se sont livrées à la méditation en ont recueilli les fruits. Ne doutez pas de son efficacité sous prétexte que sa méthode vous semble simpliste. Si vous ne pouvez trouver la vérité là où vous êtes, où croyez-vous pouvoir la trouver ? »

La méditation doit-elle être pratiquée en un lieu particulier ?

Il m'arrive encore de voir de la méditation et de son cadre des représentations surannées. Je pense surtout à l'image du jeune homme ou de la jeune fille en pantalon « pat'd'éph' » assis en tailleur sur le sol, une chandelle éclairant des affiches psychédéliques parmi des volutes de fumée d'encens. Tout cela respire la bourgeoisie moyenne, seule la chambre étant considérée excentrique ou géniale, selon le point de vue où l'on se place.

Une voix s'élève : « Ça sent la fumée, ici, que se passe-t-il ?

— Rien, répond alors la jeune personne recluse dans sa chambre. Je médite. »

En vérité, l'on peut méditer partout. Sitôt que l'on pense aux bouddhistes zen, c'est l'image de jardins et de sanctuaires qui nous vient à l'esprit. Les Tibétains méditent fréquemment dans de grandes salles ornées d'icônes dorées, de cloches en laiton, de tapis et de tapisseries chamarrés. Cependant, de nombreux yogis et lamas tibétains répugnent à méditer en de pareils endroits. Milarepa, grand yogi tibétain des montagnes, allait méditer dans les cavernes de l'Himalaya. Tilopa, yogi hindou errant, leur préférait le bord des rivières du Bengale. Là, libre de toute considération matérielle, il prêchait : « Ce n'est pas tant l'objet qui nous embarrasse que le fait que nous ne puissions nous en défaire. » Sa subsistance, il la trouvait dans les poissons que lui abandonnaient les pêcheurs.

S'il vous était donné de vous aventurer assez profondément dans la jungle de Thaïlande et de Birmanie, vous pourriez, encore aujourd'hui, voir un moustique faire son nid sous le feuillage et, dessous, indifférent aux millions d'insectes qui bourdonnent autour de lui, un moine en train de méditer, un ascète de la forêt. De nos jours, le lieu de l'Inde où le Bouddha atteignit la parfaite illumination se situe au cœur de ce que l'on pourrait appeler un désert, alors que durant sa vie, ce même endroit était une forêt luxuriante remplie d'animaux.

Ici, en Occident, nous avons le loisir de méditer en groupe ou seuls, dans des églises, des temples, des synagogues ou des lieux de retraite. Nous pouvons méditer auprès de maîtres ou entourés d'amis. Certaines personnes se plaisent à le faire au bord de la mer ou sur la rive d'un lac, d'autres dans leur chambre à coucher, au bureau ou dans un cabinet d'aisances. Récemment, je traversais le Prospect Park de Brooklyn quand je vis une femme méditant sur un banc public. Elle avait les yeux clos. Serein, son visage était offert au soleil levant. Probablement méditait-elle sur ce même banc tous les matins. Non loin, quelques personnes s'adonnaient au tai-chi.

Les néophytes me demandent souvent s'ils ne devraient pas réserver et aménager chez eux un endroit spécialement destiné à la méditation. Je trouve l'idée plutôt bonne, ne serait-ce que parce qu'elle contribuera à leur rappeler leurs bonnes intentions. Toutefois, on pourra toujours argumenter sur tel ou tel endroit, autant que sur la pratique elle-même. J'en veux pour exemple ces gens qui s'asseyent toujours sur le même banc à l'église, sous prétexte que cela leur procure un sentiment d'appartenance et de justesse dans ce qui leur est familier. Quoique ce ne soit pas absolument nécessaire, il est préférable, si l'on décide de s'adonner à la méditation, de le faire dans un lieu déterminé. Nombre de gens découvriront, tout comme moi-même, que cet endroit, où qu'il se trouve, est investi de leur propre énergie. Plus tard, elles seront aptes à transporter cette atmosphère chargée d'énergie là où elles le désirent.

Quelques personnes préfèrent méditer en groupe, en raison de la discipline que cela leur impose. Dans les salles de méditation zen, on voit souvent des adeptes alignés sur deux rangs face à face. Dans d'autres zendos, ils font face à un mur nu destiné à les soustraire à toute forme de distraction. Dans une de mes retraites, en France, un de mes maîtres Dzogchen, Nyoshul Khenpo Rinpotché, avait coutume de rechercher un endroit où il pourrait méditer à l'écart de ses disciples. Un de ses lieux de prédilection était le couvert d'un grand arbre, un autre, une remise à outils délabrée qui lui rappelait un ermitage himalayen. Cette remise n'avait pas de fenêtre et son sol était en terre battue, mais son isolement et sa rusticité suffisaient à lui conférer un caractère sacré. À travers le monde, mais surtout en Orient, existent ainsi des lieux où se poursuivent certaines traditions. Ce sont souvent des grottes ou des montagnes, mais aussi des églises et des temples que l'on considère comme sacrés. Ces cathédrales de l'esprit sont dites infusées d'une énergie particulière. Elles se situent souvent au confluent de rivières souterraines. Les gens s'y rendent encore aujourd'hui, afin de percevoir une présence divine ou sacrée.

Quand j'arrivai pour la première fois au Népal, on me parla d'un tel endroit, une grotte perchée sur le mont Shivapuri où peu de gens acceptaient de se rendre seuls afin de méditer. Au tournant du siècle, on la disait occupée depuis des décennies – pas moins de cent vingt ans affirmait-on dans la région – par un saint homme connu sous le nom de Shivapuri Baba. Une proche rivière l'approvisionnait en eau. En outre, l'anachorète jouissait d'une vue exceptionnelle sur les sommets enneigés de l'Himalaya. Exalté à l'idée de méditer à mon tour en ce lieu saint, je m'y rendis avec l'intention d'y séjourner cinq jours. En vérité, je n'y restai que trois. Les suintements d'eau sur la voûte de la grotte rendaient l'endroit terriblement humide. Il ne se passa pas longtemps avant que mon sac de couchage fût transformé en éponge et, pour ajouter à mon inconfort, de petites créatures profitèrent de la pénombre pour s'infiltrer dans mes effets. Finalement, le sens commun eut raison de mon enthousiasme et je regagnai la vallée. Pourtant, tout compte fait, loin d'être inutile, cette expérience m'instruisit d'un facteur non négligeable et selon lequel la pratique spirituelle ne saurait s'apparenter à quelque forme de pénitence. À l'inverse, un excès d'inconfort peut se révéler préjudiciable à une méditation à long terme ; c'est, du moins, ce qui est apparu à l'Occidental que je suis.

Quelques lamas tibétains que je connus à Darjeeling méditaient, assis dans leur cellule, presque douze heures d'affilée. Ils vivaient, méditaient et se sustentaient au même endroit. Pour nous, cela semble exiger une formidable discipline, mais, pour les Tibétains, c'est un exercice naturel, car il fait partie de leur tradition. Au cours de mes trois ans de retraite, il m'est souvent arrivé, à moi aussi, de méditer longuement dans une cellule. Mais, je dois avouer qu'à certains moments j'éprouvais le besoin de m'allonger sur le sol, dans une position plus propice au sommeil.

Chez moi, je dispose d'une pièce spécialement destinée à la méditation. Elle m'apparaît comme un lieu consacré par mon ascendance spirituelle et par mes maîtres bouddhistes. Je la préfère à tout autre endroit de la maison. Vivant au bord d'un lac, je me plais toutefois aussi à méditer dans le jardin ou sur le ponton.

Cette forme de méditation extérieure se nomme « contemplation céleste du Dzogchen ». Dudjom Lingpa, un des plus anciens et des plus renommés lamas tibétains, possédait une hutte percée de très hautes lucarnes qui lui permettaient de méditer les yeux ouverts en contemplant le ciel.

Ainsi, aux adeptes de la méditation qui m'interrogeraient sur la nécessité d'un lieu de recueillement particulier, je répondrais qu'il est moins question d'aménager un tel endroit que de le découvrir. Cela n'induit aucune restriction ni limite. Tout comme à l'heure du repas, il aura le choix entre la cuisine et la salle à manger, l'adepte aura tout loisir de méditer dans un ou plusieurs endroits. Où qu'il se trouvera, sa première préoccupation sera d'abord de s'ouvrir à sa véritable personnalité.

En un sens, la vie spirituelle tend surtout vers une transformation de soi. C'est l'histoire de la chenille qui se métamorphose en papillon. Cela impose de sortir de l'ornière dans laquelle nous nous sommes enlisés et de renoncer à ce que nous appellerons notre « zone de confort ». D'autre part, le principe sous-jacent de la vie spirituelle infère que l'on revienne à son chez-soi véritable pour y découvrir l'authentique contenu de son cœur et de son esprit, soit notre « zone de confort » la plus profonde. Une fois que nous l'aurons trouvée, notre lieu de méditation fera partie de nous-mêmes et nous le transporterons avec nous, où que nous allions. Attachons-nous donc à trouver cet endroit. Il est en notre nature profonde, véritable nature spirituelle qui nous accompagne à chaque instant de notre vie.

Songeons au décor dans lequel nous nous sentons le plus détendus. Quand le monde nous semble par trop insupportable, où pouvons-nous aller ? En quel espace intérieur ou extérieur désirons-nous nous réfugier ? Est-ce au bord de la mer à écouter le bruit des vagues ? À moins que ce ne soit un coin particulier de notre salon... Certaines personnes me disent approcher l'état de méditation en faisant la cuisine, d'autres en faisant cuire du pain, en récurant le plancher ou en se livrant à des travaux de couture. L'endroit dans lequel nous nous réfugions spirituellement quand nous méditons est forcément celui qui nous convient. Apprenons à nous y retrouver, reconnaissons-en les signes et tenons-le pour acquis une fois arrivés à destination. En procédant ainsi, nous retrouverons l'espace contemplatif qui nous est propre où que nous soyons, le sanctuaire intérieur qui nous permet d'atteindre ce qui nous importe vraiment.

Est-il nécessaire de consacrer un instant particulier à la méditation ?

La réponse est oui et non. Dans la perspective d'une pratique annuelle, la plupart des gens s'adonneront à la méditation quotidiennement, à une heure bien précise de la journée. Le Dalaï-lama médite tôt le matin, et juste avant l'heure du coucher. Méditer aux mêmes heures de la journée nous permet d'acquérir constance et discipline. Après tout, il ne s'agit pas là de divertissement mais de l'élaboration d'une vie spirituelle. Cependant, le fait de méditer matin et soir n'exclut pas que nous le fassions à d'autres moments de la journée. La méditation est semblable à la prière ; elle ne se limite pas au jour du Seigneur.

Qu'ils méditent régulièrement en groupe ou qu'ils enseignent la méditation, la plupart des professeurs que je connais s'adonnent journellement à cette pratique avec la même ferveur. De « pratique » ou de « méditation », le mot important est « pratique », exercice auquel nous devons nous livrer régulièrement, comme s'il s'agissait d'un simple exercice physique. Le muscle que nous faisons travailler ici, c'est celui de l'esprit. Une fois acquise, notre habitude à méditer devient une agréable routine. L'habitude de la méditation est un sillon tout neuf que l'on creuse par des moyens habiles. Contrairement à l'ornière dans laquelle nos déceptions nous auront entraînés, le tracé répété de ce sillon accélérera notre accession à la transformation de notre être.

La méditation exige-t-elle une tenue particulière ?

On peut toujours, naturellement, méditer en tenue de soirée. Il existe néanmoins de nombreuses raisons qui nous font préférer une tenue différente. Ces raisons sont surtout d'ordre pratique: on prendra d'autant plus de plaisir à méditer qu'on se sentira à l'aise dans son vêtement. Dès lors, on comprendra que les moines et les lamas revêtent d'amples tuniques ou recouvrent leurs épaules de châles, de capes ou de couvertures. Ainsi, pour méditer, préférerons-nous un vêtement qui ne serrera pas la taille, les genoux, le cou, les chevilles ou les poignets, mais, à l'inverse, qui suivra sans difficulté les mouvements du corps. Nous tiendrons également compte de la température ambiante et, le cas échéant, des conditions atmosphériques. C'est pourquoi notre garde-robe destinée à la méditation ira du simple lainage pour les soirées fraîches à la parka, indispensable lors de méditations hivernales dans la montagne. Les lunettes, les couvre-chefs de toutes sortes et les gants sont également indiqués. Quant au petit coussin pour le bas du dos, il n'est pas interdit non plus.

Si on médite les yeux ouverts et en plein air, on préférera garder ses lunettes de soleil. Dans le cas contraire, on les retirera, encore que cela n'ait guère d'importance. Personnellement, avant de méditer, j'ôte ma montre pour la poser sur le sol près de moi. Vous jugerez peut-être bon, à votre tour, de retirer vos bijoux ou tout objet susceptible de vous embarrasser, pour les mettre en sécurité. C'est, là encore, une question de goût personnel. Un ancien roi hindou qui ne retirait pas ses bijoux fut instruit par son gourou de ce qu'il pouvait méditer sur la transparence du diamant qu'il portait au doigt. C'est par ce truchement-là, semble-t-il, que ce roi toucha à l'illumination.

Que l'on pratique la méditation assis ou en marchant, il nous sera toujours possible de le faire chaussés ou nu-pieds. Dans la position du lotus, retirer ses chaussures sera souhaitable, bien que certains adeptes aient opté pour le port de mocassins souples. Pour ce qui est des chaussettes, elles seront toujours acceptables, surtout par temps froid.

Les autres raisons pour lesquelles la méditation requiert une tenue vestimentaire particulière relèvent de facteurs plus subjectifs. Nous ne devons pas perdre de vue qu'il s'agit, avant toute autre chose, de créer un climat propice à un épanouissement spirituel. En ce qui me concerne, je dispose de vêtements que je porte uniquement pour méditer. Il en va de même pour de nombreux adeptes. Est-ce vraiment nécessaire ? Non, bien sûr. La question se pose de la même manière que pour faire du ski ou de l'exercice : ce n'est pas indispensable mais cela aide. Revêtir votre tenue de ski vous permet de vous rappeler votre intention de passer la journée sur les pentes neigeuses. Cela vous en donne la vision, cela crée le climat, cela vous met « dans l'ambiance ». De même qu'un vêtement de ski vous conduira à agir différemment des jours où vous vous préparez à aller au bureau, un vêtement destiné à la méditation engendrera un climat favorable à cela. Le simple fait de le voir accroché dans votre penderie vous donnera envie de vous y livrer.

Les autels et les symboles religieux sont-ils des composantes nécessaires à la méditation ?

Bien sûr que non. Mais cela aussi aide parfois. La vue de symboles spirituels peut constituer un excellent support et faciliter l'accès à la méditation. Dans l'absolu, tout objet qui nous entoure peut toucher au spirituel et au sacré. Mais ce n'est, hélas, pas le cas dans notre vie quotidienne. En méditant dans notre cuisine, la vision de nos poêles et de nos casseroles nous conduira à penser davantage à notre repas du soir qu'à notre épanouissement spirituel. Nos ustensiles de cuisine justement nommés évoqueront nourriture et cuisine. Pour peu que nous les remplacions par des symboles de vie spirituelle, nos pensées inclineront plus aisément à penser dans ce sens.

Dans toute religion et pratique religieuse existent des symboles – vêtements, attitudes, instruments du culte, coiffures, etc. – propres à une activité spirituelle. Chez les juifs orthodoxes, par exemple, voilà des milliers d'années qu'en entrant à la synagogue, les hommes revêtent le châle à glands pour la prière du matin. Par ce geste, ils se remémorent les instructions que Dieu donna à Moïse : « Parle au peuple d'Israël, et commande-lui de confectionner des glands sur le bord de leurs vêtements et aux extrémités d'un cordon bleu, afin qu'au fil des générations ils se souviennent des commandements du Seigneur. » Les glands bleus sont un symbole concret rappelant aux Juifs leurs devoirs envers Dieu, le bleu étant la couleur de la maison de Sion. Tout cela n'a pour seule vocation que de nous remettre en mémoire notre identité spirituelle.

De même, dans la pratique de la méditation, nous efforcerons-nous de créer une atmosphère à même de nous rappeler le travail qui s'opère en nous. Pour cette raison, je crois nécessaire de créer un endroit particulier qui nous aidera à retrouver ce que nous sommes vraiment. Aussi interrogez-vous, demandez-vous ce qui résonne à votre esprit, ce que vous souhaitez voir en ouvrant les yeux, ce qui fait que vous vous sentiez sûr de vous, en contact étroit avec votre nature bouddhique, ce qui vous fait dresser l'oreille et vous conduit spirituellement là où vous aimeriez être.

Pour méditer, les gens s'entourent d'une multitude d'objets : fleurs, chandelles, statues, etc. Pourtant, personne ne se laisse émouvoir par le même objet. Certains se diront allergiques au pollen ou à l'odeur de l'encens ; ils ne se hasarderaient pas à allumer une bougie de crainte que leur distraction ne provoque un incendie. D'autres prétendront que les icônes et les statues suscitent chez eux un inexplicable malaise. Quelle que soit la décision, elle reste du ressort de chacun.

La réalité est et demeure le temple suprême, la nature est un des endroits les plus propices à la méditation. Si vous ne possédez pas de jardin ou que votre fenêtre ouvre sur la façade de l'immeuble voisin, vous aurez toujours le loisir d'accrocher au mur une image qui vous semble suffisamment évocatrice. J'ai une amie qui adore le Montana et les Rocheuses. Aussi possède-t-elle une grande photographie de chèvres sauvages escaladant des sommets vertigineusement dressés vers un ciel sans nuages. Bien que ne s'étant jamais rendue en un tel endroit, elle sait que la photographie a été prise au printemps grâce aux petites fleurs qui pointent à travers les anfractuosités de rochers. C'est ce qui la « branche » le plus, dit-elle. Peut-être ne vous sera-t-il jamais donné de méditer devant une chute d'eau, mais qu'une simple photographie de cascade et le son qu'elle évoquera suffira à vous satisfaire. Un mur de mon salon s'orne d'un panoramique de l'Himalaya.

S'il y a des symboles religieux dans mon lieu de méditation ? Oui, ils sont nombreux, parmi lesquels une statue de Bouddha que j'affectionne et quelques photographies de mes maîtres. Ces objets résonnent dans mon passé karmique et spirituel. Cependant, rien ne vous oblige à en posséder de semblables ; bornez-vous à trouver quelque chose qui vous tient à cœur et qui revêt à vos yeux un caractère sacré.

Que faire quand on est mal à l'aise en présence de statues et d'images bouddhiques ?

De nombreux Occidentaux ayant entrepris une méditation bouddhique affirment avoir éprouvé un certain malaise à la vue d'une statue de Bouddha ou d'autres icônes religieuses. Il est vrai que, de confession majoritairement judéo-chrétienne, nous avons reçu sur l'idolâtrie des instructions claires et précises. Voilà fort longtemps que cet interdit est gravé dans notre psychisme collectif. C'est pourquoi, à l'instar des icônes, certains symboles déplairont, car ils évoqueront d'anciens conflits religieux en contradiction avec les vérités profondes recherchées.

Lors de mes premiers séjours en Asie, il m'arrivait de me demander : « À quoi bon tous ces autels, tous ces bouddhas dorés ? Puisque la vérité est partout, en quoi ses représentations sont-elles nécessaires ? » Ce n'est que plus tard que ces symboles allaient prendre toute leur signification. En Asie, la tradition se perpétue par le biais, non d'écrits mais d'images, des images qui, à l'exemple des mandalas, sont remplies de sens et demeurent une source d'inspiration inépuisable pour qui sait les déchiffrer.

Les symboles servent à nous rappeler l'objet de notre recherche et la nature de notre quête. Bouddhicité signifie potentiel bouddhique, et les images du Bouddha nous permettent de garder en mémoire qu'il n'était pas un dieu, mais seulement un homme qui parvint à l'illumination. L'image du Bouddha vise surtout à nous faire prendre conscience de notre nature bouddhique. La statue du Bouddha ou Bouddha-rupa est un miroir qui reflète notre vérité première et notre haut potentiel d'illumination. En effet, tous les objets du culte sont très étroitement liés à la forme et ne reflètent pas forcément l'essence et la profondeur de la pratique spirituelle. Mais, pour l'heure, nous ne sommes que des êtres humains ordinaires, nullement illuminés, du moins pas encore. Et rares sont ceux parmi nous qui n'ont pas besoin de quelque symbole pour leur rappeler leur essence divine.

Nonobstant, au cas où vous refuseriez toute représentation susceptible de s'associer à de l'idolâtrie, Bouddha ne saura vous en tenir rigueur. Rappelons-nous qu'il y a vingt-cinq siècles de cela, il s'illustra comme grand réformateur dans une société où les dieux et les déesses se comptaient par centaines. En ce qui le concernait, il dissuadait ses disciples de produire des images ou des statues de sa personne, mais les enjoignait à considérer plutôt les enseignements que le maître. Il ne cessa jamais de rappeler à ceux qui l'approchaient que, bien qu'illuminé, c'était un homme et non un dieu, et qu'à cet égard il ne méritait nullement d'être adoré.

À sa mort, Bouddha fut incinéré conformément à la coutume hindoue. Ses cendres, que ses disciples se partagèrent, furent placées dans des stupas – des sanctuaires – spécialement érigés à cette intention. La nature humaine étant ce qu'elle est, des gens entreprirent de dresser des statues au sommet de ces stupas. La légende raconte que, cinquante ans après sa mort, une très vieille femme qui l'avait connu en fit à un artiste la description à partir de laquelle allait s'élaborer la première représentation de Bouddha et toutes celles qui suivraient.

Certaines personnes veulent regarder Dieu en face, et, à cette fin, en conçoivent une image qu'elles appelleront image pieuse, et par le truchement de laquelle elles pourront s'adresser à lui, de même que certains d'entre nous verront Dieu partout dans la nature, dans la tête d'un animal comme dans le sourire d'un enfant, dans le reflet éblouissant de la mer comme dans la mine atrabilaire de nos détracteurs.

En des instants de pure conscience, il arrive parfois que nous découvrions le visage de Dieu. Certaines musiques ont ainsi le pouvoir de nous propulser vers des sphères supérieures. On les dit alors sacrées, car elles nous transportent au-delà de nous-mêmes et instillent en nous un certain sens du divin. La *Neuvième Symphonie* de Beethoven, pour n'en citer qu'une, en est un merveilleux exemple. La même chose est vraie pour toute forme d'art, surtout quand il parvient à nous émouvoir et à nous montrer l'autre visage de la réalité.

En bien des façons, je tiens l'art pour la religion d'aujourd'hui, parce qu'il nous éveille à une vision nouvelle. L'instant de spiritualité est en fait celui qui nous laisse muets de stupéfaction, ce souffle que l'on retient brusquement, ce mélange de crainte et d'émerveillement que nous ressentons en présence d'une chose qui se situe au-delà de nous-mêmes, par-delà notre conscience et nos préoccupations ordinaires. L'instant de spiritualité, c'est tout cela en même temps.

La visualisation dans le monde qui est le vôtre

L'âme ne songe jamais sans image.

ARISTOTE

La notion de visualisation tient une part importante dans la pratique spirituelle en ce qu'elle est étroitement liée à la vision concomitante que nous avons du monde et de nous-mêmes. Cette notion existe depuis l'aube de l'humanité, depuis l'instant où l'homme a vu en des dieux et des déesses le concept suprême. Il se pourrait même que cela soit la plus ancienne forme de méditation.

Nous disposons tous du pouvoir de visualisation. Il suffit pour cela de remplacer l'image qui s'offre à nos yeux par une autre, fruit de notre imagination ou de notre mémoire. Par la visualisation, nous entendons amener une image à notre esprit; et pour peu que nous le fassions fréquemment, si cette image devient partie de notre mémoire, il nous sera alors d'autant plus facile de la visualiser.

Accordez-vous dès à présent quelques instants, et visualisez un lieu dans la nature qui soit votre préféré. Fermez les yeux, et laissez votre esprit vous emporter vers l'océan, vers la cascade ou le paysage de vos rêves.

Demeurez-y quelques instants, éprouvez la caresse de la brise sur votre visage, l'odeur iodée de l'océan ou celle de l'herbe fraîchement coupée.

La visualisation commence à être utilisée avec succès au cours de traitements thérapeutiques. Quand on diagnostiqua un cancer chez le père de mon amie Kathy, ce dernier entreprit la lecture d'un livre traitant de visualisation. Cet ouvrage l'intéressait pour de multiples raisons ; les principales étant de juguler sa tension nerveuse – ce qui laisserait à son système immunitaire la possibilité de mieux combattre le cancer – et de trouver aussi la paix intérieure.

De ces lectures, il acquit la technique de la visualisation, grâce à laquelle il pourrait, d'une part, songer à un endroit de son choix, de l'autre, imaginer y vivre. Celui où il choisit de voyager par l'esprit se situait au bord d'une rivière de montagne appelée Little Pigeon River, dans les Smoky Mountains. Ce lieu idyllique, il l'avait visité en maintes occasions avec sa famille. Les souvenirs de pique-niques et de baignades dans le courant étaient encore vivaces. Il revoyait les éboulis cascadant jusqu'à la rivière, et les rochers du haut desquels les enfants se plaisaient à plonger.

Au cours des six années que durerait sa maladie, le père de Kathy allait, trois fois par jour, s'astreindre à retrouver mentalement le paysage aimé. Au terme de ces séances de méditation, il envoyait aux personnes qu'il affectionnait des flots d'énergie et de nombreuses pensées. Il avait l'impression que cela lui procurait force et paix de l'esprit, impression que sa famille partageait, tant sa présence et sa disponibilité s'en trouvaient renforcées. Si le père de Kathy avait toujours été un homme énergique et suprêmement conscient de ses responsabilités, sa maladie lui avait appris à se radoucir et à s'abandonner. Peu avant sa mort, il déclara à ses enfants : « J'ai tellement de chance : je pars presque sans regrets. »

Pour se raccorder à la réalité divine, le bouddhisme tibétain fait régulièrement appel à des techniques de visualisation. On peut, par exemple, s'imaginer auréolé de lumière bouddhique. Ces représentations d'absolu et de Dieu, le psychanalyste bouddhiste Roger Walsh les décrivit en ces termes : « Peut-être, parmi toutes les traditions religieuses, la plus spectaculaire réside-t-elle dans ce que l'on nomme le yoga déifiant du bouddhisme tibétain. Par sa seule imagination, le yogi crée puis fusionne avec une image divine, laquelle symbolise l'ensemble des vertus, à savoir l'amour inconditionnel, l'infinie compassion, la sagesse profonde et plus encore. À cet instant, le yogi tente de se mouvoir, de s'exprimer et d'agir à l'exemple d'une déité. En d'autres termes, il incarne, éprouve et exprime toutes les vertus divines. »

Au grand maître de la méditation Kalu Rinpotché, je demandai un jour en quoi la visualisation n'était pas simplement une autre forme d'illusion. C'est entièrement différent, me rassura-t-il. La visualisation ne consiste pas à substituer la non-réalité à la réalité, mais le contraire. C'est une façon de se rapprocher de l'esprit, à l'origine de cette non-réalité que nous tenons pour réelle. La pratique tibétaine du Vajrayana tantrique se décompose en deux phases.

Dans la première phase, connue sous le nom de « kye-rim », nous suscitons intentionnellement une expérience spirituelle en recourant à des techniques de visualisation incluant celle d'un archétype de déité de la méditation. Puis nous faisons l'expérience de ce monde, dans lequel nous entrons par la visualisation combinée à la prière, la respiration, la musique, etc. Cela accompli, nous entamons la seconde phase, le « dzog-rim », qui est la phase d'aboutissement ou dissolution. Là, nous laissons l'objet de notre visualisation se fondre dans l'éblouissante lumière de la conscience, cette même lumière par laquelle l'objet est né, pour nous attarder dans l'aboutissement final de ces deux phases, la clarté innée de l'esprit naturel, le Dzogchen. Ainsi transformons-nous nos perceptions ordinaires en perceptions visuelles du champ bouddhique, que nous laissons ensuite se dissiper dans la réceptivité grâce à laquelle apparut la lumière de la pure conscience. En cela consiste le parachèvement naturel de ces deux phases. L'objectif est de vivre et de revenir à l'état naturel. Au cœur du bouddhisme himalayen, il est pratiqué et enseigné par tous les lamas.

La visualisation contribue à nous réarmer et à reconsidérer notre conception de nous-mêmes, car nous entretenons tous sur nous-mêmes des images et des concepts auxquels nous sommes erronément attachés. Certaines personnes croient souffrir d'un excès de poids, quand ce n'est pas le cas. D'autres se jugeront à tort incompétentes ou velléitaires. Pour chacun d'entre nous, il est possible d'avoir de soi une vision satisfaisante et constructrice en bien des façons, de nous rendre compte que nous ne sommes pas tenus aux vieilles étiquettes dont nous nous sommes affublés. Ces techniques favoriseront l'épanouissement de notre esprit, et nous conduiront à voir en nous des personnes indulgentes, affectueuses et aimantes. Nous pouvons être tout ce que nous voulons, pour la simple raison que nous le sommes déjà.

Méditation à fin de visualisation

Asseyez-vous et détendez-vous,
Trouvez votre véritable assise,
Equilibrée, recentrée à votre guise.

Respirez plusieurs fois doucement
Inspirez, expirez,
Inspirez, expirez,
Inspirez, expirez.

Détendez-vous. Fermez les yeux.
Ralentissez,
Respirez naturellement.
Oubliez tout.
Relâchez toute tension du corps,
Renoncez à vos pensées et à vos soliloques.
Contentez-vous de rester assis, de respirer, d'être.
Détendu, comme chez vous, libre.

À présent, commencez le processus de visualisation :
Imaginez-vous, vous et votre corps,
Telle une boule de lumière,
Lumineuse, transparente comme le cristal
Un être sphérique de la lumière la plus pure.

Ayez la vision d'un soleil doré en son centre,
Tiède, irradiant, magnifique.
Respirez par son centre,
imaginez ce soleil spirituel
s'épanouissant comme un tournesol,
un pétale après l'autre.
Il s'ouvre un peu plus à chaque inspiration
et, s'irradiant vers l'extérieur,
réchauffe votre poitrine, votre corps,
puis votre être tout entier.

Des rayons de lumière se répandent partout,
touchant tout, bénissant tout,
illuminant tout.
Réchauffant et irradiant
tous ceux qui errent comme des somnambules
dans les ténèbres de l'ignorance et de l'illusion,
éveillant la claire lumière de la joie
et de la conscience spirituelle
comme un bienheureux matin du monde.

Puis laissez-vous aller et demeurez, ouvert,
dans le merveilleux bien-être
du grand éveil,
dans l'état naturel de l'authentique présence,
l'être à l'état pur. Simplement l'être
jouissant de la joie et de la paix
de la méditation.

La conscience de vivre pleinement l'instant présent

Examiner encore et encore
Chaque aspect de ses activités physiques et mentales.
C'est, en substance, la vraie façon d'exercer sa conscience.

SHANTIDEVA

L'autre matin, Eric se leva, parcourut du regard son appartement et se demanda : « Comment diable ai-je fait pour en arriver là ? Et comment puis-je mettre un terme à tout cela ? »

En disant ces mots, Eric contemplait l'avalanche de petits rappels d'une existence dont il avait perdu la maîtrise : un bureau jonché de documents concernant des travaux qu'il eût aimé voir confiés à d'autres, un amoncellement de factures illustrant un mode de vie dans lequel il ne se plaisait pas, un agenda griffonné, plusieurs livres dignes d'intérêt, mais sur lesquels il n'avait pas eu le temps de se pencher, des rappels pour ses contraventions impayées, et une demande de délai pour le règlement de ses impôts. Aujourd'hui, Eric a parfois l'impression que sa vie n'est qu'une succession d'erreurs et de contraintes, empoisonnée par une foule de détails insignifiants.

Nombreux sont ceux qui, parmi nous, traversent l'existence comme des somnambules. De temps à autre, ils s'éveillent pour s'écrier, dans un bref instant de lucidité : « Mais que diable m'arrive-t-il ? » Puis ils retombent dans leur léthargie et poursuivent leur routine, mollement assoupis dans le train cahoteux de la vie. Ils ne prennent pas garde à ce qu'ils font au moment où ils le font, et se demandent ensuite pourquoi ils se retrouvent dans des situations abracadabrantes auxquelles ils ne s'attendaient pas.

Ne vous est-il jamais arrivé de commettre une erreur en toute conscience, de poser un geste que vous réprouvez tout en vous demandant pourquoi ? Rassurez-vous, c'est une expérience que nous avons tous vécue. Le bouddhisme nous enseigne que, quoique à des degrés différents, nous sommes tous conscients de la portée de nos actes. Cette conscience innée que nous possédons tous est toujours active ; d'ailleurs, pourquoi ne le serait-elle pas ? Le malheur est qu'elle fonctionne rarement à pleine capacité. Elle est souvent enterrée, occultée, enténébrée par des phénomènes extérieurs, voilée par nos illusions, submergée par nos habitudes et nos comportements prédictés.

Lorsqu'on parle de conscience, il est question de présence alerte et vivace de l'esprit. La conscience attentive vise à susciter en nous une meilleure concentration d'esprit ; elle nous permet de prendre garde à nos gestes au moment où nous les posons, nous laissant ainsi le loisir de priser l'instant dans toute sa richesse et sa profondeur. Elle nous aide à avoir une vision réelle et élargie de ce que nous entreprenons ; elle est « payante » à tous les égards.

À la conscience s'opposent l'insouciance ou le laxisme, lesquels semblent être des phénomènes symptomatiques de notre époque. Cette insouciance, nous pouvons la voir chez les gens qui président à la destinée des peuples, aussi bien que chez nos amis les plus proches, nos associés et nous-mêmes. Au cours de la dernière décennie, nous avons eu moult exemples de laxisme, et non des moindres, puisque le président du pays le plus puissant du monde fut, en raison de ses turpitudes, contraint de faire amende honorable au vu du monde entier. Or, la pratique de la conscience attentive est une façon de nous exercer à observer les causes mais aussi leurs effets. Elle nous permet de prêter attention aux conséquences karmiques de nos attitudes et de nos prises de position, de nous donner du temps afin d'utiliser adéquatement notre intelligence et notre sensibilité, de tirer les enseignements de nos expériences et de les apprécier à leur juste valeur. Si elle vise à nous faire sentir le parfum des roses, elle nous aide d'abord à les reconnaître.

La conscience attentive est un moyen de vivre de façon irréprochable. Grâce à elle, nous pouvons nous défaire progressivement de nos anciennes habitudes et des réponses toutes faites qui nous poussent vers des actes et des raisonnements insensés. Avoir la conscience attentive, c'est réfléchir avant de faire le premier pas, c'est cesser de nous laisser éblouir par les miroirs aux alouettes, c'est nous libérer de nos automatismes, c'est renoncer à des modèles malsains et décevants. En développant cette conscience attentive, notre clairvoyance innée, cette intelligence spirituelle, cette sagesse que nous celons au fond de nous commencera alors à briller. Tel est le propos de la pratique de la conscience attentive.

Cette conscience se situe au cœur de la méditation bouddhiste. En réalité, la base de la méditation bouddhiste assise se nomme « conscience du souffle », car c'est par la méditation assise que l'on s'exerce à la pratique de la conscience attentive.

Songeons un peu à ce qu'il en est chaque fois que nous pratiquons ce type de méditation. Nous sommes assis, détendus, regroupés. Nous recentrons et stabilisons nos esprits agités et discursifs en retrouvant notre calme par des exercices respiratoires favorables à la décontraction. L'on inspire, l'esprit se calme, l'on expire, le corps se détend et sourit.

Progressivement, nous devenons conscients du moindre détail alentour, du très bref intervalle entre l'inspiration et l'expiration. Plus nous progressons, plus nous nous avisons de certains phénomènes, la décomposition de l'inspiration entre le moment où l'air entre par nos narines, et celui où il emplit nos poumons et notre thorax. Il se peut que nous percevions un léger son, un imperceptible sifflement qui s'exhale de notre corps. Essayez cet exercice. Respirez et rendez-vous compte de la précision avec laquelle vous percevrez chaque fraction de seconde de votre respiration.

Est-il besoin de préciser que nous ne sommes pas des adorateurs du souffle ? L'adoration n'est pas l'objet de la méditation, pas plus que le processus de respiration ne fait de ma part l'objet d'une révérence particulière. Le seul objectif de la méditation est de nous exercer à amener notre conscience attentive ou notre concentration d'esprit à un niveau optimal, que ce soit en regardant une chandelle, en observant une fleur, en lavant la vaisselle ou en faisant une promenade. La conscience est l'instrument qui favorise le contact avec notre corps, aussi bien qu'avec nos émotions et notre esprit. C'est le meilleur remède contre l'indolence; elle limite les accidents, les fautes de parcours, les erreurs de jugement.

Tous les exercices d'accession à cette conscience attentive sont, par définition, répétitifs, puisque voués à nous ouvrir aux réalités de l'existence. Un des exercices les plus classiques est appelé « conscience de la marche ». Il consiste à lever lentement le pied droit pendant l'inspiration, et à le reposer tout aussi lentement au cours de l'expiration. Puis l'on recommence avec le pied gauche: inspirez, levez, expirez, baissez...

Tout le processus doit se dérouler lentement et précautionneusement, avec conscience et attention. Rien des sensations physiques que procure un tel exercice ne doit échapper à notre vigilance: le pied que nous posons devant l'autre, d'abord le talon, puis la plante que l'on déroule lentement. Cette activité doit retenir toute notre attention, sinon notre esprit réagira en vacillant, et nous avec lui. Aussi évertuons-nous à répéter l'exercice sans désarmer, en marchant toujours avec lenteur. La répétition est le fondement même de l'exercice.

En cela consiste la méditation marchée. C'est une manière de garder notre conscience attentive à chaque instant, dans tous les aspects de notre vie. Cette vigilance, cet esprit en alerte, nous voulons pouvoir l'exercer dans chacun de nos actes, c'est seulement à ce prix que nous en connaîtrons la véritable portée.

Je voudrais signaler en passant que le Bouddha ne limitait pas sa conscience attentive à ses activités physiques : à ses disciples, il conseillait d'être aussi attentifs à leurs sentiments qu'à leurs actions. En vérité, il fut le premier à mettre en exergue l'expression « être en contact avec ses sentiments ». Quand on lui demandait comment un moine pourrait observer ses sentiments, il répondait de façon sibylline : « Confronté à un sentiment agréable, le moine dira : "Je suis confronté à un sentiment agréable" ; confronté à un sentiment douloureux, il dira : "Je suis confronté à un sentiment douloureux." »

En pratiquant la méditation de la conscience attentive, il est aisé d'observer les difficultés que l'on éprouve à se concentrer. On est tenté d'accélérer, comme on a coutume de le faire en de nombreuses occasions. Je trouve le processus de la méditation marchée intéressant, parce qu'elle contraint l'adepte à une réelle concentration.

Suivre la ligne avec conscience et attention

Regardez autour de vous s'il n'existe pas une ligne naturelle qui vous permette de pratiquer la conscience attentive. Peut-être sera-ce une bordure de trottoir, un muret, un couloir, la ligne blanche d'un parking ou d'un court de tennis. Si vous n'avez rien de tout cela, rabattez-vous alors sur les joints de votre carrelage ou de votre plancher. Un de nos maîtres thaïlandais nous conseillait de repérer deux arbres et d'effectuer notre méditation marchée en parcourant des heures durant la distance qui les séparait. À condition de la pratiquer souvent, le sol portera les traces de votre passage et vous aurez ainsi créé votre propre sentier. Cette métaphore sert à expliquer comment on crée son propre chemin spirituel.

La méditation marchée n'exige nullement qu'elle s'accomplisse lentement, seulement avec attention. Commencez par marquer votre ligne. Placez précautionneusement un pied devant l'autre en respirant par le nez. Synchronisez votre respiration avec vos pas : inspirez, posez le pied gauche, expirez, posez le pied droit. Effectuez cette marche synchronisée jusqu'à avoir l'impression d'avoir créé un sillon qui vous appartienne.

Progressez régulièrement comme l'aiguille d'une machine à coudre qui monte et descend. Je trouve, pour ma part, que la méditation marchée a des effets rafraîchissants et régénérateurs, aussi m'y adonné-je souvent, surtout en voyage. Marcher sur une ligne, c'est aussi une manière de se retrouver soi-même. Usez de votre respiration comme d'une pierre de touche, un rappel à persister dans l'instant présent.

Comme pour toutes les méditations destinées à développer la conscience attentive, soyez simplement attentif à vos pensées. Pour le reste, profitez de la promenade, sentez le sol se dérouler sous vos pas, garder l'œil au repos. Le regard se doit d'être doux et fixe, légèrement oblique, et non mobile, ce qui attesterait d'une intense activité cérébrale. Suivez la ligne devant vous. Bornez-vous à marcher et à respirer. Rien de plus. C'est déjà bien assez.

Laissez votre méditation mettre de l'ordre dans votre monde chaotique. Un jour, quelqu'un me demanda :

« Surya, je ne comprends pas en quoi cette attitude est différente de celle du personnage compulsif qui se croit obligé de marcher sur toutes les lignes. » Si pertinente que soit la question, la réponse n'en demeure pas moins claire à mes yeux, car en effet, tout tient dans l'intention. Nous ne sommes plus alors victimes de comportements hors de notre contrôle, mais, à l'inverse, nous marchons pour mettre bon ordre dans nos pensées. Nous donnons de l'espace et de la lumière à nos esprits enténébrés.

Cette forme de méditation autorise toutes sortes de variantes dans un décor naturel ou en tout lieu où vous serez apte à placer en toute conscience un pied devant l'autre.

Trois respirations vers la conscience : dix exercices naturels dans la journée du pèlerin attentif

Dans le bouddhisme, le précepte primordial est celui de vivre en conscience, de reconnaître la nature exacte des événements.

THICH NHAT HANH

Les hommes et les femmes qui entrent dans la vie monastique s'avisent très rapidement combien il est important de faire montre d'une attention de tous les instants. Cela est vrai dans tous les rites spirituels, qu'ils soient orientaux ou occidentaux. Il existe des milliers de façons de nous ouvrir à la conscience attentive dans notre vie quotidienne. Les moines tibétains la mettent en pratique chaque fois qu'ils franchissent le seuil d'une porte. Parfois, ils s'accompagnent de quelque mantra. Essayez de faire de même au cours d'une journée. Chaque fois que vous vous apprêtez à franchir une porte, marquez une pause le temps de quelques inspirations. Revenez à l'instant présent, puis franchissez le seuil.

Si vous veniez à visiter le centre de méditation de Thich Nhat Hanh, de Plum, en Dordogne, vous y entendriez tout au long du jour des tintements de cloches destinés à rappeler aux adeptes de ralentir instamment le pas, de prendre conscience du moment présent. Dès que le gong retentit, adultes comme enfants suspendent leurs occupations et pratiquent un instant de conscience attentive afin de vivre pleinement leur expérience.

Dans notre quotidien, nous avons le loisir de créer de petites habitudes qui nous aideront à nous rappeler à des moments de conscience attentive. Parmi toutes celles qui composent votre journée, choisissez dix tâches et, pour chacune d'elles, employez-vous à exercer votre acuité spirituelle.

Premier exemple :

L'éveil conscient et attentif

... de tous les accomplissements de l'homme, rien n'approche en étrangeté ou en beauté l'acte quotidien le plus banal qui soit : celui de s'éveiller. Nous revenons à nous chaque matin, et chaque matin ressemble à un miracle. De Sibérie à la Nouvelle-Zélande, les traditions chamanistes nous enseignent que l'âme quitte le corps au cours du sommeil pour errer dans les sphères incommensurables de l'espace et du temps. Qui sait par quels méandres las, quelles circonvolutions tourmentées doit passer cette âme pour retrouver son enveloppe charnelle... J'ai un ami qui, chaque matin en ouvrant les yeux, embrasse le mur de sa chambre à coucher, tant il est étonné d'avoir eu l'heur de s'éveiller à la bonne adresse.

EXTRAIT DE *GIFTS OF THE SPIRIT*,
DE PHILIP ZALESKI ET PAUL KAUFMAN

De fait, chaque jour est en soi une nouvelle occasion de s'éveiller au sacré, car il ne dépend que de nous de commencer notre journée de façon plus réfléchie.

Après qu'il eut connu l'illumination, on demanda au Bouddha qui il était : un dieu, un esprit, la réincarnation de Dieu ? Et le Bouddha de répondre simplement : « Je suis éveillé. » C'est la raison pour laquelle il fut nommé « le Bouddha », c'est-à-dire « celui qui a connu l'éveil ». Ainsi, chaque matin en frottant son œil ensommeillé, on peut se rappeler ce que signifie être véritablement éveillé et le rester.

J'aime à voir dans une journée le condensé d'une année entière ; le matin étant le printemps, midi l'été, le soir l'automne, la nuit l'hiver. Quand nous nous installons à l'heure du coucher et tirons sur notre tête la couverture, nous somnolons, entrons dans un sommeil latent, pareils à un jardin en hiver, et, à l'instar du printemps, notre éveil ne laisse pas de nous surprendre. Le plus souvent, les enfants s'éveillent dans la bonne humeur, frais et dispos, remplis d'une énergie nouvelle ; les adultes, plus contraints par les tâches et les exigences de la vie, avec un besoin pressant de café censé pallier leur manque de sommeil. Je crois qu'il est bon de se rappeler chaque matin qu'au-delà des contraintes journalières la lumière intérieure de notre conscience, notre nature bouddhique primordiale, ne dort jamais. Le petit Bouddha qui se trouve en chacun de nous et que les Tibétains nomment « clair esprit de lumière » a toujours l'œil vif, l'ouïe aiguisée, le jarret tendu. En conséquence, éveillons-nous, installons-nous dans l'instant, et prenons trois inspirations attentives.

Inspirez, expirez, une fois.
Inspirez, expirez, deux fois.
Inspirez, expirez, trois fois.
Puis, dites : « Aah ! »

Départez-vous de votre air renfrogné et de vos aigreurs ; expulsez vos mauvais sentiments et les images résiduelles de vos rêves. Accueillir le matin avec une formidable expiration fait partie des anciennes traditions tibétaines.

Il y a de cela bien des années, quand je me retirai pour la première fois dans un monastère de Darjeeling, je trouvai très fastidieux de me lever à trois heures et demie ou quatre heures du matin, heure à laquelle moines et moniales commencent à vaquer à leurs occupations journalières. Quand j'en glissai deux mots à mon maître de méditation, il me rétorqua que je devrais au contraire bondir de mon lit comme un lion hors de sa tanière. Par le biais de l'interprète, je lui répondis que, quoiqu'il me parût bien bon et fort poétique, son propos méritait quelque éclaircissement. Alors, levant la tête, le moine poussa un terrible rugissement... *Rhaaahhh !!*

Le rugissement du lion

En vous préparant à attaquer votre journée, imaginez un énorme lion qui s'étire en rugissant. Puis quittez votre lit et placez-vous face au matin, à cette journée qui vous attend. Si, par bonheur, votre chambre est dotée d'une fenêtre, vous inclinerez peut-être à vous tourner dans cette direction.

Adoptez l'attitude du Géant Vert[1], ce qui revient à vous dresser de toute votre taille, jambes légèrement écartées.

Levez les bras à la hauteur des épaules comme des ailes, paumes tournées *vers l'avant.*

Expirez. *Aaah !!!*

Étirez-vous.

Expirez. *Aah !*

Prolongez votre étirement ; sentez l'air pénétrer dans vos poumons.

1. Marque de conserves de légumes réputée aux États-Unis, ayant pour emblème un géant feuillu, debout, bras et jambes écartés. *(N.d.T.)*

À présent, pareil au lion, sautez dans l'action ; bondissez sans crainte dans ce nouveau jour comme le roi de la jungle.

Oui, je sais, une telle conduite vous semblera pour le moins puérile. Peut-être, après tout, n'aspirez-vous qu'à vous traîner hors de votre salle de bains, les yeux encore bouffis de sommeil. Au demeurant, je vous conseille d'essayer cette approche léonine à l'aube du prochain jour et de juger par vous-même de la différence.

Le brossage de dents conscient et attentif

Placez-vous devant votre miroir. Prenez trois inspirations, et le temps de vous détendre, contemplez-vous avec un œil nouveau. Regardez-vous dans les yeux et observez la personne que vous voyez. Pouvez-vous en avoir chaque jour une vision renouvelée ? À présent, brossez-vous les dents consciencieusement. Soyez calme et attentif. Vous montrez les dents, adressez un petit sourire à votre reflet afin de bien commencer la journée. Elle sera bonne. Amusez-vous bien.

La douche consciente et attentive

Alors qu'approche l'instant de votre douche matinale, revoyez tous les rites et les cérémonies dans lesquels l'eau joue un rôle prépondérant. Chaque religion possède ses rivières, ses lacs, ses étangs, ses cascades et ses sources à caractère sacré. L'eau sert à bénir et à consacrer. Il est loisible à chacun de nous de prendre part à ces bénédictions dans un instant générateur de calme et de réflexion, pendant que nous procédons à nos ablutions journalières.

À cette fin, immobilisez-vous quelques instants sous le pommeau de douche en laissant l'eau vous ruisseler sur la tête et le visage. Prenez alors conscience de vos sentiments. Les bras ballants, inhalez quelques instants et détendez-vous. Sentez le contact de l'eau chaude coulant sur votre tête, votre cou, vos épaules et votre dos, et portez le débit à son degré optimal pendant une bonne minute. Écoutez le bruit de l'eau, ressentez son crépitement. Immergez-vous totalement dans cette expérience d'une sensualité inaccoutumée, que l'on pourrait comparer à des cascades de bénédictions, véritables fonts baptismaux. Restez dans l'instant aussi longtemps que possible, le temps de vous laver de vos malaises, de vos péchés et de vos préoccupations. Éprouvez la divine expérience de l'eau. Écoutez, acceptez, fusionnez avec elle. Flottez libre et serein dans le courant.

Le départ conscient et attentif

Combien de fois dans une journée, une semaine ou même un an, franchissons-nous une porte, quel que soit l'endroit où nous conduit notre karma ? Et combien de fois le faisons-nous en toute conscience ?

Comme vous vous apprêtez à quitter votre domicile, approchez-vous en conscience de la porte. Immobilisez-vous devant elle et prenez trois longues inspirations, en étant attentif à l'air qui entre dans vos poumons. Servez-vous de cette respiration pour vous sentir plus présent. Vous êtes prêt à partir. Avez-vous pris tout ce qu'il vous faut ? Votre serviette, votre parapluie, votre portefeuille ? L'étourderie dont certaines personnes font preuve avec leurs clés a donné essor à une véritable industrie. Mais vous n'avez nullement besoin de serrurier car votre esprit est en alerte. Vous disposez de toute l'attention requise, et même d'un trousseau de clés de rechange. Aucun souci de ce côté-là.

Franchissez votre porte et mêlez-vous à la foule, les yeux grands ouverts, un sourire sur le visage. Thich Nhat Hanh affirme que le sourire nous aide à être un Bouddha à mi-temps dès à présent.

Le trajet conscient et attentif

Au moment où vous vous installez dans votre voiture, dans le métro ou l'autobus, inspirez trois fois par le nez en prenant soin de les compter. Rassemblez vos esprits. Soyez attentif à ce que vous ressentez. Imprégnez-vous de cette expérience. Sachez où vous êtes exactement. Vous êtes assis, le voyage va commencer.

Regardez par la fenêtre. Pleut-il ? Fait-il grand soleil ? À moins que la station de métro ne soit souterraine et que vous ne puissiez le dire... Regardez autour de vous. Soyez attentif à ce que vous voyez. Ressentez l'atmosphère de l'instant. Évitez de vous projeter en dehors de vous-même en essayant d'être déjà arrivé, alors que la journée est à peine commencée. Restez là où vous êtes. Ressentez l'ambiance, l'espace, l'instant qui vous entourent. Vivez le moment présent. Laissez-lui la possibilité de se révéler à vous avant de sauter à la prochaine étape. Vous êtes présent et pleinement concerné par les phénomènes avoisinants. Faites en sorte d'« être ici et maintenant », comme Ram Dass aime à le répéter.

L'arrivée consciente et attentive

Une fois arrivé à destination, que ce soit à votre supermarché ou au tribunal de grande instance, donnez-vous le temps d'arriver vraiment. Prenez encore trois inspirations et, là encore, prêtez attention à l'instant; explorezle. Laissez ces trois inspirations vous permettre d'entrer en contact avec vous-même. Soyez conscient; soyez en éveil. Observez les environs: trouvez-y votre place.

L'attente consciente et attentive

Je crois que nul ne me contredira quand je dis que l'attente tient une grande place dans notre vie. Nous attendons partout: dans les salles d'attente, bien sûr, mais aussi au supermarché, au cinéma, aux feux rouges, dans la circulation, etc. La prochaine fois que vous devrez attendre, où que ce soit, ne cherchez pas à tuer le temps ou à vous distraire de votre ennui; profitez plutôt de l'occasion qui vous est offerte pour créer un instant riche de conscience et d'attention. Entre trois et sept inspirations vous rafraîchiront les idées et vous ouvriront à la magie de la pleine conscience.

L'intérêt de la méditation attentive réside en ce qu'elle nous permet d'acquérir de l'instant présent un sentiment favorable. Si nous sommes parfaitement conscients, le temps s'ouvre à nous, et nous pouvons connaître ainsi des moments d'éternité. Trois respirations suffiront pour que nous voyions le temps ralentir. N'est-ce pas une merveilleuse expérience, plutôt que de le voir filer à toute allure? Apprécions ces précieux instants de conscience. C'est notre vie, elle est sacrée.

La pause consciente et attentive

Que ce soit le temps d'un café ou de se dégourdir les jambes, nous éprouvons tous, au cours de la journée, le besoin de reprendre contact avec nous-mêmes. Aussi, dès l'instant où vous sentirez que certaines situations vous échappent, interrompez-vous, soyez attentif et respirez trois fois. Faites une prière ; dites un mantra ; peut-être aurez-vous même envie d'écouter une cassette de chants religieux. Mieux encore, chantez vous-même. Ou dites des incantations. Quoi que cela exige de vous, faites-le.

Si vous êtes à proximité d'une fenêtre, regardez au-dehors et respirez trois fois en laissant vos yeux errer sur les environs. Utilisez cette fenêtre ouverte sur la conscience du temps pour retrouver votre équilibre et votre rationalité : ressaisissez-vous et revenez à l'instant présent. Imprégnez-vous d'une nouvelle fraîcheur ; évacuez l'air vicié qui est en vous. Soyez attentif aux brises printanières qui soufflent sur votre esprit. L'esprit est à l'image de ce qu'il crée. Retrouvez votre sens de l'humour, ne serait-ce qu'en vous adressant une grimace. Rire, après tout, n'est qu'une autre façon d'aimer.

Le repas conscient et attentif

C'est là une des plus anciennes pratiques spirituelles. En Asie, certains bouddhistes s'exercent à mâcher cent fois une bouchée de riz avant d'en prendre une seconde. La conscience de la mastication nous aide à éprouver le goût, la texture et la température de ce que nous mettons dans notre bouche. Elle nous permet de nous rendre compte du pourquoi et du comment nous nous alimentons et, de ce fait, de nous soumettre à certains régimes diététiques avec plus de facilité.

Au moment où vous vous asseyez pour commencer votre repas, prenez trois inspirations qui vous inciteront à priser cet instant d'attention. Souriez et savourez ce court moment de grâce. Posez vos mains devant vous et éprouvez l'instant. Puis appliquez-vous à mâcher les deux premières bouchées entre quinze et vingt fois. Qu'éprouvez-vous ? Quel goût a votre nourriture ? Avez-vous l'impression de vous sustenter ? Soyez plein de gratitude pour cet instant de grâce toujours renouvelée. Ouvrez-vous à lui ; vivez ce moment.

Le retour conscient et attentif

Après son illumination, Bouddha déclara : « Ce qui est fait n'est plus à faire. » Agréable sentiment, n'est-ce pas ?

À présent que vous avez regagné votre domicile, réjouissez-vous. Immobilisez-vous quelques secondes devant votre porte et appréciez l'instant de votre arrivée. Inspirez et expirez à trois reprises. Marquez l'accomplissement de votre cycle journalier. Éprouvez-en la satisfaction ; accordez-vous le temps de prendre conscience de vos sentiments. À présent, ouvrez la porte et entrez chez vous. Votre maison est un temple, votre domaine sacré : entrez-y. Revenez à vous-même et n'oubliez pas de ranger soigneusement vos clés, vous pourriez encore en avoir besoin.

Un jour, on demanda à Bouddha : « Que faites-vous avec vos disciples ?

— Nous marchons ; nous nous asseyons ; nous nous sustentons, répondit simplement le saint homme.

— Mais, objecta son interlocuteur, troublé, marcher, s'asseoir, manger, n'est-ce pas le lot du commun des mortels ?

Oui, acquiesça le Bouddha, mais lorsque nous marchons, nous savons que nous marchons ; si nous sommes assis, nous savons que nous sommes assis, et au moment où nous mangeons, nous savons que nous sommes en train de manger. »

Cela est l'essence même de la vie consciente et attentive.

Comment apprendre auprès d'un maître spirituel

Vous êtes votre maître suprême. L'autre est à peine un jalon. Seul votre maître intérieur vous guide vers votre but, car il est votre but.

NISARGADATTA MAHARAJ, AUTEUR DE *JE SUIS CELA*

Récemment, je lisais un article dans le *New York Times* expliquant comment trouver la meilleure pizza de New York. L'auteur y établissait la liste des pizzerias les plus courues, accompagnée de l'arbre généalogique de leurs propriétaires, et à la lumière duquel il apparaissait qu'ils étaient tous issus du même chef italien ou de ses marmitons. Ce phénomène avait, semble-t-il, donné lieu à une tradition d'excellence, à tout le moins pour ce qui touche à la dive pizza.

De toute éternité, dans tous les domaines et toutes les disciplines, les gens s'adressent à des maîtres afin de parfaire leur savoir. C'est ainsi que se perpétuent également les arts, que Socrate enseigna son savoir à l'élève Platon qui, à son tour, le transmit à Aristote, de la même manière que les traditions spirituelles se transmirent à travers les âges.

Au cours de notre vie, nous sommes tous, sous la houlette de maîtres, soumis à de multiples enseignements, que nous transmettrons à notre tour, souvent inconsciemment. De ces enseignements, certains nous sont formellement donnés, d'autres sont acquis de façon plus ou moins accidentelle. Or, les bouleversements dans les rapports entre maître et élève sont aujourd'hui un des problèmes majeurs qui se posent pour la transmission du dharma dans le monde occidental.

Bien qu'ayant fait long feu au sein de notre société, la relation maître-élève (gourou-disciple) est demeurée intacte en Asie. De l'avis de la majorité des maîtres traditionalistes, elle demeure pour l'élève la meilleure façon d'accroître sa spiritualité. Dans ce type d'enseignement, le disciple prendra des engagements auprès de son maître et s'y tiendra généralement sa vie durant. Pourtant, si cette pratique eut force de loi durant toute une époque, il est possible que cela tienne à ce qu'elle en fut simplement le reflet.

Aujourd'hui, nous sommes soumis à des pressions que nos ancêtres n'auraient su concevoir. Les possibilités de changements et les fluctuations sociales sont considérables. Un chercheur contemporain peut participer à un colloque à l'autre bout du monde, puis passer un week-end de méditation dans le sud de la France avec des gens totalement différents, chose inconcevable pour nos prédécesseurs spirituels. À mon sentiment, de cela ne ressort, pour une large part, que du bon : étudier la musique n'induit pas nécessairement que l'on ne puisse pas apprendre à danser. Néanmoins, la médaille de l'éclectisme, de la liberté de choix et de l'échange de connaissances a aussi son revers qui s'appelle faiblesse, dilettantisme, banalisation, dilution des enseignements.

Il n'en reste pas moins que les étudiants qui voudront apprendre le dharma de manière approfondie et compréhensible s'assureront qu'ils le font selon les traditions fondées à produire des effets vérifiables. À cet égard, les Occidentaux ont aujourd'hui l'embarras du choix. Outre le fait que de nombreux maîtres asiatiques sont venus s'installer en Occident, maints Occidentaux ont passé de nombreuses années en Asie auprès de maîtres du dharma. De nos jours, nous avons même des maîtres occidentaux dont l'enseignement leur a été dispensé par d'autres Occidentaux. Reste qu'il est toujours possible au néophyte d'entreprendre le voyage et d'aller s'instruire auprès de lamas du pays d'Asie de leur choix.

Les gens qui me connaissent savent l'attachement que j'éprouve envers ceux qui furent mes maîtres. Le simple fait de me trouver en leur présence me transforme. Mon premier maître Dzongchen, Kanjur Rinpotché, était un réfugié tibétain. À Darjeeling, une amie me demanda s'il était possible de le rencontrer. Je la conduisis chez lui, mais, à peine avais-je ouvert la porte que je m'immobilisai, alors qu'il méditait sur son lit. La vision que j'avais à ce moment-là n'était plus celle d'un vieil homme assis jambes croisées sur une couverture déchirée, mais d'un être scintillant, auréolé de la lumière bleue du Bouddha. Le choc fut tel que je faillis tomber à la renverse; mon amie, elle, semblait tétanisée. Cela a beau remonter à plus de vingt-cinq ans, j'ai l'impression que cela s'est passé hier. D'ailleurs, il me suffit d'y penser pour voir encore cette lumière se répandre sur moi... Un autre de mes amis me raconta avoir fait une expérience similaire. Lors de son premier contact avec Kanjur Rinpotché, ce dernier lui enjoignit de se plonger à l'intérieur de lui-même et de se demander si son esprit était rond ou carré. Cet étonnant retour sur lui-même lui fit l'effet d'une véritable résurrection.

Si le karma dit vrai, nous sommes tous aptes à acquérir les facultés d'illumination par le truchement de nos maîtres. Il est dit depuis toujours que les préceptes du gourou se manifestent tel un miroir au plus profond de notre être, à son degré le plus élevé, c'est-à-dire notre nature bouddhique. Pour peu que nous ayons la chance d'établir le contact avec cet être renouvelé, notre potentiel se verra parfaitement comblé. Ainsi serons-nous confrontés à notre degré de vérité le plus élevé. Parfois, ces vérités nous apparaissent dans un crescendo d'expériences révélatrices, mais le plus souvent, elles surviennent graduellement, le temps passant. Martin Buber écrivit un jour : « Chacun de nous a en lui quelque chose d'inestimable que personne d'autre ne possède. » C'est ce précieux objet à nul autre pareil que le maître nous aidera à découvrir.

Quand je commençai à vivre au Népal auprès de mes maîtres tibétains, un des principaux enseignements que j'acquis consiste en ce que les traditions sacrées se construisent toujours à partir d'expériences individuelles, celles d'hommes et de femmes qui eurent une connaissance tangible du chemin spirituel. Si l'on projette un voyage et que l'on appartienne à l'Automobile Club, il nous sera plus facile d'obtenir le meilleur itinéraire pour nous rendre d'un point à un autre, de même que je découvris en Asie des maîtres et des guides aptes à m'indiquer des chemins spirituels, en m'instruisant des pièges autant que des raccourcis. Ces itinéraires sont à la disposition de chacun d'entre nous, ce qui fait l'économie de les réinventer. Les maîtres d'expérience ont le pouvoir d'aider les chercheurs à comprendre ces itinéraires et à croître en cours de chemin. Quant à ceux à qui ces maîtres ne sont pas accessibles, ils ont à leur disposition de nombreux textes exposant en détail les étapes qu'ils devront franchir pour entreprendre un véritable voyage spirituel.

Le maître idéal est celui qui possède le talent exemplaire et les qualités inspiratrices qui allient sagesse, caractère, altruisme et générosité. D'un tel maître on apprendra bien plus que ce à quoi l'on s'attend. Il existe cette vieille histoire du rabbin qui voyagea de nombreux jours pour s'instruire auprès d'un rabbin plus sage encore que lui. À peine était-il revenu de son voyage, qu'un de ses élèves se précipita pour lui demander : « Alors, maître, qu'avez-vous appris du sage entre les sages ? » Et le rabbin de répondre :

« Rien, je voulais seulement voir de quelle façon il laçait ses chaussures. »

Le sens caché d'une telle réponse revient à dire que les plus grands enseignements ne s'acquièrent qu'au prix d'une longue assiduité. Il est des leçons que l'on ne peut apprendre qu'à travers nos magisters, comme ce fut le cas pour moi, en vivant auprès d'eux et en les servant. Il convient cependant de souligner qu'un tel apprentissage ne saurait être fait à travers les livres.

La question typique que se pose un adepte consiste à se demander où trouver un tel maître. À cela existe une réponse très ancienne et que la plupart d'entre nous auront entendue : « Quand l'élève est prêt, le maître apparaît. » Mais en guise de boutade, on ne manquera pas d'énoncer la réciproque : « Quand le maître est prêt, l'élève apparaît. » Cela semble être d'autant plus vrai de nos jours où, en même temps qu'un grand vide moral, le monde connaît un besoin pressant de spiritualité.

Les maîtres tibétains évoquent le phénomène d'une rencontre entre un adepte ayant atteint une maturité karmique et un maître prêt à lui prodiguer ses enseignements. Une telle rencontre prépare le terrain favorable à une illumination. Le maître œuvre alors à l'exemple du tailleur de diamants qui sait précisément sous quel angle attaquer une gemme. Néanmoins, ce genre de symbiose ne survient pas tous les jours, et il serait peu avisé de confier un legs aussi précieux à quiconque posséderait un maillet ; le résultat risquerait d'être fort décevant.

Il me semble important de noter qu'il existe différentes catégories de maîtres, tout comme il y a, de la part de l'élève, différents niveaux de préparation. Il est également possible que ce dernier requière différents types de conseils à tous les niveaux de son évolution. L'apprentissage peut se faire à divers stades, et il n'est nullement nécessaire d'être guidé sur le chemin de la spiritualité par un personnage de l'envergure du Dalaï-lama. Je crois que la tâche essentielle du maître consiste à aider son élève à franchir l'étape suivante. Cela ressemble un peu à apprendre à un enfant à marcher : nous le soutenons dans ses premiers pas et lui évitons de se heurter à des obstacles, nous l'assistons avec patience et amour dans ses efforts et ses échecs, comme le ferait une sage-femme auprès de sa parturiente.

Dans la tradition bouddhiste tibétaine et hindoue, la relation entre le gourou et son disciple est décisive. Les maîtres tibétains soutiennent qu'il leur suffit de voir la manière dont une personne fera une révérence pour reconnaître l'origine de ses enseignements. À l'inverse, d'autres traditions bouddhistes comme la Vipassana ou le zen mettent moins l'emphase sur le maître que sur l'enseignement, la pratique et les techniques de pratique. Pour les Occidentaux que nous sommes, je crois que cette dernière tradition, plus pragmatique, peut être une bonne façon de commencer. Quoique certaines personnes voient en moi un maître, j'incline davantage à me percevoir comme un guide spirituel, un entraîneur. À la vérité, j'ai l'impression d'apprendre autant de mes élèves que ce qu'ils apprennent de moi. C'est, semble-t-il, en Occident, la manière dont le maître et l'élève doivent partager leur dharma, trouver ensemble le chemin.

Dans les écrits bouddhistes originaux, il n'existait qu'un mot pour désigner celui qui enseigne ; ce n'était pas « maître », mais « kalyana-mitra », qui se traduirait par « cher ami spirituel » ; et je veux rassurer ici le lecteur : il n'est nullement question de développer quelque théorie « New-Age » élaborée à l'intention des Occidentaux. La semaine dernière, alors que je passais quelques jours de vacances chez un ami du dharma, je tombai sur un livre ancien écrit par le grand patriarche du bouddhisme thaï, le vénérable Bouddhadassa Bikkhu, dans lequel était écrit ceci : « En vérité, même dans les anciennes méthodes d'enseignement, il est peu fait allusion à l'"acharya" (maître ou professeur), mais plutôt à un excellent ami (kalyana-mitra). Il me semble, en effet, opportun d'y faire référence comme à un ami. Un ami est un conseiller apte à nous assister dans certains domaines. Cependant, nous ne devons pas oublier le principe essentiel selon lequel personne ne peut directement aider personne [...] Mais quelle que soit son aptitude à répondre à certaines questions, il n'est pas nécessaire qu'une personne veille sur chacun de nos gestes. Un excellent ami qui nous aidera à surmonter certains obstacles sera plus que suffisant. »

Souvent le chercheur sera à la recherche du maître parfaitement éclairé, celui qui aura connu l'illumination ; mais je crois, quant à moi, qu'il est important de suivre les préceptes originaux et de rechercher davantage des enseignements auprès de maîtres qui seront au premier chef des amis spirituels pleins de bonté et de sagesse.

Certaines personnes investies d'une autorité ont souvent leurs faiblesses, et les dirigeants spirituels n'y font pas exception. Conséquemment, je connais quantité d'hommes et de femmes qui, auprès de maîtres et de gourous, connurent bien des désillusions. Certains vouèrent de longues années à l'étude de certains préceptes, pour n'en retirer qu'un sentiment d'amertume, parce qu'ils n'avaient pas évolué dans le sens où ils l'espéraient. Aujourd'hui, ces mêmes personnes comprennent que leur déception provient de ce qu'elles ont exalté leur maître à l'excès. Or, plus le piédestal sera haut, plus dure, hélas, sera la chute. Attendre la perfection de soi comme de nos maîtres, c'est, sauf en de très rares occurrences, courir à la désillusion. Il n'est nullement nécessaire d'en attendre autant, notre voyage spirituel ne l'exige pas.

Au printemps de 1998, le Dalaï-lama se rendit à l'université Bandeis du Massachusetts pour y donner une grande allocution publique. Pour les Tibétains comme pour les Américains de toute confession, c'était un événement considérable auquel chacun se préparait depuis des mois. Des bacs de fleurs furent disposés autour du podium, et quand, se penchant par-dessus les monceaux de fleurs, le saint homme vit cette mer de visages, ces regards luisants d'impatience, il déclara : « Je n'ai rien à vous donner. » Ces mots étaient déjà lourds de sens. Il poursuivit cependant en expliquant que l'existence était en premier lieu une affaire de cœur, une manière de vie fondée à refléter nos meilleures intentions. J'ai maintes fois observé le Dalaï-lama dans son rôle de maître : « Bornez-vous à voir en moi une personne livrant une information avant que vous la fassiez vôtre », ne laissait-il pas de répéter.

Là encore, le maître peut être perçu comme une sorte de médecin aidant son patient à accoucher de sa vérité profonde. C'est en cela que réside la promesse de l'illumination ; et ce serait se méprendre que de penser que trouver l'illumination consiste à répéter les gestes de nos maîtres, tel le disciple qui s'enivre sous prétexte que son mentor est alcoolique ou celui qui court le guilledou parce que son maître est un célibataire forcené. Un véritable maître stimulera votre vie, mais ne cherchera en aucun cas à en infléchir le cours.

J'apprécie l'histoire de cet ancien roi hindou qui possédait les écuries les plus renommées du royaume. Des années durant, ses chevaux avaient été soignés par le palefrenier le plus consciencieux qui soit, et son haras n'avait fait que s'accroître en nombre et en beauté. Quand, trop vieux, l'homme se retira, le roi demanda à son chambellan de désigner un nouveau palefrenier, ce qui fut aussitôt fait. Le haras continua de prospérer à la plus grande joie des soldats de la garde qui montaient les chevaux, quand, tout à coup, les animaux se mirent, les uns après les autres, à boiter du côté gauche, sans que le roi en comprît la raison. Il est vrai que, jusqu'à ce jour, ce dernier n'avait jamais eu l'occasion de rencontrer son nouveau palefrenier. Il le convoqua donc en son palais et, à peine l'aperçut-il, qu'il comprit pourquoi ses chevaux étaient infirmes : le palefrenier claudiquait, lui aussi, de la jambe gauche.

Certains maîtres, et des meilleurs, se virent égalés, sinon dépassés par leurs élèves. Cela peut se révéler épineux, mais au royaume de la spiritualité, les maîtres incapables d'accepter et d'inspirer les meilleurs élèves courent le risque de voir se perpétuer leurs propres faiblesses. Dépasser la parfaite illumination du Bouddha peut se révéler au-delà de ce que pourrait supporter le disciple, mais il sera toujours temps de nous en inquiéter au moment où cela surviendra. Pour les modestes chercheurs que nous sommes, je crois sage, avant toute chose, de choisir avec soin notre maître spirituel. Le Dalaï-lama n'a-t-il pas affirmé : « Pourquoi, autant et aussi longtemps que vous le pouvez, ne pas vous instruire de tout ce qui passe à votre portée ? Allez écouter les pédagogues, retenez ce qui vous semble utile et négligez le reste. Mais si vous songez à vous entourer des conseils d'un maître tel qu'un gourou, choisissez-le soigneusement, après de longues années d'observation. Vous avez tout le temps de mettre votre existence entre ses mains. Si besoin est, espionnez-le ! »

Voilà un sage conseil d'un des esprits les plus éclairés de ce monde qui nous épargnera bien des maux de tête !

Lignes directrices sur ce qu'il faut attendre d'un maître

Un bon maître se doit d'être, avant tout, une bénédiction autant qu'une source d'inspiration. Voici une liste de conseils qu'un disciple est en droit d'attendre d'un guide spirituel :

— des instructions spécifiques à des pratiques variées comme la méditation, les techniques de visualisation, la prière, les incantations, le yoga, les rites musicaux, la danse et les arts contemplatifs ;

— des informations sur l'histoire spirituelle, la philosophie, l'épistémologie et la logique ;

— des habilitations et des initiations ;

— des conseils sur le chemin spirituel, incluant des réponses qui contribueront à répondre à ses interrogations et à dissiper ses doutes (les maîtres dignes de ce nom comprendront que leurs meilleurs éléments en soient assaillis) ;

— une attitude patiente, généreuse et compatissante ;

— une aide dans le processus de la percée spirituelle, des renforts d'énergie, des rêves, des visions, des renaissances et des expériences religieuses et mystiques ;

— sagesse et inspiration dans sa volonté de l'aider à persévérer à travers les aléas et les différents paliers du cheminement spirituel.

Dans l'ancien bouddhisme existaient souvent deux catégories de maîtres très distinctes. L'une d'elles était appelée « acharya », terme appliqué aux maîtres généralement illuminés. L'acharya mettait en exergue l'essence des enseignements et de la pratique. La seconde catégorie, connue sous le nom d'« upadhaya », mettait l'accent sur les règles et les rites variés qui constituaient la vie religieuse de l'époque. Quoique ces catégories aient fusionné avec le temps, on trouve encore aujourd'hui des maîtres prônant l'une ou l'autre approche.

Est-ce vraiment un lieu commun que de dire que les meilleurs maîtres ont à cœur de mettre en pratique des notions qu'ils prêchent et de vivre pleinement les valeurs qu'ils épousent ? Ces hommes et ces femmes ont l'aptitude de se poser en exemple sur la manière d'intégrer des enseignements de sagesse dans la vie de tous les jours. Ceux-là incarnent et donnent en exemple la vérité du dharma. Il y a plus de sagesse en eux que dans toutes les encyclopédies et les écritures religieuses. L'humilité, la générosité et la compassion d'un authentique maître résonnent à des niveaux que nous pouvons à peine appréhender et nous incitent à nous projeter plus loin que nous le croyions possible. En l'espèce, chacun de nos actes devient une source d'enseignements. Toute créature a la faculté de nous instruire, tout comme nous tirerons des enseignements de tout événement, qu'il nous soit faste ou néfaste. Souvent, c'est de nos adversaires que nous apprenons le plus. À cet égard, rappelons-nous les paroles de Confucius : « Si tu rencontres une âme noble, tente de l'égaler ; mais si tu vois une âme souillée, interroge-toi profondément. »

Sangha et le don de l'amitié spirituelle

Ānanda, fervent disciple du Bouddha, lui demanda un jour : « Est-il vrai que la sangha, communauté de l'amitié spirituelle, est pour moitié dans une vie de sainteté ?

Le Bouddha lui répondit : « Non, Ānanda, la communauté sangha représente l'entièreté d'une vie de sainteté. »

Tout chercheur a besoin d'amis spirituels. Même après l'éveil, le Bouddha chercha à s'entourer de personnes partageant ses idées et ses préoccupations. En vérité, une de ses premières initiatives, après avoir connu l'illumination, fut de rechercher des amis avec qui partager ses connaissances. C'est à partir de ce petit groupe que se fonda la première sangha bouddhiste.

« Sangha », en sanskrit, signifie « groupe, congrégation, rassemblement ». La définition traditionnelle de la sangha décrit un groupe ou un ordre de moines sanctifiés, de moniales et de chercheurs laïques rassemblés autour de maîtres spirituels ou d'une pratique. Plus tard, les sangha allaient être perçues comme des groupes gravitant autour d'un maître spirituel défini. Néanmoins, ces définitions restent très limitées en regard de notre époque où l'on observe des interrelations à différents niveaux, lesquelles sont à l'origine de communautés à caractères variés.

Le spectacle que je regarde à la télévision est vu par des millions de gens. Si, par extraordinaire, ce programme vise à une certaine spiritualité, ce million de personnes en train de partager une expérience commune seront temporairement membres de la même communauté spirituelle ou sangha. Il est toujours surprenant de constater, lors de collectes de fonds au profit d'une bonne cause, ce que l'énergie collective conjuguée à la bonne volonté individuelle peut accomplir. Ce sont là des événements générateurs de sangha temporaires, d'élans d'amitié de personnes désireuses d'accomplir une œuvre spirituelle en portant assistance à des êtres défavorisés.

De nombreux groupes spirituels organisent régulièrement des symposiums. Celui auquel j'appartiens, la *Dzogchen Foundation,* organise des retraites de fins de semaine quatre fois l'an. Les personnes qui y assistent sont membres de la même communauté sangha, quand bien même elles resteraient des mois sans se voir. Tout rassemblement voué à soulager de ses maux la planète peut être perçu comme une sangha, au même titre que les quelques groupes écologiques dignes de ce nom. À l'université de Brandeis, à l'occasion de la Pessah, la pâque juive, nous avions mis sur pied une réunion annuelle de Juifs bouddhistes tibétains qui rassemblait environ trois cents personnes. Cela aussi est une sangha. Les mouvements pacifiques en sont une autre ; pour être dispersés à travers le globe, ils n'appartiennent pas moins à la même sangha. Les programmes en douze étapes, tels que ceux des Alcooliques Anonymes, sont autant d'excellents exemples de sangha occidentales constituées non pas autour d'un dirigeant, mais à partir d'un noyau d'individus.

La notion de communauté spirituelle n'a rien d'original, même dans le bouddhisme. L'Amérique s'est fondée sur des groupes religieux se soutenant les uns les autres. Une concentration d'énergie spirituelle constitue une force apte aux plus grands accomplissements, tant sur le plan matériel que sur le plan spirituel. J'aime à regarder des peintures montrant des fermiers amish érigeant une grange. La notion d'une communauté au service de l'un des siens m'a toujours paru très émouvante.

Fut un temps, en Amérique à tout le moins, où l'on pouvait tenir l'esprit communautaire pour à peu près acquis. Dans une société en pleine expansion, nous fréquentâmes écoles et églises qui faisaient alors figure de lieux de rassemblement, grâce auxquels chacun reconnaissait son appartenance. Tout cela a naturellement bien changé. Aujourd'hui, pour se rendre à l'école, les enfants des banlieues doivent être « véhiculés ». Nos achats, nous les effectuons dans des centres commerciaux gigantesques où nous sommes, les uns pour les autres, de parfaits inconnus. Quant aux églises, elles restent closes presque toute la semaine. À présent, nos voisins ne sont plus que de pâles silhouettes se hâtant vers leurs occupations. Tout cela explique que nous nous ressentions cruellement de notre absence d'appartenance.

Pourtant, quoi de plus naturel que de vouloir passer quelques instants auprès de personnes partageant les mêmes objectifs, les mêmes intérêts, les mêmes préoccupations que nous ? Dès lors, la sangha, communauté d'amis chercheurs, peut devenir pour nous un refuge.

Où trouver cette sangha, cette communauté spirituelle ?

Souvent les gens me demandent où trouver une telle confrérie spirituelle, et, invariablement, je leur demande à mon tour de réfléchir aux personnes auxquelles ils se sentent spirituellement apparentés, par qui ils aimeraient être accompagnés sur le chemin de la spiritualité. En Asie, il suffirait de vous rendre au monastère le plus proche pour y découvrir une sangha de tradition bouddhiste. En Occident, vous commencerez par consulter des revues et des ouvrages spécialisés ; il serait surprenant que vous n'y trouviez pas une liste de groupes et de monastères, et la façon la plus facile de les joindre. Si vous avez accès à des sites Internet, effectuez des recherches à partir de termes tels que « tibétain », « bouddhisme », « zen », « Vipassana » ou « Theravadin », vous y découvrirez à coup sûr une profusion d'informations. Rendez-vous aussi dans une librairie spécialisée, il est probable que le vendeur sera en mesure de vous renseigner. N'hésitez pas à lui poser des questions, vous pourriez vous découvrir des affinités avec une sangha. Si vous désirez commencer par quelques séances de méditation, adressez-vous au centre New Age le plus proche, pour y suivre un cours de yoga ou quelque chose d'équivalent. Il existe aussi des centres pour personnes âgées qui mettent indifféremment à la disposition de leurs membres des séances de méditation, de yoga et de tai-chi.

Parce que la méditation est recommandée pour les affections du corps, de nombreux médecins et spécialistes de la santé peuvent devenir votre mentor personnel au sein d'une sangha, en vous prodiguant des conseils sur la manière de commencer une pratique. Surveillez les annonces des retraites organisées par certains groupes ; là encore, ce peut être un moyen de découvrir des gens qui partagent vos intérêts, et, par conséquent, une introduction facile à une pratique spirituelle basée sur la méditation.

D'autres expériences peuvent être vécues en vous joignant à des programmes généralement organisés par des églises ou des centres communautaires. Toute religion est apte à susciter un sentiment d'appartenance à une sangha. Mes amis Quakers ne manquent jamais de me rappeler l'importance du rôle que jouent dans leur existence les réunions du même nom. Il nous est également possible de créer temporairement des sangha en introduisant des composantes spirituelles lors de certains événements. Mon amie Wendy attend un enfant. Quand elle décida d'inviter ses amies à lui montrer leur bébé, elle les engagea à consigner par écrit quelques conseils spirituels à l'intention de la mère qu'elle serait bientôt. Certaines d'entre elles se manifestèrent sous forme de poèmes, d'autres par des citations circonstanciées, d'autres encore exprimèrent simplement leurs sentiments en tant que jeunes mamans. Ainsi, cette invitation se transforma en un événement d'une profondeur et d'une éloquence inattendues.

Que doit attendre un chercheur d'une sangha ?

Au Tibet, il est dit que seul l'intrépide tigre des neiges ose s'aventurer dans la solitude glacée des forêts profondes. Sinon, chacun de nous conçoit le besoin de vivre en communauté, et pour les raisons que voici :

Les liens spirituels nous ramènent à nos préoccupations essentielles

Ce qui n'est pas si facile, et voici quelques exemples qui nous disent pourquoi :

« Je n'ai pas envie de méditer ; je suis trop fatigué, je n'en ai pas le courage. »

« Il pleut et il fait froid. Pourquoi devrais-je me mouiller, quand elle peut prendre l'autobus ? »

« La pollution, la pollution… à quoi bon m'en préoccuper si je suis le seul à le faire ? », etc.

Avoir une existence spirituelle requiert de la ferveur et de l'attention dans tout ce que nous entreprenons. Chaque instant, chaque mot que nous prononçons, chaque geste que nous posons déterminent la valeur de notre existence et de notre destin karmique. Les amis de la spiritualité nous rappellent l'importance de nos actes. Ils nous aident à croître en vertu et en générosité en nous maintenant sur le droit chemin.

La communauté spirituelle est riche de modèles et de mentors

C'est une sensation agréable et un grand soutien que de se trouver en compagnie de personnes qui ont résolu les problèmes auxquels vous êtes confronté, autant dans la pratique que dans la vie quotidienne.

Si leurs conseils semblent parfois théoriques, ils se révèlent le plus souvent pratiques, sous forme de trucs ou d'astuces concernant l'alimentation, les lectures ou la posture à adopter pendant vos séances de méditation. Ces amis chercheurs seront aptes à vous recommander des lectures ou des événements auxquels il serait bon que vous participiez, ainsi que des pèlerinages et des périples en compagnie de maîtres spirituels. Quoi de plus encourageant et réconfortant que d'être entouré d'hommes et de femmes qui ont déjà parcouru une longue route sur le chemin de la spiritualité ? Nous progressons grâce à leurs exemples qui nous accompagneront tout au long de notre vie.

La sangha spirituelle est un lieu sûr pour partager nos bonnes intentions et la tendresse qui sommeille en nos cœurs

Une dame me confiait récemment son embarras à réclamer l'argent qu'elle avait prêté à un de ses amis. Elle se sentait stupide au point de s'interdire d'en informer ses proches, de crainte de se sentir ridicule, tant il est vrai que, de nos jours, un acte de générosité est souvent pris pour de la candeur. Car il faut bien se l'avouer : il est parfois difficile, voire périlleux, d'afficher sa vulnérabilité, sa générosité de cœur ou sa sensibilité. Néanmoins, en ce lieu sacré qu'est la sangha, il n'y a aucun risque à faire état de ses sentiments. Nous ne craindrons pas davantage que l'on se moque de nos inclinations spirituelles ou de nos manifestations de bonté, car il est naturel que nous soyons acceptés tels que nous sommes, avec nos joies et nos peines, nos forces et nos faiblesses. Sangha signifie « communauté », « communion », « communication ». C'est un sanctuaire, un endroit sûr où il n'est nul besoin d'être sur ses gardes.

Souvent un chercheur trouvera que son attrait pour l'illumination ne fait pas l'unanimité au sein de la société qui est la sienne. De nombreux chercheurs de tendances variées m'ont avoué que leurs proches ne comprennent pas toujours leurs intentions. À ceux-là je réponds qu'une sangha, cette fraternité spirituelle, les soutiendra là où d'autres les abandonneront, et renforcera leurs convictions quand des obstacles se dresseront sur leur chemin.

Je suis originaire de New York, où de nombreuses gens connaissent le vieux mot yiddish « mishpoche ». Ce vocable est utilisé dès qu'il est question de famille et des êtres qui nous sont chers. On peut associer la sangha à un mishpoche spirituel. Au cœur de la sangha, nous savons que nous sommes en famille et que nous n'avons rien à craindre.

La sangha nous entoure de sa bénédiction et de son énergie sacrée

Les personnes qui méditent et qui prient en groupe savent d'expérience la formidable énergie qui investit le lieu de leur rassemblement. Le phénomène est tangible et réel. S'engager dans une pratique spirituelle au sein d'un groupe peut se révéler incroyablement édifiant et exaltant.

Certains ont besoin de s'entourer de la présence de dix personnes pour leur prière quotidienne; un ami sportif ou un partenaire de golf suffira à d'autres pour surmonter leur inertie et finalement « s'en sortir ». Tout un chacun éprouve la même communion d'esprit joyeuse dans la recherche d'un objectif commun. Rappelons-nous les paroles de Jésus : « Pour les deux ou trois qui se rassembleront en mon nom, je serai parmi eux. »

Mon sentiment sur la question est celui-ci : dès lors que l'on se joint à ses semblables pour communier dans la vérité, l'on se joint et l'on communie avec quelque chose qui dépasse l'entendement commun. Cette notion relève à mon sens de la pure logique spirituelle.

Au service de la sangha universelle

Toutes les créatures de Dieu ont eu leur place dans le chœur. Certaines chantent haut, d'autres bas, d'autres chantent fort au téléphone.

BILL STAINES

Dans l'intérêt suprême de toutes les créatures sans exception, partout et ma vie durant, je me consacre à la pratique et à l'atteinte de l'illumination.

EXTRAIT DU VŒU DE BODHISATTVA

Quand je demandai à mes généreux mentors comment je pourrais les payer en retour, ils me répondirent qu'ils passeraient mon instruction aux pertes et profits. En disant à son fervent disciple Ananda que la sangha représentait la vie spirituelle dans sa globalité, Bouddha lui rappelait qu'en tant qu'occupant de la planète il participait de l'entrelacement de l'unique sangha des êtres vivants, ce que Thich Nhat Hanh désignait par le vocable d'« inter-être ».

La caractéristique unique et essentielle du bouddhisme Mahayana repose sur la croyance en une possibilité formelle d'illumination universelle. Le plus haut idéal qu'il m'ait été donné de découvrir est connu par les bouddhistes sous le nom de « Vœu Bodhisattva ». Dans les sangha de tradition bouddhiste, ses membres répètent à travers le monde ce même vœu :

Les êtres doués de sensations sont innombrables : je fais le vœu de les libérer.

La désillusion est infinie : je fais le vœu de la transcender.

Les enseignements du dharma sont sans frontières : je fais le vœu de les maîtriser.

L'illumination du Bouddha est insurpassable : je fais le vœu de l'incarner.

En répétant ce vœu, en prenant ces engagements, nous nous consacrons à la découverte de la Grande Image. Nous ne sommes pas seuls. Nous vivons dans un monde habité par d'innombrables êtres humains qui recherchent le bonheur avec le même acharnement que nous. Le grand maître tibétain Chogyam Trungpa Rinpotché affirma un jour que la vision fondamentale du bouddhisme Mahayana est d'aider son prochain à avoir une pensée du monde élargie.

Trouver des moyens pratiques de porter assistance à autrui nous aide à promouvoir le véritable amour, c'est-à-dire celui qui ne se borne pas à la formule « je-t'aime-à-condition-que-tu-m'aimes ». C'est ainsi que l'on grandit spirituellement. Quand Muhammad Ali commença sa carrière de boxeur, son arrogance et son infatuation avaient déjà dépassé les frontières. Ce même Cassius Clay, qui écrivait des poèmes à sa gloire, avait pour slogan : « Je suis le plus grand. » Mais, voilà quelques années, quand on demanda au vieil homme qu'il était devenu d'improviser un poème, il énonça alors : « Moi, à l'égal de nous tous… » Penchons-nous, à présent, sur ces quelques mots. Comprenons ce qu'ils nous disent vraiment. Je dis que c'est là le vrai direct du gauche, celui qui élève au lieu de mettre K.-O. C'est cela, être le plus grand.

La volonté de porter assistance à autrui tient une part essentielle dans la pratique spirituelle. Avant son illumination, le Bouddha affirma avoir vécu cinq cents vies comme Bodhisattva, toutes consacrées à soulager la souffrance des créatures dans tous les mondes et toutes les dimensions possibles. Le vœu du Bodhisattva nous rappelle que notre recherche de la sagesse, notre volonté d'être moins égoïstes et plus aimants ne sont pas seulement dévolues à notre bien mais à celui de tous les êtres vivants. Nous nous engageons à comprendre que, pour contraints que nous soyons aux aléas de l'existence, nous avons tous le pouvoir d'y faire face. Tous, autant que nous sommes, nous aspirons au même idéal : soulager la souffrance humaine ; c'est uniquement dans la manière que se situe la différence.

Comme chercheurs spirituels, il nous incombe d'engager nos forces dans la sangha universelle qui, comme son nom l'indique, inclut tous les êtres vivants. Une telle initiative participe du mandala en ce que chaque partie de la sangha se situe au centre du tissu existentiel. Jusqu'à quel point vous vous y investirez ne regarde que vous.

Si nous observons le soleil, source d'énergie visible la plus importante en ce monde, nous sentons que ses rayons s'étendent jusqu'à toucher tout ce qui existe, de quelque nature que ce soit. De la même manière, le cœur aimant rayonnera sur tout ce qui vit, en sorte que nous puissions partager les dons précieux qui nous ont été transmis.

Il serait vain de vouloir dresser la liste des bienfaits que nous pourrions prodiguer ; elle n'a pour limite que notre imagination. Les façons de se rendre utile sont innombrables. Certaines personnes m'affirment vouloir se porter volontaires pour une cause, sans savoir par où commencer. Les œuvres caritatives inscrites dans leur annuaire téléphonique pourront les renseigner mieux que je ne saurais le faire.

Travail intérieur : thérapie et dharma

Si nous voulons vraiment vivre pleinement notre vie, les anciens enseignements bouddhistes et la psychologie moderne nous commandent pareillement de retrouver notre capacité à ressentir. Occulter nos émotions ne fera que nous aliéner de notre vérité propre. En vérité, il ne peut y avoir plénitude sans assimilation de sentiments.

DR MARK EPSTEIN

À la base des enseignements bouddhistes demeure l'hypothèse selon laquelle l'on peut comprendre l'ensemble de l'univers si l'on sait qui l'on est vraiment. À ce détail près que cette dernière condition n'est pas facile à satisfaire, quand on sait les difficultés que l'on peut avoir à comprendre ses sentiments et ses véritables objectifs. Mais dans la mesure où l'on aspire vraiment à la connaissance de soi et celle du monde en général, aucune méthode ne doit nous rebuter pour arriver à nos fins, qu'elle soit moderne ou ancienne.

Je suis convaincu que sommeille en nous un besoin atavique de spiritualité, un « gène divin » qui nous pousse à rechercher en nous-mêmes toujours plus de sagesse, d'amour, de compréhension et de bonheur. Je pense aussi ne pas me fourvoyer en disant qu'il n'existe qu'un moyen, une seule méthode, une seule réponse, commune à chacun d'entre nous, à ces innombrables dilemmes, contradictions et crises propres à notre ère. À nos préoccupations communes et spécifiques il faut des réponses plus holistiques, mieux intégrées à leur contexte. De nombreux chercheurs ont découvert que le fait d'associer une thérapie à la méditation leur permet d'aborder leurs problèmes de manière plus holistique que toute autre pratique.

Le dharma du Bouddha et la psychothérapie ont de nombreux points communs. Le propos essentiel du dharma consiste à soulager la souffrance par la sagesse et la conscience attentive, lesquelles, en retour, nous libèrent de nos attachements et de nos fixations, en nous éveillant à la réalité. C'est cela, l'illumination. Le but avoué de la thérapie est de nous affranchir de nos conflits, de relâcher nos neurones, et de nous inculquer amour et acceptation de soi. En cela réside la santé mentale.

Étymologiquement, le substantif « dharma » inclut les notions de vérité, d'enseignements, de conseils avisés, de loi universelle, de doctrine spirituelle. Par extension, le mot induit aussi une idée de guérison. Je crois pertinent de dire que le dharma et la psychothérapie ont des pouvoirs guérisseurs dans le sens le plus large et le plus profond. Ils ont également ceci en commun que tout deux requièrent un travail « en profondeur », une quête et une observation de soi franches et sincères. Dans des conditions idéales, ces deux pratiques se complètent et procurent au chercheur équilibre, sérénité et accomplissement de soi.

Du fait que je suis un lama, les gens viennent quotidiennement m'exposer leurs problèmes, problèmes que je considère souvent comme relevant davantage d'un psychothérapeute ou d'un conseiller que de ma modeste personne. À quarante ans, j'eus moi-même recours à un thérapeute afin d'explorer quelques soucis d'ordre émotionnel dont je n'étais pas entièrement parvenu à me libérer par la méditation. Je suis, du reste, convaincu d'avoir beaucoup gagné en perception, en assurance et en autonomie grâce à cette thérapie. Toutefois, cela n'enlève rien aux mérites de la méditation pour autant. Je vois dans la psychothérapie et le dharma deux éléments complémentaires se soutenant mutuellement. D'ailleurs, le bouddhisme a toujours été perçu comme relevant autant de la philosophie et de la psychologie que de la religion, puisqu'un tiers de la tradition bouddhiste, l'Abhidharma, rassemble les enseignements particuliers à la psychologie bouddhiste. Cet Abhidharma fait lui-même partie du Tripitika, qui, lui, est le rassemblement de l'enseignement normatif du bouddhisme. Il expose l'analyse détaillée des différents états d'esprit et des émotions qui les accompagnent, mais aussi de la nature de l'esprit et de la réalité, de la dimension et de la dynamique de la conscience.

Le bouddhisme d'aujourd'hui est plus que jamais tourné vers la psychologie et l'introspection. Nous nous avisons que méditer, c'est bien plus que surveiller son nombril et sa respiration, que de répéter un mantra ou de trouver la paix de l'esprit. Il inclut à présent des exercices analytiques et des recherches en profondeur sur la nature véritable de notre esprit et de notre identité. Sa pratique peut véhiculer une profusion de symboles et de visualisations qui ouvriront notre subconscient à une observation approfondie. Malgré cela, le chercheur devra parfois faire appel à la sagesse et l'observation objective d'un thérapeute d'expérience pour se frayer un chemin dans le labyrinthe de ses questions et de ses aspirations, pour enfin « voir » ce qui doit être vu. Un tel procédé lui permettra de s'affranchir de son passé et de s'ouvrir parfaitement à l'instant présent.

Quelques éminences conservatrices désavoueront une telle démarche. J'ai connu quelques hiérarques bouddhistes des plus éclairés qui, dans leur volonté d'instruire leurs disciples occidentaux, déclarèrent, et je cite :

« N'entreprenez aucune thérapie. Autant s'adresser aux arbres ou aux cailloux ! » ou encore : « La thérapie ? Ce n'est que du "samsara", du "business" à l'échelle de la planète ! Vous seriez bien plus avisé en méditant. En outre, faire des dons aux monastères et aux centres de méditation favorisera une meilleure renaissance dans votre prochaine vie. »

Ce propos me rappelle en quelque sorte certaines recommandations, selon lesquelles, dans la maladie, il ne faut se garder de faire appel à un médecin, mais se fier davantage aux pouvoirs guérisseurs de la prière. Je crois qu'il importe de ne pas faire preuve de naïveté en matière de spiritualité, surtout quand on sait que, pour la plupart d'entre nous, l'apaisement de la souffrance et de la confusion d'esprit reste la principale préoccupation. Si un procédé se révèle efficace, nous pouvons l'utiliser. Le Bouddha lui-même, en conseillant ses disciples sur la façon de juger de leur vie quotidienne, disait qu'en toute chose le seul critère de jugement était les bienfaits qu'on en retirait. Il disait aussi que nous devions nous fier à notre propre expérience.

Que nul d'entre nous n'oublie ici que le bouddhisme est au cœur de l'enseignement du « ici et maintenant ». Je pense, quant à moi, que judicieusement utilisée la psychologie dispense des enseignements qui, proches du dharma, permettent d'avoir une meilleure perception de la vie. Le dharma du Bouddha recèle de nombreux enseignements à l'adresse des tendances autodestructrices propres à tout individu, sans que certains adeptes parviennent cependant à s'en affranchir. Dès lors, ils doivent recourir à des traitements thérapeutiques appropriés. Grâce aux conseils d'un psychothérapeute avisé, ces personnes pourront sonder leur psychisme, avoir une meilleure connaissance de leur personnalité et apprendre à s'accepter.

Je dois également ajouter que je suis éminemment conscient que, pour certaines gens, psychologie et spiritualité sont tenues pour billevesées. D'un côté, certains maîtres spirituels mal informés soutiendront que la psychologie et la psychanalyse ne sont que jeux de l'esprit et qu'elles ne sauraient toucher les profondeurs de notre âme, de l'autre, certains psychologues et psychanalystes allégueront que les chercheurs font appel à la pratique spirituelle aux seules fins d'occulter leurs véritables problèmes. Quelques personnes parmi les plus dévotement religieuses déclarent aussi que la psychologie ne saurait concerner que le monde dans lequel nous vivons, quand la spiritualité nous projette très au-delà. Je crois que toutes ces affirmations nous donnent de la situation une vision restreinte car, idéalement, ceux d'entre nous qui voudront atteindre une meilleure compréhension d'eux-mêmes devraient pouvoir associer les deux méthodes, en reconnaître les forces et les faiblesses, les assimiler à une compréhension plus évoluée de la science et de la religion.

L'essentiel du conflit perceptible entre la spiritualité et la psychothérapie tourne autour de l'incompréhension du rôle de l'ego dans notre existence. Par les Occidentaux nouvellement gagnés au bouddhisme il est erronément perçu comme devant être annihilé, ainsi que le sens du moi, grâce à la pratique du dharma. D'autre part, le but avoué de la psychothérapie est justement de renforcer l'estime de soi et de porter l'ego à son meilleur. En vérité, pour progresser dans la pratique spirituelle, il convient de posséder un sens approprié du moi. En général, la méditation est inefficace pour les personnes qui n'ont pas la maturité requise pour posséder un ego solidement établi. Elle peut même se révéler néfaste pour qui sera maniaco-dépressif ou extrêmement anxieux.

Le psychologue et professeur de méditation Jack Engler de l'école de médecine de Harvard est peut-être celui qui statue le mieux sur le problème. Il écrit dans son essai bien connu *Becoming Somebody and Nobody; Psychoanalysis and Bouddhism*[1] :

1. « Devenir quelqu'un et personne ; psychanalyse et bouddhisme. » *(N.d.T.)*

« Il nous faut devenir quelqu'un avant de pouvoir être personne [...] Tenter de contourner le processus de formation et de développement de l'identité et s'y opposer par des tentatives spirituelles destinées à "annihiler l'ego" a des conséquences pathologiques fatales [...] L'élément nécessaire et manquant à ces points de vue, autant cliniques que spirituels, est une psychologie de développement intégrant tout son spectre [...] Un sens à la fois du moi et du non-moi – dans cet ordre-là – me semble essentiel pour atteindre ce stade optimal de bien-être psychologique que Freud décrivit comme un "idéal de fiction" et, longtemps avant lui, le Bouddha comme "le terme de la souffrance et l'unique objet d'enseignement". »

En bref, chacun d'entre nous se doit d'acquérir un certain sentiment de maturité (le moi), s'il veut tirer les bénéfices de la pratique spirituelle. Les maîtres spirituels éclairés conviendront de ce qu'il est toujours possible pour leurs élèves d'occulter leurs problèmes émotionnels par la pratique spirituelle. Aussi n'est-il pas rare de voir des personnes introverties user de leur temps de méditation comme moyen de normalisation de leur introversion. Il est également fréquent de voir des individus reclus le devenir davantage sous couleur de méditation, des marginaux se détourner du monde au nom du renoncement, des excités du pouvoir devenir des tyrans sous prétexte de conscience professionnelle, un esprit étroit et dogmatique le devenir davantage au nom de la tradition pure, et les ambitieux user de leur ascendant au sein même d'un groupe spirituel. Il est dans la nature de l'ego de s'approprier n'importe quoi, y compris la pratique spirituelle. Dès lors, les matérialistes intégreront leur cupidité au dharma et deviendront ainsi des matérialistes spirituels, agressifs, assoiffés de biens, pleins de morgue et ainsi de suite.

Nos maîtres spirituels nous rappellent sans cesse de ne pas perdre de vue ce que nous appelons le bon sens ni de dédaigner la portée de nos actes. En toute chose existe un maître mot qui se nomme équilibre et que l'on n'atteint qu'au prix d'une vigilance et d'une probité de chaque instant. L'intégrité en est le résultat. Un psychothérapeute avisé nous aidera à rester honnêtes envers nous-mêmes et les gestes que nous posons, cependant que la pratique spirituelle nous fera mieux appréhender la réalité, et non l'éviter, afin de nous conduire vers une vie plus équilibrée. Une éducation intègre et de bons principes accompagnés d'exercices appropriés favoriseront le développement de notre caractère et de notre potentiel véritable.

Thérapie et cœur aimant

Une thérapie peut également contribuer à une guérison, tout comme la pratique spirituelle a pour propos initial de nous rendre aptes à vivre et à aimer le cœur ouvert. Mais, dans la réalité, nombreux sont ceux parmi nous que les tracas de la vie ont conduits à se refermer sur eux-mêmes. L'existence n'est pas toujours facile; l'amour et le soutien que nous attendons ne nous sont pas forcément acquis et nous n'accédons pas toujours à une sécurité matérielle, physique et émotionnelle à la mesure de nos désirs. Il n'est pas facile d'éprouver de l'amour pour autrui quand notre cœur est rempli de colère, de tristesse ou d'anxiété. En restant repliés sur nous-mêmes et sur nos préoccupations, nous érigeons un mur qui nous isole du sentiment d'amour et de bonté que nous portons en notre cœur. Si conscients que nous soyons de sa présence, l'accès n'en sera pas plus aisé. Ainsi, certains adeptes me demandent comment réagir face à leur propre colère, comment percer la cuirasse de leur cœur, comment désamorcer la violence qui sommeille en eux et autour d'eux.

L'exercice de la méditation éveille souvent chez ses adeptes une gamme d'émotions afférentes à leur passé;

certaines sont troublantes, d'autres libératrices. En de telles occurrences, le soutien d'un maître sera précieux. Une sangha ou même un ami de la spiritualité connaissant le problème pourra aussi apporter un concours appréciable. Il en ira de même pour le psychothérapeute qui sera probablement apte à consacrer au chercheur le temps nécessaire pour l'aider à affronter, explorer et comprendre ses sentiments.

Un maître zen déclara une fois que la pratique se faisait avec « des yeux de glace et un cœur de braise ». Il voulait dire par là qu'il convient d'avoir tout à la fois l'esprit clair et l'âme compatissante. Chacun de nous aspire à la maturité émotionnelle, spirituelle et psychologique. C'est ce que nous devons nous efforcer de développer.

Personnellement, je ne déteste pas suggérer une thérapie aux chercheurs soucieux d'aborder l'existence sous un jour pragmatique, car le risque est grand qu'à force de dévotion l'on perde contact avec les réalités de ce monde. Notre recherche de clairvoyance sera mieux servie si nous sommes capables d'intégrer l'éventail de nos expériences à notre vie plutôt que d'en avoir une vision rétrécie. C'est la raison pour laquelle je répète instamment que l'homme ne peut vivre du seul dharma. Croyez-en ma parole, j'ai essayé !

Le choix de l'option thérapeutique

La grande question qui se pose souvent au chercheur consiste à définir le style de thérapie qui complétera la pratique spirituelle. Il va sans dire qu'il est contre-productif de tenter un travail intérieur auprès de qui ne comprendra pas vos aspirations, tant personnelles que spirituelles. Je connus par le passé de nombreuses personnes auxquelles leur psychothérapeute conseillait de renoncer à la prière ou à la méditation. Fort heureusement, les choses ont changé et il en est aujourd'hui que la spiritualité intéresse à titre personnel. Il s'agit en fait d'une école de pensée, appelée psychologie « transpersonnelle », dont la vocation est, à l'instar de l'école jungienne, d'associer la spiritualité à la psychologie.

Une psychothérapeutique adéquatement prescrite accompagnée d'un traitement médical est un champ pouvant être exploré. Des gens aux modes de vie divers font appel à de nouveaux traitements aux fins de trouver équilibre et sérénité sous la surveillance de généralistes, de psychiatres et de psychothérapeutes. De source sûre, l'expérience personnelle comme le sentiment général indiquent que chacun d'entre nous est soumis à des forces inconscientes et karmiques qui entravent son développement. Mais, dans bien des cas, la science nouvelle, les thérapies et les traitements traditionnels peuvent efficacement contribuer à la transformation et au sentiment de plénitude auquel nous aspirons.

Thérapeutes, conseillers et assistants sociaux sont les plus habilités à solliciter une consultation auprès d'une personne de confiance. Si vous êtes membre d'une sangha ou d'une quelconque congrégation, si vous connaissez un médecin ou s'il existe une clinique à proximité de votre domicile, il est probable qu'on saura vous faire quelques recommandations sur la thérapie la plus appropriée. Certains conseillers ou thérapeutes ne vous conviendront pas forcément, aussi n'hésitez pas à consulter jusqu'à ce que vous trouviez le programme le mieux adapté à votre situation.

Des problèmes financiers peuvent rendre nombre de thérapies inaccessibles à certains. Il existe cependant des variantes peu onéreuses ; ne craignez pas de vous renseigner. Des spécialistes se feront même un plaisir de vous adresser à un confrère mieux adapté à vos ressources financières, d'autres ne s'opposeront pas à des facilités de paiement. Une autre façon peu coûteuse de tirer les bénéfices d'une thérapie est la thérapie de groupe. Les hommes et les femmes que vous y rencontrerez vous seront peut-être d'un grand secours. Néanmoins, trouver aide et soutien relèvera toujours de votre initiative. Si vos moyens financiers ne vous permettent vraiment pas de suivre une thérapie, vous pourrez toujours trouver un soutien en recourant à des organismes aux programmes prédéterminés, comme les Alcooliques Anonymes, les personnes victimes de violences sexuelles, les joueurs compulsifs, etc. Les programmes de ce type sont nombreux, parfois ils ont lieu dans des édifices religieux. Ne craignez pas de téléphoner et de consulter vos journaux locaux. Je considère pour ma part que de tels programmes, tous basés sur la laïcité et la spiritualité, sont indispensables à notre dharma social. Ils ont fait merveille sur un nombre considérable de gens. De tels programmes existent partout. Alors, comme dit l'adage : « Aide-toi, le ciel t'aidera »... à moins que ce ne soit Bouddha. Cependant, la première étape consistera toujours en la prise de conscience de l'existence de notre mal.

Nulle métamorphose intérieure n'échoit à qui ne l'a pas requise.

MAURICE MAETERLINCK

Le yoga

Le yoga, c'est ce qui repose l'esprit.

PATANJALI

Yoga signifie union ou réunion de ce qui constitue la source d'énergie suprême. C'est le moyen de joindre le matériel au spirituel, le visible à l'invisible. Cependant, il n'en demeure pas moins un exercice destiné à transcender notre attachement à l'ego, à nous connecter à la pure énergie spirituelle qui nous est donnée à la naissance.

Exercice ou précepte, le yoga est plusieurs fois millénaire. Durant sa vie, le Bouddha fut tenu pour un yogi, tout comme les disciples et les ascètes qui le suivirent sur les chemins de la spiritualité. Au vrai et au sens large du terme, toute personne aspirant à toucher au divin peut légitimement être appelée yogi. Yogi signifie pratiquant spirituel, l'accent devant être mis sur la pratique et non sur la théorie ou la croyance.

Le traité du yoga classique originel, connu sous le nom de yoga Sutra, est attribué au sage Patanjali qui vivait dans le nord de l'Inde il y a de cela plus de deux mille ans. Patanjali établit huit principes distincts, chacun d'eux étant une pratique yogi fondée à soutenir le chercheur dans sa quête du divin et qui sont : l'intégrité du comportement, la discipline, la posture du corps, le contrôle de la respiration, l'abstraction des sens, la concentration, la méditation et l'absorption extatique.

Ici, en Occident, le vocable « yoga » semble être devenu synonyme de « hatha-yoga », entraînement physique destiné à purifier, nettoyer et stabiliser le corps humain. Pourtant, sa définition propre englobe différents cheminements et pratiques, tous dirigés vers une (ré)union avec le divin. Quand, par exemple, nous nous exerçons à (cheminer vers) de bonnes actions dans un esprit de compassion, cela est appelé le « karma-yoga » ou union par l'acte désintéressé ; et si nous nous concentrons sur la réalité, la recherche de la vérité et l'épanouissement de notre intellect, nous suivons le chemin de la sapience connu sous le nom de « jnana-yoga ». Le cheminement dévolu à l'amour mystique s'appelle « bhakti-yoga », et enfin, lorsque nous récitons des prières, psalmodions des mantras ou disons des incantations, nous nous adonnons au « mantra yoga », chemin du son consacré ou « pratique japa ».

Le yoga a toujours mis en exergue l'interrelation entre le corps, l'âme et l'esprit. À présent que cette connaissance est acquise à nombre d'Occidentaux, le hatha-yoga croît en une popularité bien méritée. Je m'entretenais récemment avec un couple de quinquagénaires qui, sur un coup de tête, avait, un an auparavant, décidé de suivre des cours de yoga. Aucun d'eux ne s'était jusqu'alors adonné à un tel exercice, pourtant, l'un et l'autre se disent aujourd'hui également enthousiastes. Les trois ou quatre séances qu'ils suivent hebdomadairement leur dispensent des bienfaits que seul le yoga pouvait leur apporter. Vieux comme jeune, tout un chacun à travers le monde chantera les mérites du hatha-yoga. C'est amusant, reposant, excellent pour la santé et, naturellement, spirituel. Le yoga peut s'apprendre dans un ashram, un club de santé, lors d'une retraite. Des revues, des livres, des cassettes vidéo et des sites Internet leur sont spécifiquement consacrés et vous permettront de parfaire vos connaissances sur le sujet.

Dans le hatha-yoga, le contrôle de la respiration, nombre de positions du corps (asanas) sont des moyens d'équilibrer les sept chakras, centres d'énergie du corps humain, cela afin d'en éveiller la source d'énergie centrale, le « kundalinî ».

L'énergie en sommeil du kundalini est réputée dormante comme premier chakra du corps, tel le ressort en spirale ou le serpent prêt à bondir. Outre l'éveiller, la pratique du yoga canalise cette énergie à travers les six chakras, jusqu'à ce qu'elle atteigne son point culminant, le septième chakra, couronne située au sommet du crâne.

Le premier chakra, là où repose le kundalinî, se trouve à l'extrême base de la colonne vertébrale, en ce point du corps nommé le périnée. Il est représenté par un lotus à quatre pétales. Ce vortex énergétique constitue le fondement de notre instinct de survie, de notre combativité réactive, mais aussi de notre peur et de notre agressivité.

Logé dans les parties génitales, le second chakra est illustré par le lotus à six pétales. Il est le siège de l'énergie sexuelle, des forces reproductrices et toute autre forme de satisfactions sensorielles et de jeux amoureux.

À dix pétales convolutés, le troisième chakra est situé en dessous et sur le côté du nombril. Il constitue la force et le centre de l'ego d'où provient l'instinct de domination.

Le quatrième chakra est celui du cœur, parfois nommé le lotus du cœur, centre de compassion et d'amour. Il est généralement vu comme un lotus bleu à huit pétales.

Notre créativité, notre besoin d'idéal et de vision éclairée éclosent de ce centre transcendantal qu'est le cinquième chakra, situé dans la gorge et comportant six pétales.

Le « troisième œil », ainsi appelle-t-on parfois le sixième chakra. Il est logé sur le front dans l'axe et à environ deux centimètres au-dessus de la ligne des sourcils. Ce centre d'énergie et de sagesse est représenté par un lotus à deux pétales. Le troisième œil concrétise la vision unitaire, synthèse des perceptions contradictoires de notre œil droit et de notre œil gauche.

Le septième chakra est le centre énergétique suprême. On le trouve au sommet de la boîte crânienne. Il est souvent figuré par des milliers de pétales essaimés sur le dessus du crâne. C'est le centre de l'union cosmique ou fulgurante illumination. Lors de l'éveil, ce chakra éclôt et se répand en une gerbe d'étoiles. Je le perçois comme le jet d'une fontaine ruisselant sur notre tête.

L'image yogi est celle de l'énergie du serpent Kundalini se dressant et qui, palpitant, se glisse dans nos canaux d'énergie. Il amène l'éclosion du septième chakra, avant de se fondre dans le disciple, en lui conférant un sentiment de vie, de lumière, d'accomplissement et de pure bonté. Cette énergie nouvelle est ensuite renvoyée au corps afin d'être indéfiniment réutilisée. Connectés à cette source cosmique, nous sentirons courir en nous des flots de bienfaits, d'énergie, de félicité et de radieuse sagesse.

Je participai à mon premier cours de yoga à Buffalo, alors que j'étais encore lycéen. Cela ne se fit pas sans quelque réserve car, avec le tempérament sportif qui était le mien, le principe du yoga ne me semblait pas très « américain ». Je me rassurai cependant un peu en me disant que si le yoga n'était pas du base-ball, ce n'était pas non plus de la danse classique, discipline que nous avions au demeurant pratiquée quelques années plus tôt sans que cela portât le moins du monde atteinte à notre virilité. Finalement, le yoga se révéla stimulant, reposant, intéressant en un sens que je n'aurais su expliquer. Quelques séances suffirent pour que je me rendisse compte que le yoga avait sur moi des effets autrement salutaires que les poids et haltères. Le seul exercice auquel j'eusse été tenté de le comparer en raison de ses qualités délassantes, c'est la natation. Comme je m'employais à m'accoutumer aux positions et au rythme respiratoire imposés par le yoga, je me découvris, hors de toute considération religieuse, des facultés de concentration que je ne me connaissais pas, une inclination de plus en plus forte vers la spiritualité, un sens plus aigu du sacré. Je vivais une expérience extraordinaire.

Ce sentiment nouveau m'encouragea à me renseigner sur les régimes diététiques préconisés par le yoga et à en faire l'essai. Je découvris d'abord tout le bien qu'il existe à absorber des aliments facilement digestes comme les fruits, les légumes, les noix, le tofu et les yogourts. Je devins plus vigilant envers la caféine et les sucres, tous ces produits que je croyais revigorants, mais qui me faisaient prendre du poids à mon insu. Quant à se demander si le yoga me faisait davantage apprécier l'instant présent, la question ne se pose même pas. J'en vins à en priser la pratique à un point tel que je m'y adonnais de mon propre chef, dans les cours ensoleillées, sur la plage, avec mes bonnes amies du moment, etc., jusqu'au jour où le yoga devint partie intégrante de mon existence. Quelques minutes suffisaient et, le temps de prendre une ou deux inspirations, de faire quelques exercices de concentration, j'entrais de plain-pied dans une dimension sacrée à laquelle j'accédais de plus en plus librement.

Quand, ma terminale achevée, je me rendis en Inde, j'y vis des yogis partout. Je séjournai dans un ashram, à Rishi Kish, au bord du Gange, pour y apprendre les principes aujourd'hui enseignés à l'Institut de Yoga intégral par Swami Satchidananda. Puis, je migrai vers un autre ashram, près de Bénarès, afin de participer à une retraite de yoga. Quand je songe aux jours heureux de ma jeunesse, les premiers souvenirs qui me reviennent en mémoire, ce sont les cours de yoga que m'enseignait mon maître, aux petites heures du matin, sur les rives du Gange.

Vue de l'extérieur, une classe de yoga n'aura l'air que d'un petit groupe d'individus s'étirant afin de rester en forme, et il est vrai que cette discipline peut honorablement servir un tel propos. Toutefois, elle est intrinsèquement fondée à beaucoup plus que cela. La posture du corps, la respiration et la visualisation œuvrent de concert afin d'équilibrer et d'harmoniser notre énergie, avant de la conduire jusqu'à son canal primordial. Le yoga redresse le squelette et la musculature. Il stimule les organes, améliore notre santé et accroît notre sentiment de bien-être. Il adoucit nos arêtes vives, amplifie notre respiration, défait les nœuds qui obstruent les canaux de notre psychisme et de notre énergie cachés dans les subtils entrelacs qui innervent le corps et l'esprit. Le yoga nous rend de fer.

Ceux qui s'intéressent à la méditation pourront suivre des leçons de yoga, excellent prélude à la méditation. La plupart des cours s'achèvent par une position appelée « position du cadavre ». Il y est prescrit de s'allonger sur le dos, d'abord tendu, puis dans un relâchement total, afin de ne faire qu'un avec la terre. Après cela, l'heure est propice à la méditation. En fait, le yoga n'est que méditation du commencement à la fin, tout comme la méditation demeure la principale forme de yoga.

En Inde, les adeptes consacrent des années à la pratique de différentes formes de yoga aux fins de purification et de libération de l'âme, du corps et de l'esprit. Ils s'y exercent au moyen de la visualisation, du jeûne, d'exercices corporels, d'incantations, de prières, de séances de méditation ainsi que d'autres pratiques purificatrices. D'ailleurs, nombreuses sont celles qui se réclament du yoga. Du yoga il est dit qu'il accroît la longévité, la vitalité, la sexualité, la mémoire, l'activité cérébrale et la santé. Tout cela est pour partie vérifiable, puisque des instituts médicaux réputés ont constaté chez certains adeptes du yoga la capacité de baisser la température de leur corps et de ralentir leur métabolisme ainsi que les battements de leur cœur. Si de tels phénomènes peuvent influer sur certaines facultés cérébrales, ils ont aussi le pouvoir de contribuer à la guérison.

De nombreux autres phénomènes supra-normaux ont été observés chez les yogis extraordinairement bien entraînés d'Asie, et que l'on appelle des fakirs. On dit que certains d'entre eux parviennent à se mettre en état de lévitation ou attestent d'un véritable don d'ubiquité en apparaissant en deux ou trois endroits à la fois. Certains marchent sur des braises incandescentes pendant que d'autres dorment sur des planches hérissées de clous. D'autres encore peuvent méditer des semaines durant sans eau ni nourriture. De cela je fus une fois témoin. Une des légendes les plus répandues au Tibet parle de yogis des temps anciens, capables d'atteindre de telles vitesses à la course qu'on aurait cru les voir voler, tant ils s'élevaient au-dessus du sol. Alexandra David-Neel, exploratrice française qui, au tournant du siècle, parcourut le Tibet en tous sens, affirme avoir été personnellement témoin d'une telle performance. Au Tibet, cela s'appelle « Lung Gom » (méditation souffle-énergie) ou « pied véloce ».

Il existe, naturellement, de nombreux exemples de yogis qui firent montre d'une intégrité d'esprit contestable en voulant impressionner les plus impressionnables, éveillant ainsi le doute, fût-il parfois injustifié. Encore aujourd'hui, nous avons Saï Baba, qui figura dans un film, faisant surgir des objets dans les airs ou versant des cendres sacrées d'une jarre apparemment vide. Certains y croient; d'autres pensent qu'il s'agit davantage de prestidigitation que de yoga. Allez donc savoir…

Un chercheur sera fréquemment prévenu des méfaits du yoga pratiqué à l'extrême, celui-là même à qui certains fakirs hindous doivent leur célébrité. On m'a relaté un jour une histoire à propos d'un yogi capable de ralentir son métabolisme et ses pulsations cardiaques à un point tel qu'on le croyait mort. « Continue ainsi, lui dit un lama qui passait par là, et ton métabolisme sera si lent que tu pourras renaître sous la forme d'un grand serpent endormi sous la terre. » La morale de cette histoire veut nous inciter à ne pas confondre la manière et le propos.

La plus juste façon de pratiquer le yoga consiste, quoi qu'il en soit, à garder en mémoire sa finalité spirituelle à son plus haut degré. Je tiens pour acquis qu'il est possible que certains adeptes fassent usage de ces pratiques pour accomplir de hauts faits. Cependant, dénués de spiritualité, ces exercices perdent tout leur sens. Atteindre une profondeur spirituelle et non nous livrer publiquement à des pitreries, tel est le but que nous nous sommes fixé, tel est le vrai miracle de l'illumination. Les pouvoirs psychiques ne servent qu'à épater la galerie. Participons plutôt au vrai spectacle.

L'état suprême du yoga
est vécu
dans l'esprit qui a renoncé
à s'identifier à lui-même
et à ses perceptions fluctuantes.
Lorsque cela survient, le prophète se révèle,
Reposant au cœur de sa nature essentielle
et le vrai moi à son tour apparaît.

EXTRAIT DU *YOGA SUTRA* DE PATANJALI

Le yoga de la révérence

Le Bouddha connut le grand éveil alors qu'il méditait sous l'arbre bodhi à Bodh-Gayā. À cet instant, alors qu'aux cieux montait l'étoile du matin, le monde de la nature dans sa totalité fit la révérence à Bouddha. Conformément aux sutras, la terre en trembla. Les arbres, les fleurs et même la haute herbe à éléphant s'inclinèrent respectueusement. Légère comme une bruine de printemps, la pluie se mit à tomber d'un ciel dépourvu de nuages, cependant qu'une brise chargée de fragrances caressait la radieuse physionomie du Bouddha. L'herbe proche fut soudainement jonchée de fleurs et de fruits mûrs, alors que, du haut des cieux, les anges déversaient leurs bienfaits en nuées de pétales. Les doigts du Bouddha se refermèrent en un mudra et, pour le prendre à témoin, il le caressa de sa main droite. C'était le matin, le Bouddha se leva, pleinement éveillé, illuminé.

La révérence reflète l'essence de la simplicité. Elle est accessible à tous, et nombreux sont ceux qui la pratiquent encore. Dans les vieux pays d'Asie, la révérence est la façon traditionnelle de ponctuer arrivées et départs. Plutôt que de se serrer la main, de se donner l'accolade ou des baisers sur les joues, les Orientaux s'adressent une révérence, et se touchent dans un geste simple et beau de déférence et de respect.

« Je révère la lumière qui est en vous. » Au Tibet, l'on s'incline et l'on dit : « Tashidelaï », ce qui exprime des vœux de chance et de bons auspices pour la personne à qui on s'adresse. En Chine et au Japon, la révérence est aussi très fréquente. Entre les années soixante-dix et quatre-vingt, je vécus à Kyoto et la fréquence avec laquelle les gens s'adressaient des révérences ne laissait pas de m'étonner. Aujourd'hui encore, en dépit des attaché-cases, des ordinateurs portables et des caméras vidéo sur fond de costumes à l'occidentale, les Orientaux continuent de se faire des courbettes. Pour ma part, je trouve cela d'une exquise urbanité, surtout quand on voit deux personnes échangeant maintes révérences, chacune s'efforçant que la sienne soit un peu plus profonde que celle de son interlocuteur.

Qu'il entre dans un endroit sacré tel qu'une salle de méditation, un temple, un sanctuaire ou un jardin zen, le bouddhiste fera sa révérence. Cela se compare à la génuflexion que le catholique exécutera en s'approchant de l'autel ou, pour un juif, au fait de se couvrir et de se prosterner en entrant dans une synagogue.

Dans certains pays comme la Birmanie, la Thaïlande et le Tibet, la révérence est devenue une importante pratique spirituelle. Non contents de s'incliner, ses adeptes se mettent à genoux, puis se prosternent en se couchant face contre terre. Mais, généralement, le bouddhiste porte ses mains jointes aux chakras du front, de la gorge et du cœur. Ce geste symbolise le refuge qu'il trouvera dans les trois joyaux que sont le Bouddha, le dharma et la sangha, à travers l'expression du corps et de l'esprit. La révérence à genoux consistera à lever les mains, paumes en avant à la hauteur du visage, et de se prosterner jusqu'à ce que le corps entier, y compris le cœur et le front, entrent en contact avec le sol. Les bras et les mains sont à présent dans le prolongement du corps et reposent également sur le sol. Cependant, il se peut que les paumes soient tournées vers le haut en signe d'acceptation. Il s'agira alors d'une attitude réceptive à une bénédiction, mais également un signe de soumission et de respect. Les mains, les genoux et la tête touchant le sol symbolisent les cinq éléments[1]. C'est un autre exemple de principe de plénitude du mandala : le microcosme, symbolisé par le corps, retournant au macrocosme, symbolisé par la terre. Le fini rejoignant l'infini dont il n'a jamais été véritablement séparé.

Des prosternations telles que celles-là tiennent une place importante dans la pratique fondamentale du bouddhisme tibétain. Durant sa période d'initiation qui durera quelques mois, le nouvel adepte devra effectuer pas moins de cent onze mille prosternations totales en même temps que des prières dans lesquelles il se réfugiera en guise de pratique préliminaire. L'exercice de la révérence et du repli dans la prière le suivra sa vie durant.

Au Tibet, nous effectuons de fréquentes révérences mains jointes, en cassant légèrement le tronc. Par trois fois, lorsque nous entrons dans un sanctuaire ou en présence d'un maître. Ces petites révérences sont également faites quotidiennement aux parents, aux amis et chaque fois que nous le jugerons nécessaire. Dans les temples zen, l'on s'incline en entrant et en sortant. J'ai pris l'habitude de le faire chaque fois que je pénètre dans un lieu sacré, y compris ma chambre de méditation. Quand je vais au centre bouddhiste de Cambridge pour ma séance de méditation de groupe hebdomadaire, je m'incline sitôt entré, et si je vais dans mon jardin de méditation, près de la statue de pierre de Bouddha, je m'incline aussi.

Qui n'a vu de photographie du Dalaï-lama, les mains jointes sur la poitrine, faisant une révérence aux personnes s'apprêtant à l'écouter ? Loin d'être dépourvu de signification, un tel geste est une sorte de pratique yoga

---

1. Aux quatre éléments, les bouddhistes en ajoutent un cinquième qui est l'espace. *(N.d.T.)*

chargée de sens à maints niveaux. C'est une manière d'être, une façon de s'offrir. Le bouddhisme nous commande de joindre les mains et de nous incliner devant tout être vivant, visible ou invisible. C'est un moyen de manifester notre intention de chérir et de respecter la vie sous toutes ses formes. C'est un principe spirituel essentiel.

J'ai un ami, lama tibétain, qui, enfant, fut atteint de la poliomyélite. Ne pouvant s'agenouiller, il joint simplement ses mains sur la poitrine et fait mentalement une révérence. Il m'assure qu'il est possible de pratiquer mentalement le yoga tibétain en recourant à la visualisation et aux techniques de respiration et de flux d'énergies, attendu que l'esprit se trouve toujours à l'endroit où il doit vraiment être. Une telle pureté de cœur reflète le principe suprême, sous quelque angle qu'on l'observe.

De tout temps la révérence m'a plu et me plaît tout autant aujourd'hui. Dès l'instant où je séjournai en Inde et dans l'Himalaya, substituer la révérence à la poignée de main ne me troubla en rien. En revanche, j'avais en abomination l'idée de devoir me prosterner dans un temple, un sanctuaire ou même devant un maître. C'était si différent de l'éducation que j'avais reçue… « Je ne m'inclinerai devant personne », pensais-je avec morgue. Finalement, je surmontai ma répugnance et commençai à voir en la révérence la noble pratique qu'elle est en vérité.

De fait, elle m'apparaît aujourd'hui comme une élégante communion entre le corps et l'esprit, une intention sous-jacente invitant à ralentir, à céder, à se calmer, à faire abstraction de son ego. Elle fait partie de la pratique consciente et attentive. En entrant dans un lieu sacré, la révérence est une manière de lever nos barrières, de nous dépouiller de notre armure mentale et émotionnelle, et de l'excédent de bagages qui peut nous encombrer.

Tout Occidental se sentira à l'aise dans la révérence. Pour moi, c'est un peu comme retirer ses godillots boueux et chausser de confortables pantoufles en franchissant le seuil de sa maison. C'est une pratique qui nous amène à nous affranchir de la part la plus terre à terre de notre personnalité et des rôles que nous nous croyons contraints de tenir. En nous inclinant, nous baissons notre garde et nous rendons à notre nature spirituelle.

En nous rapprochant de la terre nous nous rapprochons du fondement de l'être ; nous nous inclinons humblement devant l'insondable mystère de l'univers. Ainsi que le firent les arbres de la forêt lors de l'illumination du Bouddha, nous nous inclinons avec déférence devant l'irradiante nature bouddhique, la lumière naturelle qui se trouve en tout être. Toute créature est notre maître, et la terre un autel élevé aux dieux et aux déesses que nous sommes.

Je m'incline devant cela, devant ce qui se trouve en vous.

Jeûne et simplicité

Il est une douceur dans une panse vide.
Nous sommes des luths, ni plus ni moins.
Et pour peu qu'elle soit trop pleine, de la boîte à musique aucun son ne sortira.
Mais si la panse et l'esprit nous brûlent de trop jeûner, une musique nouvelle à tout instant en jaillira.

RUMI, MAÎTRE SUFI ET POÈTE (1207-1273)

Question : Quelle est, chez vous, la porte que vous ouvrez et refermez le plus fréquemment ?

Réponse : Celle du réfrigérateur.

Le jeûne ne consiste pas seulement à s'abstenir de nourriture. Judicieusement pratiqué, il aura, entre autres vertus, celles :

• de nous faire mieux comprendre nos habitudes, nos désirs et nos attachements, la manière dont ils opèrent sur nous, mais aussi celle de nous en défaire ;

• de nous rapprocher de notre plénitude intérieure, qui est notre âme spirituelle irradiante ;

• d'accroître notre conscience, notre vigilance et notre tempérance.

L'ancienne pratique du jeûne, étroitement liée au concept de renonciation et d'abandon, nous aide à introduire davantage de simplicité dans notre vie. Les saints, hommes et femmes, ont toujours intuitivement compris que toucher à la plénitude spirituelle consiste au premier chef à faire le vide en soi. Le Bouddha s'exerça au jeûne, ainsi que de nombreux disciples de son temps. Aujourd'hui encore, certains chrétiens jeûnent pendant le Carême.

Mes amis musulmans s'abstiennent de toute nourriture le temps du Ramadan, neuvième mois du calendrier islamique. Trente jours durant, pas la moindre miette de pain, pas la plus petite goutte d'eau ne sont absorbées par les musulmans entre le lever et le coucher du soleil. Pendant cette période, ils restreignent aussi la consommation de tabac et l'assouvissement de leurs jeux amoureux. Ce n'est qu'après le coucher du soleil que le jeûne est rompu. En vertu des préceptes coraniques, les musulmans ne peuvent consommer de nourriture aussi longtemps que la lumière naturelle leur permet de distinguer un fil blanc d'un fil noir. Cette définition pragmatique du jour et de la nuit se retrouve du reste dans l'ancienne tradition bouddhiste, où il est dit que la nuit ne commence qu'à l'instant où il devient impossible de voir les lignes de la main.

Le jeûne a toujours joué un rôle essentiel dans le judaïsme. Moïse jeûna quarante jours et quarante nuits avant de redescendre du mont Sinaï nanti des tables de la Loi ; et même si le Yom Kippour est le premier jour de jeûne en Israël, le calendrier religieux en comporte d'autres et tout aussi importants. On notera celui qui précède un mariage, et que suivront indifféremment le promis et la promise ou celui prescrit après de mauvais rêves, censé éclaircir le psychisme. À l'inverse, on notera aussi qu'il convient de ne pas observer de jeûne lors de certains événements. À cet égard, les anciens écrits stipulent avec précision les jours de jeûne et de non-jeûne.

Durant mon enfance, les membres de ma famille commémoraient le jour du Grand Pardon par un jeûne intégral. Je les entends encore me répéter qu'outre nous accorder la rémission de nos péchés, cette journée de jeûne avait la vertu d'inscrire notre nom dans le divin livre de la Vie. Après toutes les disciplines auxquelles je me suis plié au fil des années, je trouve plutôt cocasse la difficulté que l'on peut concevoir à jeûner une seule journée. À peine le soleil couché, je me revois me précipitant avec mes camarades hors de la synagogue pour aller nous abreuver de jus de fruits, en attendant que la famille fût réunie autour du repas traditionnel.

Le jeûne de Jésus est évoqué dans l'épître selon saint Mathieu :

« Puis Jésus fut conduit par le Saint-Esprit dans le désert pour être tenté par le démon. Il jeûna quarante jours et quarante nuits. Et comme il avait grand-faim, le Tentateur apparut et lui dit : "Si tu es vraiment le fils de Dieu, change ces cailloux en pain." Et Jésus répondit : "Il est écrit que l'homme ne saurait se nourrir uniquement de pain". »

Cela nous dit bien la véritable vocation du jeûne qui, parallèlement, rappelle qu'il existe plus important que notre bien-être et l'apaisement de nos désirs. Un jeûne favorisera toujours une meilleure appréhension de notre spiritualité et de nos véritables préoccupations. Nous sommes souvent si arrogants, si imbus de nous-mêmes que parfois la place nous manque pour nous ouvrir à ce qui nous entoure. En privant notre corps de nourriture, nous devenons plus sensibles, en meilleur accord avec la Grande Image. Le jeûne a pour bienfaits :

- de nous imposer une discipline alimentaire qui nous fait prendre conscience de ce que nous avalons, au propre comme au figuré ;
- de nous désintoxiquer physiquement, mais aussi spirituellement et émotionnellement ;
- de nous faire retrouver notre équilibre ;
- de ralentir et de simplifier notre rythme de vie ;

• de nous donner accès à notre état naturel, non altéré par la dépendance ;

• de nous affranchir de nos attachements et de nos sujétions ;

• d'évacuer des notions qui nous sont étrangères et de nous ouvrir à la guérison ;

• d'être plus éveillés à notre luminosité intérieure ;

• de faire montre de compassion et d'empathie envers les démunis et les intoxiqués de tout poil.

Inévitablement, vous, moi traversons dans la vie des moments, petits et grands, d'engourdissement de l'âme. Trop d'expériences se révèlent douloureuses, décourageantes, ennuyeuses. Elles suscitent parfois un sentiment de vide émotionnel que nous nous empresserons de combler par des nourritures, généralement sucrées. Cela m'est déjà arrivé ; pas vous ?

D'éminents experts allégueront que les femmes se rabattront plus aisément sur les glucides, chocolat, glaces, etc., alors que pour les hommes ce seront les protides, rosbifs, beefsteaks saignants et autres sources de matière grasse. Ce n'est pas trop s'avancer que de déclarer que le « grignotage récréatif » est devenu un loisir des plus appréciés par les Occidentaux, et qu'il n'est rien de surprenant à ce que la tablette de chocolat et la boisson gazeuse soient devenues le remède au moindre de nos maux. Boisson et nourriture sont aujourd'hui un moyen de nous protéger de nos propres sentiments, et de satisfaire toute une gamme de besoins inconscients.

Chaque fois que j'entreprends un jeûne, je me rappelle le temps et l'énergie que je consacre à la préparation des repas, sans parler du temps que je perds rien qu'à y penser. En vérité, nous sommes obsédés *et* par notre alimentation *et* par la surcharge pondérale que nous devons assumer à cause de notre indolence.

Jeûner, même quelques jours, peut vivifier notre perception des choses, éveiller nos sens, et nous faire pleinement savourer la vie, et pas seulement ce que nous ingurgitons. Les apôtres du jeûne affirment souvent que leurs perceptions s'en trouvent purifiées.

Lors d'une retraite dans des vignobles du sud de la France, je décidai de faire une cure de raisin. C'était un cépage noir merveilleusement sucré. À la fin de ce régime uval, je me rappelle avoir trouvé le ciel plus lumineux, le soleil plus brillant; même l'air me semblait plus doux et plus vivifiant. À une autre occasion, je passai plusieurs jours de jeûne et de prière sur le mont Koya, dans le petit temple d'un des plus anciens cimetières tantriques du Japon, à l'endroit même où était enterré le maître zen Kobo Daïchi. Mon jeûne achevé, je descendais la colline quand je vis un champ de fleurs roses et jaunes qui, en les observant attentivement, m'apparurent comme autant de minuscules univers. Cette vue évoquait un espace à la gloire de Bouddha, rempli de mandalas aux couleurs du cosmos, chacun d'eux étroitement lié à la montagne sacrée. Aujourd'hui encore, il me suffit de fermer les yeux pour en retrouver la vision et en sentir même le parfum.

Le jeûne participe de la pratique spirituelle. Il est destiné à aider le chercheur à acquérir discipline et clairvoyance, à lui apprendre à contrôler ses excès et à garder la maîtrise de ses sens. Il nous permet de nous rendre compte qu'il est possible de ne pas nous laisser dévorer par nos obsessions et nos considérations terre à terre.

Un symbole bien connu du bouddhisme est celui du « fantôme vorace ». Ces fantômes s'illustrent par leur corps pansu, leur cou gracile et leur insatiable appétit. Leur morphologie les rend impossibles à satisfaire; rien de ce qui passe par leur gosier ne saurait remplir leur fabuleux estomac. Les fantômes voraces symbolisent la rapacité tout autant que l'infernale existence de toute personne aux appétits incontrôlables. C'est la dépendance sous toutes ses formes.

Naturellement, ce fantôme vorace existe, dans une certaine mesure, en chacun de nous. Il lui suffit d'apparaître pour prendre aussitôt possession de nous et de nos meilleures intentions. Pour comprendre qu'il n'intervient pas uniquement sur le plan de la nourriture, il suffira de penser à toutes les activités obsessionnelles qui consument notre vie. Si vous passez un nombre d'heures considérable sur le web ou à faire des réussites sur l'écran de votre ordinateur, sachez que c'est au fantôme vorace qu'en revient la faute. Si vous êtes un intoxiqué de travail, si nombre de stimuli vous semblent indispensables, c'est encore une manifestation du fantôme.

Le jeûne est une pratique courante dans les monastères tibétains. Il en est qui durent un jour et demi et que l'on commence un soir de pleine lune. Souvent, ils s'accompagnent d'une pratique destinée à purifier son karma de ces fantômes voraces et de tous ces êtres qui souffrent d'un besoin démesuré de s'alimenter. Par cette pratique, moines et moniales acquièrent la vision d'une lumière irradiante qui soit assez forte pour leur permettre de satisfaire les besoins véritables de ceux qui ont faim et soif, tout en leur consacrant leurs prières.

Issus de l'Antiquité, ces jeûnes mensuels font partie des pratiques de purificatrices les plus communes du bouddhisme himalayen. Cette tradition puise ses origines dans la grande illumination que connut une moniale hindoue, l'abbesse Palmo, réputée s'être guérie de la lèpre par un long jeûne accompagné de pratiques purificatrices en relation avec l'Avalokiteśvara, Bouddha d'amour et de compassion. Durant sa vie, cette abbesse eut la vision de ce Bouddha d'amour, nourrissant les fantômes avides jusqu'à combler leurs besoins, aux fins de les libérer de leur karma de dépendance. Poursuivant cette vision, elle entreprit des pratiques de visualisation à chaque pleine lune, cette période lunaire étant réputée être un point tournant énergétique à la fois pour le macrocosme (l'univers) et le microcosme (l'être humain). Ainsi, l'abbesse Palmo fut à l'origine d'une tradition de compassion qui se poursuit encore aujourd'hui.

Renoncer à ses besoins impérieux

Je me souviens de mes amis d'adolescence évoquant leurs bonnes résolutions à l'occasion du carême. L'un d'eux avait renoncé au chewing-gum, un autre aux glaces. Un ami de lycée renonça à voir sa petite amie pour toute la période du carême. Par de tels renoncements, ces innocents jeunes gens se joignaient à la longue procession de gens avisés qui, à travers l'Histoire, avaient renoncé à leurs attachements parce qu'ils aspiraient à une autre forme de subsistance.

Pour connaître les bienfaits spirituels du jeûne, il est moins question de cesser de s'alimenter que de s'alimenter judicieusement. Il n'est nullement besoin de cesser de faire ses courses, seulement d'éviter que placards et réfrigérateur regorgent de victuailles. Il est possible de simplifier – et cela pour notre plus grand bien – notre mode d'existence en renonçant à des boissons et à des nourritures qui nous sont préjudiciables. Certaines personnes de ma connaissance ont opté pour des régimes macrobiotiques, composés essentiellement de graines, de légumes et de tofu, mais aussi d'algues et de poisson en quantités réduites. Elles disent que leur vie s'en trouve allégée. Décidé dans l'état d'esprit approprié et sous la surveillance d'un médecin, le renoncement définitif à certaines nourritures produira sur notre organisme et sur notre spiritualité les meilleurs effets. En quelques occasions, il est même possible de guérir sans aide extérieure, par le biais de régimes diététiques variés, comme le fit l'abbesse Palmo, il y a dix-sept siècles de cela.

Il existe une histoire d'une femme demandant au Mahatma Gandhi de l'aider à convaincre son fils obèse de renoncer aux friandises. Bien que conscient de la détresse de la pauvre mère, le saint homme répliqua qu'il ne pouvait lui répondre sur-le-champ et l'invita à revenir la semaine suivante.

La semaine se passa, et quand la femme revint avec son fils, Gandhi se mit à le chapitrer avec chaleur et conviction. « Mais, Baba, intervint la femme, pourquoi n'avoir pas dit tout cela la semaine dernière ?

— Parce que la semaine dernière, je mangeais encore des friandises. Mais à présent que j'y ai renoncé, je me porte beaucoup mieux. »

Comment mettre à profit les bienfaits de la diète dans notre vie spirituelle

Entreprendre périodiquement une diète est un moyen de nous conduire à réfléchir à nos attachements matériels. Nous profiterons de ce que nous réaménageons nos habitudes alimentaires pour reconsidérer nos préoccupations premières. En procédant de la sorte, nous désintoxiquerons notre esprit autant que notre corps. Au demeurant, souvenons-nous que la diète est un exercice que l'on entreprendra avec le plus grand sérieux. *Ne renoncez pas à vous alimenter;* cela n'est ni sain ni sage. *Ne restez pas non plus trop longtemps sans boire d'eau !* Vous pourriez vous déshydrater.

Voici quelques suggestions pour entreprendre un jeûne spirituel :

1. Au préalable, il est *capital* de consulter un médecin, un nutritionniste ou un spécialiste en matière de diététique afin d'obtenir son accord.

2. À l'aide de livres ou toute autre source d'informations, renseignez-vous sur les différentes sortes de jeûnes. Parce qu'une diète est destinée à vous désintoxiquer phy-

siquement autant que mentalement, choisissez celle dont vous tirerez les meilleurs bénéfices. Les ouvrages sur le sujet sont innombrables, et il existe toutes sortes de diètes dont chacune possède un protocole qui lui est propre et qui devra être scrupuleusement suivi. Choisissez celui qui correspond le mieux à votre style de vie et à votre personnalité.

3. *N'entreprenez pas de diète en cas de troubles physiologiques sans surveillance médicale.*

4. Ne faites pas de diète plus de trois jours sans surveillance médicale, même si vous êtes en excellente santé.

5. Choisissez une diète qui vous soit bénéfique par le choix d'aliments appropriés.

La diète dans un esprit de spiritualité

Profitez de vos jours de diète pour ralentir le rythme de vos activités et garder en mémoire vos tâches prioritaires. Autant que faire se peut, soyez attentif et consacrez ces journées à la prière, à la méditation, à la lecture, au yoga et à la solitude. Découvrez la joie en la nature et ce qui vous entoure. Rédigez dans votre journal personnel vos réflexions sur votre existence. Suivie avec soin, votre diète vous apportera tempérance, conscience, discipline et sang-froid.

Quelques précautions

Sitôt que l'on cesse de s'alimenter, l'on se sent gagné d'une sorte de griserie propice aux visions et aux hallucinations. Notre capacité de jugement peut s'en trouver rapidement altérée. Voyez donc en ces diètes une retraite pour un retour à la simplicité, destinée à la prière et à la méditation. Ces journées sont peu propices aux activités et aux contacts extérieurs, surtout en sachant à quel point notre diète peut nous rendre fragiles et dépendants d'autrui. Usez-en, au contraire, comme un moyen de reprendre le contrôle de votre esprit.

Durant une diète, suivez l'exemple de Bouddha et faites preuve d'équilibre et de tempérance

Une diète raisonnable relève de la pratique spirituelle aussi longtemps qu'elle est suivie dans un esprit d'équilibre. Prolongée, elle cesse d'être spirituelle pour n'être plus qu'un moyen de satisfaire des besoins égotistes ou pour nourrir un sens de la personnalité infatué ou au contraire inverti. Cette notion s'applique évidemment en toute chose. Le jeûne spirituel ne saurait être perçu comme une pénitence, une mortification ou une dépréciation de soi. Il convient de s'y adonner avec modération, équilibre et conscience d'esprit.

Quand Bouddha entreprit son voyage spirituel, il fit montre d'un ascétisme extrême puisqu'on le vit parfois n'avaler qu'un grain de riz par jour. Son état d'inanition fut tel qu'il tituba dans la rivière et faillit être emporté par le courant. Finalement, il décida que cette rigueur extrême, quoique usuelle parmi les yogis de son temps, était néfaste pour la santé du corps. Exténué, proche de la mort, Bouddha arriva dans un village où une jeune femme le nourrit de lait sucré et de riz. Recouvrant ses forces, le jeune homme de trente-cinq ans qu'il était alors s'avisa qu'une telle austérité dans la pratique n'était autre qu'une forme de violence perpétrée sur sa propre personne. Il renonça donc à l'ascétisme extrême au profit de l'équilibre, lequel, comprit-il, représente l'élément essentiel de la vie spirituelle. De cette expérience découlèrent des enseignements jusqu'alors inconnus, prônant la non-violence, l'équilibre et l'harmonie, connus comme la « Voie du juste milieu ».

La prière ou l'expérience personnelle du divin

Je dis une prière dans ta religion, et je la dirai telle que je la sais. Nous la dirons ensemble, et ce sera un magnifique hommage que nous rendrons à Dieu.

MÈRE TERESA

De la prière, Simone Weil dit qu'elle est une attention sans partage. Saint Paul, lui, conseillait à ses disciples de faire une prière de chacune de leur respiration. « Quoi que vous demandiez dans vos prières, tenez-le pour acquis, et vous serez exaucés », telles furent aussi les paroles de Jésus à ses disciples.

Dans le temps et l'espace, la prière fut et demeure une pratique, un dénominateur commun à tous les êtres humains, à quelque religion qu'ils appartiennent. Lequel d'entre nous n'a pas murmuré, ne fût-ce qu'*in petto,* une petite prière dans les moments difficiles ? Parfois ces prières sont entièrement destinées à notre besoin primordial : « À l'aide ! » S'en trouverait-il un parmi vous qui m'ait entendu ? Existe-t-il quelqu'un qui se soucie de mon sort ? Il arrive néanmoins que ces prières soient adressées pour le bien d'autrui : « De grâce, Seigneur, aidez Paulette à surmonter sa terrible maladie. » Là, le croyant prie pour une intervention divine.

Je pense que tout un chacun souscrira à l'idée selon laquelle la prière est un moyen d'atteindre quelque chose qui se trouve au-delà de nous-mêmes. Certains soutiendront qu'elle représente une forme de langage pour s'adresser à Dieu ; d'autres une manière de mettre en œuvre certaines situations. Un vieux dicton nous engage à prendre garde à nos prières, car elles pourraient se réaliser. Oscar Wilde eut un mot savoureux quand il dit qu'exaucer nos prières est pour Dieu une façon de nous châtier. D'autres encore soutiendront qu'en priant pour ce que l'on a déjà, nous serons assurés d'être exaucés.

À l'instar de la méditation, la prière est un concept complexe dont la finalité varie avec l'âge, la religion et l'éducation. Toutefois, le thème commun à toutes les traditions évolue toujours autour de la volonté de l'homme d'ouvrir son cœur et d'entrer en contact avec le principe sacré, les instances supérieures, la source divine. À quelque langage que l'on fasse appel, celui de la prière est commun à toutes les âmes. Je crois inutile de préciser qu'elle ne repose pas seulement sur les mots : certaines personnes prient en fredonnant, d'autres en psalmodiant ou même en restant coites. Thomas Merton affirma un jour que « Dieu priait en dansant ».

Comme je fus élevé dans une famille juive, Dieu est la seule divinité à laquelle on m'apprit à adresser mes prières. Mes amis protestants s'adressent à Jésus ; pour prier, les catholiques disposent de tout un éventail de personnages divins. J'ai en mémoire des amis qui, dans leurs activités quotidiennes, en appelaient à Jésus, à Marie, à Joseph, et à toute une cohorte de saints au demeurant fort sympathiques, comme saint Jude, saint patron des cas désespérés, saint François, qui veille avec une égale mansuétude sur les gens et sur les animaux, et, parmi les plus sollicités, saint Antoine de Padoue, saint patron des objets perdus.

Lors de mon séjour en France, un ami, frère dominicain, m'apprit une petite prière à l'intention de sainte Thérèse de Lisieux, elle aussi réputée pour retrouver les objets perdus : « Petite fleur, à cette heure, montre ton pouvoir. » Je récite ces quelques mots chaque fois que je ne parviens pas à remettre la main sur mes clés de voiture ou ces menus objets qui semblent si mystérieusement se volatiliser. L'idée qu'un Juif bouddhiste et agnostique de New York puisse prier une sainte catholique et française par surcroît peut paraître pour le moins cocasse. Il n'empêche que cette prière semble porter ses fruits. Je le jure par ce que j'ai de plus sacré ! Cette prière me rappelle à l'ordre, elle m'incite à mettre un terme à mes recherches effrénées, à me détendre et à recouvrer mes esprits. Une fois ressaisi, je médite quelques instants et je prie. Ce simple geste m'aide parfois à me rappeler l'endroit où j'ai posé l'objet que je ne parvenais pas à retrouver. Je n'ai personnellement jamais demandé à Mahomet d'intercéder en ma faveur, mais j'ai quelques amis qui le font. Je ne dédaigne pas pour autant les nombreuses prières sufi et les chants issus de la religion islamique.

Souffrant d'un mal au dos, Carrie rendit visite à un guérisseur spirituel qui, au dire de mon amie, commença la séance en demandant aide et assistance à tous les dieux susceptibles de lui en apporter. Entendre l'homme invoquer la source divine lui procura un certain bien-être, me dit-elle. Son malaise ne commença que lorsque le guérisseur se mit à faire appel tant aux saints catholiques qu'aux dakinis tibétains et aux gardiens du dharma. Carrie me jure que pas un ne fut oublié. Cependant, la séance se mua peu à peu en une méditation prolongée qui eut le don de la rassurer. Elle se sentit infusée d'une merveilleuse énergie et ses douleurs au dos commencèrent à se dissiper. Elle m'affirme s'être sentie beaucoup mieux les jours suivants, en dépit de ses douleurs lombaires.

De nombreuses études ont démontré que tout être vivant réagit favorablement à la prière. Cela vaut autant pour le cyclamen posé sur une étagère de cuisine que pour le vieillard cacochyme sur son lit d'hôpital. Des jardins spirituels de la communauté New Age Findhorn, en Écosse, aux instituts médicaux les plus prestigieux comme Harvard, Menninger Clinic ou Mayo Clinic, les pouvoirs de la prière ont largement été démontrés. Larry Dossey, médecin et auteur de nombreux ouvrages à succès sur la médecine, affirme que « la prière est un pont jeté vers l'absolu, un moyen d'établir un contact avec des instances plus hautes, plus sages et plus fortes que l'individu ».

Bref, prier, c'est payant. Mais pourquoi ? vous demanderez-vous. Serait-ce parce que le pouvoir de la prière tient à ce que nous soyons unanimement liés et interdépendants ? Mère Teresa l'a bien dit : « Tout commence par la prière. » Quand on lui demandait si elle avait quelques conseils à donner, elle répondait souvent : « Mon secret est très simple, je prie. »

La pratique de la méditation est si fondamentale pour le bouddhisme que quantité de gens oublient que la prière y tient aussi une très grande place. Quelques néophytes vont jusqu'à me dire qu'il n'existe pas de prière dans le bouddhisme. Cela revient, pour moi, à donner une définition réduite de la prière d'un point de vue strictement théiste, à moins de ne considérer qu'une école de pensée dans la religion bouddhiste. Il n'en demeure pas moins que le Bouddha priait et que le Dalaï-lama prie de nombreuses heures chaque jour. Les lamas de l'Himalaya prient, ainsi que les moines, les moniales et les non-initiés, hommes, femmes et enfants. Je me rappelle très clairement le temps où j'hésitais encore sur la direction qu'emprunterait ma vie spirituelle. Un de mes maîtres bien-aimés du Népal m'avait dit qu'en répétant cent huit fois une prière en un lieu saint déterminé, j'obtiendrais indubitablement les conseils auxquels j'aspirais. C'est exactement ce qui se produisit. La prière tient une place importante sur les chemins de la spiritualité. C'est un des actes les plus beaux que nous accomplissions au cours de notre vie.

Dans le bouddhisme comme dans de nombreuses religions, il existe des prières pour des situations bien déterminées. La question m'est souvent posée sur la manière dont les bouddhistes orientent leurs prières. Sachant qu'un bouddhiste traditionnel ne croit pas en Dieu, à quoi cela peut-il servir de prier ?

Les bouddhistes croient au karma, relation de cause à effet. Chacun de nos actes, la moindre parole, la plus petite pensée, interfère avec notre entourage et génère des contrecoups. La prière, elle, engendre des mutations qui seront tour à tour éveils intentionnels, mouvements de l'esprit, flots d'énergie. Sans l'ombre d'un doute, un phénomène se produit, fût-il de prime abord indicible, indéfinissable, imperceptible. Dire une prière, mettre en action une pensée produira invariablement l'effet recherché. Des civilisations entières procèdent de pensées, d'aspirations et d'idées. Si nous sommes tous au fait des pouvoirs de la technologie, il en est peu qui se rappellent encore les bouleversements qui s'opérèrent à travers la planète du seul fait de l'amour, de la foi et du pouvoir de la prière. Ainsi que l'ont maintes fois énoncé certains peuples, toute prière trouve une réponse, fût-ce celle à laquelle on ne s'attendait pas.

Voici une liste non exhaustive de prières et la façon de les incorporer à notre vie :

— prières du matin, prières du jour, prières du soir, prières du coucher, prières saisonnières et prières de vacances ;

— prières de guérison et prières de longévité ;

— prières de paix ;

— prières « bardos » qui nous guideront au moment de la mort ;

— prières d'amour et de compassion ;

— prières de conseils et de divine sagesse ;

— prières d'abandon et de renoncement ;

— prières pour une meilleure renaissance ;

— bénédictions, prières de bénédictions ;

— prières de remerciements ;

— prières d'orientation ;
— prières silencieuses.

Dans l'ouvrage *Autobiography of a Yogi*, le célèbre maître hindou Swami Yogananda soutient que « qu'Il réponde ou pas, continuez d'en appeler à Lui », pareillement au mystique Rabbi Nachman quand il affirme que « la prière est l'arme essentielle du juif [...] priez de toutes vos forces, avec une ferveur extrême, en sorte que votre prière se change en coup de tonnerre ».

La pratique spirituelle impose la répétition. En nul autre domaine cela n'est plus vrai que dans la prière. Au sommet du mont Athos se dresse un monastère orthodoxe surplombant la mer Égée. Les moines qui y vivent reclus dans la prière répètent sans désemparer : « Seigneur Jésus, fils de Dieu, ayez pitié de nous, pauvres pécheurs... » Pour les nombreuses personnes qui la récitent, cette prière d'orientation est une forme de pratique car leur respiration (« Seigneur Jésus, fils de Dieu » – inspiration) s'accorde au rythme de leur récitation (« ayez pitié de nous, pauvres pécheurs » – expiration). D'autres se bornent à psalmodier : « Ayez pitié, Seigneur Jésus. »

Certains disent que ces moines orthodoxes répètent cette prière si fréquemment, avec une foi et une dévotion telles, qu'elle est inscrite au fond de leur cœur. Au Tibet, un constat similaire est fait à propos des lamas, des moines et des moniales qui répètent les mêmes mantras tout au long de leur vie. Quand l'un d'eux vient à disparaître, on dit que les mots de ses prières sont inscrits sur leur cœur. Récemment, je me trouvais au Népal, dans le monastère de celui qui fut mon dernier maître Dzogchen, Urgyen Rinpotché. Son fils, abbé du monastère, me montra le crâne de feu notre maître, enveloppé de soie orange et conservé dans un petit stupa. Étrangement, ce crâne était sorti intact du bûcher funéraire, symbolisant ainsi la volonté farouche de son propriétaire et son esprit vajra, dur et pur comme le diamant. Sur sa mâchoire était inscrit le symbole mantra

« Aah ». Je ne trouvai pas entièrement fortuit que le feu eût marqué le maxillaire de la sorte, car la foi qui m'anime me laisse libre d'interpréter à ma guise ce genre de phénomène. D'autres fourbiront des arguments pour étayer leurs doutes. Il n'en demeure pas moins que la prière est un acte dont la force n'a d'égale que la profondeur.

Adapter et personnaliser ses prières

De nombreux bouddhistes tibétains se consacrent à la prière de toute une variété de Bouddhas, de Bodhisattva, de gourous illuminés, de dakinis, de gardiens du dharma et de déités annexes. Une telle pratique ne se différencie guère de celle de l'Occidental qui adresse ses prières à une sainte ou un saint particuliers, ni de celle des confucéens et des taoïstes quand ils invoquent ancêtres et Immortels. Personnellement, je ne m'y adonne pas très souvent. La part occidentale de mon esprit semble s'être définitivement refusé à ce genre d'exercice; néanmoins, je connais nombre de personnes qui connaissent l'usage de ces prières et en tirent le meilleur parti.

Les prières auxquelles je fais appel incluent parfois le concept de Dieu, d'Esprit ou de Divine source. Cela s'avère pour les prières traditionnellement occidentales autant que pour les prières hindoues ou musulmanes. Comme bouddhiste *et* Occidental, je m'y retrouve parfaitement, quand d'autres auront d'un tel exercice une perception différente.

Une des caractéristiques les plus étonnantes et les mieux inspirées du bouddhisme réside dans sa faculté à s'adapter et s'intégrer aux autres cultures et religions. Le bouddhisme tibétain, par exemple, a parfaitement assimilé la religion de Bon, ainsi que ses pratiques relatives aux énergies de la terre et des éléments naturels, tout comme les énergies du corps, de l'âme et de l'esprit. De ce fait, il semble normal que le bouddhisme se soit répandu jusqu'en Occident et qu'il s'y soit parfaitement acclimaté.

Dans la prière comme dans toute pratique spirituelle, des mentors spirituels à l'esprit ouvert se sont avisés de ce que la forme peut évoluer et changer sans que l'essence en soit affectée. Au cours des deux dernières décennies, j'ai pu observer l'émergence d'une nouvelle attitude face à Dieu et à la prière. Au « Notre père qui êtes aux cieux » certaines églises chrétiennes ont substitué « Notre Père et notre Mère qui êtes aux cieux ». Ainsi, la forme a changé, mais le fond demeure. Il survient aussi que certaines personnes renoncent au patriarche barbu comme image de Dieu pour invoquer « Créateur (ou bien Source divine) qui êtes aux cieux ».

Le chercheur spirituel que je suis pense qu'il est important de garder l'esprit ouvert et d'accepter que certaines personnes fassent usage de mots différents pour évoquer des concepts fondamentalement identiques. Dans le bouddhisme, le fait que ses préceptes soient traduits du sanskrit ou du pali est matière à de nombreuses réflexions. Mais à la vérité, tous les mots se référant à la pratique spirituelle ne sont qu'une pauvre traduction du langage de l'esprit, lequel est universel. Aussi ne nous attardons pas sur les mots. Le bien inspiré Gandhi affirma un jour que « dans la prière, mieux vaut encore avoir un cœur dépourvu de mots que des mots dépourvus de cœur ». Certaines paroles sont intraduisibles, mais nous n'en saisissons pas moins le sens pour autant. Le plus important dans la prière, c'est de garder le cœur ouvert.

Créer son propre livre de prières

Quand je m'adonnai pour la première fois à la pratique spirituelle, je me mis à rédiger des prières que je pensais belles ou efficaces, ou qui reflétaient simplement mon état d'esprit. Je commençai par les griffonner sur des chiffons de papier que je remplaçai bientôt par un carnet de notes particulier dans lequel les transcrivit un calligraphe de mes amis. Ce carnet, que je fis relier en rouge et or, ne devait plus me quitter. Le temps passant, ce livre de prières personnel est devenu une sorte de talisman.

Dernièrement, je me rendis à New York, où étaient exposés les bijoux des Romanov. Outre d'extraordinaires joyaux, on pouvait aussi y voir de somptueuses parures et des effets personnels ayant appartenu à la famille royale. Parmi eux, deux livres de prières dont je déplorai qu'ils fussent inaccessibles, tant j'aurais aimé pouvoir les parcourir.

Je prise considérablement le fait de posséder sa collection personnelle de prières. Ces prières peuvent émaner de sources variées et être répertoriées de la façon qui nous convient le mieux, y compris dans notre ordinateur. Personnellement, mes goûts inclinent vers la méthode manuscrite. Le rythme de la main laisse le champ libre à la concentration et à la réflexion. Rédiger des prières est aussi une façon reconnue de gagner en mérites spirituels. Rappelons-nous que « yoga » signifie contact, réunion. La rédaction d'écrits spirituels est une forme de yoga qui nous ramène à la source ; elle conjugue amour et conscience attentive. De ce carnet que je transporte avec moi où que j'aille je connais les prières par cœur, mais il demeure aussi une inépuisable source d'énergie spirituelle.

Aussi, commencez à rassembler des prières. Il n'est nullement besoin qu'elles revêtent un tour académique ; elles peuvent être constituées de fragments de phrases ou de chants évocateurs en des façons qui vous seraient très personnelles. Parfois nous prions en silence, écoutant les mots qui nous inspirent et qui montent du cœur ; c'est en cela que réside la vraie prière.

Ce qui suit est un condensé de mes prières préférées. Peut-être sauront-elles vous inspirer à votre tour.

Prières de paix

Dona nobis pacem, pacem...
Donnez-nous la paix, la paix...

La paix est de première importance dans toute tradition spirituelle, puisque nous y aspirons tous, nous prions tous pour elle, quelque partie du monde dont on soit originaire. La paix procède de l'amour ; et de l'amour découle la paix. Chez de nombreux peuples, les deux vocables sont pour ainsi dire synonymes. Pour peu que l'on demande à un bouddhiste de décrire le nirvana, il évoquera un monde de paix qui dépasse l'entendement, une expérience du divin dans un ineffable amour qui nous transporterait dans un sentiment d'appartenance et d'accomplissement. Nous devons nous-mêmes devenir paix, pour autant que nous aspirions à un monde plus pacifique.

Certains se souviendront des marches pour la paix et des objurgations de chanteurs comme John Lennon et Paul McCartney quand ils chantaient *Give Peace a*

Chance[1]. Le mot sanskrit pour la paix profonde est « Shanti ». Dans les rues des villes de l'Inde, il n'est pas rare d'entendre des hommes et des femmes chanter « Om Shanti, Shanti, Shanti ». Les hindous croient que les Veda, écrits sacrés les plus anciens de l'humanité, ont une origine divine. Le sanskrit est réputé si ancien qu'il est souvent appelé « le langage des dieux ». « Om Shanti » est un des plus antiques mantras connus de l'homme.

PRIÈRE VÉDIQUE POUR LA PAIX

Puisse la paix toucher aux plus hautes contrés ;
Puisse la paix toucher au firmament ;
Puisse la paix descendre sur la terre ;
Puissent les eaux couler en paix ; puissent les herbes et les plantes pousser en paix ;
Puissent les puissances divines nous apporter la paix.
L'Être suprême n'est que paix.
Puissions-nous tous connaître la paix, la paix et la paix ; puisse-t-elle venir en chacun de nous.
Om Shanti, Shanti, Shanti.
Sur toute chose paix.

PRIÈRE DE SAINT FRANÇOIS D'ASSISE

Pour être attribuée à ce saint du XIIe siècle, la prière suivante jouit d'une réputation bien méritée. La volonté de devenir un artisan de la paix touche ici une profondeur rarement égalée :

Seigneur, fais de moi un instrument de paix,
Où est la haine, laisse-moi semer l'amour,
Où est l'injure, le pardon ;
Où est le doute, la foi ;
Où est la désespérance, l'espoir ;

1. « Donnez une chance à la paix. » *(N.d.T.)*

Où sont les ténèbres, la lumière;
Où est la tristesse, la joie.
Oh, divin Créateur, puisses-tu faire en sorte que
Je console autant que je suis consolé,
Que je comprenne autant que je suis compris,
Que j'aime autant que je suis aimé.
Car c'est en donnant que l'on reçoit,
En pardonnant qu'on est pardonné,
Et en mourant que l'on accède à la vie éternelle.

PAROLES DE PAIX

Pour l'humanité tout entière, les paroles de paix se présentent sous forme de bénédiction. En voici quelques-unes, chacune étant en soi une courte prière.

Allez en paix;
Pax;
Que la paix soit avec vous;
Puissent vos pas vous conduire sur le chemin de la paix;
Shalom.

PRIÈRE DE GUÉRISON

La principale raison de guérir est l'amour.

PARACELSE (1493-1541)

« Guérissez-la, Seigneur, je vous en conjure. »

Cette simple prière, véritable cri du cœur, est celle qu'adressa Moïse à Dieu pour l'implorer de guérir sa sœur Myriam, dévorée par la lèpre.

À l'exemple du patriarche, chacun de nous réagit à la maladie – que ce soit la nôtre ou celle d'un être cher – par la prière. Que nous soyons saisis de crainte ou d'inquiétude, la prière nous apparaît toujours d'un recours salutaire. Lorsque j'étais en Inde, au début des années soixante-dix, un de mes amis spirituels fut soudainement atteint d'une maladie que personne ne semblait pouvoir diagnostiquer. Souffrait-il de la malaria, d'une méningite, de la variole ? Il était impossible de le savoir, tant les avis des médecins divergeaient. Inquiets, hésitants quant aux décisions à prendre, quelques-uns et moi-même décidâmes finalement de quitter le monastère et, après avoir prévenu ses parents, de l'embarquer à bord d'un avion en partance pour la Suisse où il pourrait être dûment soigné.

À peine étions-nous revenus de l'aéroport, je me rappelle m'être précipité à l'intérieur du temple pour prier. C'était ma première vraie prière avec toute la spontanéité et la ferveur que je pouvais y apporter. Mon empressement était tel qu'il m'était impossible de penser à autre chose. Les paroles que je prononçai alors, je ne me les rappelle pas précisément ; ce devait être une petite phrase comme : « Je vous en prie, mon Dieu, venez en aide à mon ami. » Je me bornai à joindre les mains, à garder le front bas devant ma peur immense, et à prier.

La prière de guérison tient une place significative au sein du bouddhisme en ce qu'elle aborde le phénomène de la guérison dans son acception la plus étendue. Elle n'induit pas seulement la guérison d'une maladie, mais aussi l'expurgation, la purification de tout ce qui constitue le karma. La prière bouddhique de guérison induit une requête pour une ou même plusieurs vies, et pas uniquement pour une affection temporaire. Cette guérison en profondeur permet un retour à une spiritualité tout autant qu'à une bonne santé.

Prière de guérison

Nous, qui requérons de l'aide, prions pour la guérison de nos tourments émotionnels et spirituels.
Source de force et de bienfaits, guéris-nous, donne-nous ta force et ta bénédiction.

Conscients de notre impuissance, nous te demandons de bénir tous ceux qui ont le pouvoir d'aider, d'élever et de guérir.
Nous sollicitons l'aide du sacré qui culmine au-dessus de nous.
Nous sollicitons le soutien de ceux qui nous entourent, de nos amis, de notre famille et de la communauté à laquelle nous appartenons.
Nous prions pour acquérir la sagesse qui nous permettra de nous aider nous-mêmes.
Nous te demandons conseil afin de trouver le chemin sous nos pas et la guérison en nos cœurs.
Puissions-nous nous ouvrir au mystère qui nous dépasse, cette source de laquelle nous ne nous séparerons jamais.
Puissions-nous être heureux et comblés.
Puisse l'énergie nous animer pour le bien de tous et de chacun.
Puissions-nous danser, élever nos mains et nos cœurs afin qu'ils se joignent en un même élan.

La prière d'un agnostique

Entendons-nous bien : je ne crois pas aux prières, je me borne à en faire, à moins que ce ne soit elles qui ne me fassent.

Sam Keen

Mon ami Sam Keen est philosophe, auteur et penseur. Dans un de ses nombreux ouvrages *Hymns to an Unknown God*[1], il nous livre sa définition du mâle américain en ces termes :

1. « Hymne à un dieu inconnu ». *(N.d.T.)*

« En tant qu'Américain moderne, les maîtres qui m'ont hissé jusqu'à la masculinité m'ont instruit de la voix et du geste de ce que je me dois d'être autosuffisant. D'Emerson j'acquis la confiance en soi ; d'Erich Fromm les vertus de l'autonomie. Gary Cooper, Clint Eastwood, tous les héros de cette grande parodie moraliste que sont les westerns, m'ont démontré que le cowboy Marlboro (Marlboro man) se tient debout et marche seul. Plus récemment, une cohorte de spécialistes de la psychologie populaire m'ont mis en garde contre les terrifiants dangers de la codépendance. Pas de béquille, pas d'enseignements, me rappelèrent-ils : je suis un individu autonome, seul, indépendant et capable de s'assurer entièrement.

« Ce n'est pas sans un certain embarras qu'il me faut admettre qu'en certaines occasions je fus incapable de me soustraire à l'envie de prier. Tel le marin naufragé, j'ai crié ma détresse à travers les espaces :

« Ô Père tout-puissant, si prompt à secourir,
Dont le bras sait tenir l'impétueuse lame,
qui les fosses océanes parvient à contenir,
Écoute-nous gémir
Pour tous ceux dont la mer en péril met l'âme. »

Quand j'entrepris la lecture du livre de Sam, j'en contemplai un long moment le titre, en me demandant ce qu'il entendait par le dieu inconnu auquel il faisait référence. Mais au moment où j'arrivai à cette prière, je m'avisai combien elle était propre à notre génération. À l'exemple de la majorité d'entre nous, aux heures difficiles, Sam prie.

Une prière, aide divine généralisée

En septembre 1972, je conduisais Hilda Charleston à son cours hebdomadaire, à Greenwich Village. Américaine d'origine, elle n'en était pas moins vêtue du sari des maîtres spirituels hindous. Le groupe satsang qu'elle dirigeait se retrouvait une fois par semaine pour chanter, méditer, prier et apprendre l'amour de son prochain. Outre le fait d'être en retard, nous avions grand mal à trouver une place de stationnement.

« Prions Dieu de trouver une place libre près de la salle ; il nous viendra peut-être en aide, suggéra Hilda.

— Comment peut-on invoquer Dieu pour de telles vétilles ? m'insurgeai-je légitimement. Il existe dans le monde des choses infiniment plus importantes pour lesquelles nous devrions prier.

— Ne te tourmente pas, Surya, me répondit-elle. Les prières ne deviennent que plus efficaces à l'usage. Prions Dieu de trouver une place ; il veillera à nous exaucer. »

De fait, nous découvrîmes une place juste devant l'entrée. Un tel à-propos eut sur moi un effet magique.

J'ai souvent repensé à cette soirée, et aux paroles d'Hilda. Il survient souvent que ce pour quoi nous prions soit si en accord avec notre univers que nous trouvions naturellement la place qui nous était destinée.

Les circonstances ne manquent pas, au cours d'une existence, où l'on en appelle à l'aide divine ou, tout au moins, à une forme de réorientation. La loi du karma nous enseigne que les bienfaits et les maux auxquels nous sommes soumis sont invariablement le fruit d'un acte, d'une parole, d'une pensée. On ne le répétera jamais assez : notre destinée est entre nos mains. Cette notion acquise, ne serait-il pas extraordinaire que nos décisions, nos propos et nos pensées soient le reflet de la sagesse et de la compassion divines ? Peut-être serions-nous alors en droit de rêver à des lendemains qui chantent.

La prière qui suit est une adaptation d'un vieil hymne anglais. En quelques lignes, elle exprime éloquemment le vœu que le sacré soit partie intégrante de nos actes et de nos pensées.

Divine présence, sois en ma tête
Et mon entendement.
Divine présence, sois en mes yeux
Et mon regard.
Divine présence, sois en ma bouche
Et mes paroles.
Divine présence, sois en mon cœur
Et mes pensées.
Divine présence, sois en ma fin
Et mon départ.

Anciennes prières tibétaines

Au Tibet, Padma Sambhava, que l'on a surnommé « Né-lotus », est vénéré aussi bien comme deuxième Bouddha que comme fondateur du bouddhisme tibétain. On se réfère à lui comme le « Gourou Rinpotché ou précieux mentor ».

Contemporain du VIIIe siècle, Padma Sambhava est dit avoir eu vingt-cinq principaux disciples, hommes et femmes. Pour avoir prévu les difficultés auxquelles se heurterait la poursuite de son enseignement, il cela ses écrits et ses révélations en quelque cent huit lieux secrets, parmi lesquels de nombreuses grottes du Tibet. Des siècles plus tard, les réincarnations des disciples de Padma Sambhava parlent encore d'étranges visions leur révélant les différents endroits où sont dissimulés ces « termas », trésors du dharma. Le plus réputé d'entre eux est le texte Dzogchen, mieux connu sous le nom de « Livre des morts tibétain ».

La prière de guérison ci-dessous rapportée fut dédiée par Padma Sambhava au prince du Tibet. Elle disparut, pour réapparaître au XIXe siècle grâce au maître visionnaire Choline Rinpotché. Dans cette prière, son auteur se personnifie comme le Bouddha de la médecine, le divin guérisseur de tous les maux. En récitant cette prière, nous entrons dans le courant guérisseur de l'énergie et des bienfaits transcendantaux.

Prière de guérison de Padma Sambhava (extraite du trésor Choline)

Le corps illusoire de tout être doué de sensations souffre de la peur, de la douleur et de la maladie.
À travers un indicible océan de misère, nous prions afin d'acquérir le pouvoir de guérison du Bouddha, Bouddha, guérisseur, Bouddha, médecin spirituel qui, sous la forme du « Lotus-né », nous libère de nos maladies et de nos afflictions.
Puisse notre vitalité et notre longévité n'être pas entachées par la maladie, la disgrâce et la souffrance.
Le maître gourou Lotus-né nous implorons :
Accorde-nous la grâce d'exaucer nos vœux les plus chers et de concrétiser nos aspirations.

Je vous convie à vous joindre à nous dans cette prière pour toucher à la plénitude. En récitant les anciens mots énoncés par Padma Sambhava en personne, nous entrons dans l'incessant courant de l'inspiration et de la bénédiction. Nous sommes en droite ligne avec le principe cosmique de l'immuable plénitude, de l'harmonie et de la perfection.

Prière pour surmonter les obstacles

Fondée à lever les obstacles sur le chemin de la spiritualité, la prière suivante est un autre terma issu de la même tradition tibétaine du trésor Choline :

Précieux Gourou, Lotus-né Bouddha, Gourou Rinpotché
Illuminé parmi les illuminés dans le temps et l'espace,

Présence bénie, source de tout accomplissement spirituel, pourfendeur d'illusions, qui libère de toute entrave,
Accorde-nous, nous t'en prions, bienfaits et inspiration :
intérieur, extérieur, invisible ou celé, écarte de nous ce qui nous fait obstacle, et comble nos désirs sans retard.
Toi et toi seul nous prions.

Prières de longévité

Qui saurait expliquer pourquoi certaines personnes vivent plus longtemps et en meilleure santé que d'autres, qu'elles disposent de plus d'énergie vitale ou de Chi, comme on l'appelle parfois ? C'est un mystère. Au Tibet, il existe des prières spécifiques et des méthodes de renforcement destinées à accroître l'énergie et à favoriser la longévité. C'est une pratique de première importance dans le bouddhisme Vajrayana, et tous les lamas y ont recours pour quelque raison. En guise d'exemple, je voudrais citer Dudgeon Rinpotché qui, à soixante ans, avait à peine quitté les hauts plateaux tibétains pour les climats plus cléments du sud de l'Inde, qu'il fut atteint d'emphysème. Cela ne l'empêcha pas de poursuivre la tâche qu'il s'était assignée jusqu'à l'âge de quatre-vingts et quelques années. Cette longévité, exceptionnelle eu égard à sa maladie, fut directement attribuable à ses prières et des pratiques particulières, conjuguées à l'énergie et au secours de sa femme.

Ordinairement, ces prières de longévité sont destinées à Amitayus, réputé Bouddha de la vie éternelle. L'éblouissante manifestation couleur rubis du Bouddha est une image très répandue en Orient. On l'y voit communément les mains posées sur les genoux, paumes tournées vers le ciel, les doigts joints dans la méditation mudra. Souvent il est assis dans une fleur de lotus, cela afin de renforcer la notion de pureté. Ses paumes tournées vers le ciel représentent le réceptacle de l'immortelle spiritualité. Dans les images pieuses ou « tangka » du Tibet comme d'Extrême-Orient où Amitayus Bouddha est considérablement vénéré, on le voit souvent, éblouissant de vie, auréolé des couleurs du soleil couchant, comme ce fut précisément le cas.

Au cours de ma retraite en France, je fis la connaissance de deux frères, issus d'une famille catholique, tous deux pilotes et ingénieurs. Un jour, ils apprirent que leur père était atteint d'un cancer. Leur mère, qui tenait nos maîtres lamas en grande considération, leur demanda d'intercéder auprès d'eux pour venir en aide à leur père, en dépit des réticences de ce dernier. Les maîtres répondirent qu'ils prieraient pour lui donner la force de vivre longtemps. Ainsi, le monastère tout entier se voua à la guérison du malade, par le biais d'exercices de visualisation et de prières, selon d'anciennes formules curatives. Le père de mes amis connut une rémission qui dura dix ans, et sa famille reconnaissante est convaincue que nos pratiques et nos prières en sont la cause. Même le malade, pourtant réfractaire à la doctrine bouddhiste, nous exprima sa gratitude et prit rang parmi nos plus fervents défenseurs.

La majorité des lamas tibétains ont une prière de longévité appelée « shabten », rédigée tout spécialement à leur intention, souvent par leur propre maître. En voici une, qui m'a été dédiée par mon maître, Nyoshul Khenpo Rinpotché, à la demande de mes étudiants. Je l'adresse à votre intention. Vous pouvez la personnaliser en substituant au mot « soleil » un nom à votre convenance.

Par les pouvoirs et les bienfaits de la multitude de tous les saints de la vie éternelle,
Notre seigneur et protecteur Bouddha Amitayus, gardien de vie éternelle, notre guide Lotus Bouddha Padma Sambhava et tous les autres,
Puisse celui dont le nom est « Soleil »
Vivre longtemps en ce monde, puisse sa tâche spirituelle se poursuivre et s'étendre.

Si vous souhaitez écrire vos propres prières de longévité, il serait intéressant de noter que dans la tradition tibétaine, ces prières ne se bornent pas à invoquer une longue vie pour la personne à qui elle est adressée ; elles aspirent aussi à ce que cette longévité se fasse au profit d'une vie spirituelle tendant à répandre sagesse, amour et vérité, autrement dit le dharma.

Une prière sakyapa pour une prompte avancée sur le chemin de la spiritualité

Il existe quatre écoles fondamentales du bouddhisme tibétain. La plus ancienne, fondée par Padma Sambhava au VIIIe siècle, est la secte de Nyingma. Les trois autres sont successivement l'école de Kagyu, de Gelud et de Sakya. Cette information pourrait vous être utile si, d'aventure, vous participiez à « Questions pour un champion ». Quoique possédant de nombreux dénominateurs communs, chacune de ces écoles justifie son renom par différentes raisons. Le Sakyapas, par exemple, est réputé pour son instruction tantrique et sa discipline monastique.

La prière qui suit me fut attribuée par mon maître Sakyapa bien-aimé, feu Deshung Rinpotché, décédé au Népal en 1980. Sa réincarnation vit le jour à Seattle. *Little Bouddha*, le superbe film de Bertolucci, est partiellement inspiré de cette histoire.

Cette prière a la vertu d'accélérer le processus spirituel :

Par la grâce de la Gemme Triple,
Puissent les esprits et les cœurs de tous les êtres
Être en accord avec le sublime dharma.
Accorde-nous la grâce de progresser sur le chemin de l'authentique compréhension ;
Puisse cette voie être libre de tout obstacle.
Accorde-nous la grâce de discerner l'illusion dans la claire lumière de la transcendante sagesse du Bouddha ;
Libère-nous de nos mauvaises actions et de nos pensées malsaines.

Accorde-nous la grâce de nous éveiller au véritable amour et à la compassion.
Puissent tous les êtres connaître la parfaite illumination.

Prière à Tara

Des représentations de Tara, merveilleux bouddha femme, sont partout visibles en Asie, et particulièrement au Tibet. Tara, dont le nom signifie « étoile », incarne l'énergie féminine sacrée contenue en chacun de nous. Perçue comme une éclatante lumière brillant dans un ciel enténébré, la Tara sacrée est l'âme sœur de Chenresig, bouddha d'amour et de compassion. Au Tibet, elle est la mère nourricière par excellence. Avec Chenresig, elle représente la déité protectrice du peuple tibétain.

Tara nous apparaît sous pas moins de vingt et une formes et couleurs, les plus communes étant Tara la blanche et Tara la verte. Assise dans la position du lotus, Tara la blanche tient habituellement un lotus blanc dans sa main droite. Elle est pacifique, contemplative et surtout divinement attentive parce qu'elle possède cinq yeux supplémentaires : un dans chaque main, un dans chaque pied, et un cinquième, bien sûr, au milieu du front. Elle se veut veillant continûment sur nous de son œil plein d'amour et de sagesse.

Quoique pareillement assise dans la position du lotus, Tara la verte se caractérise par sa jambe détendue, prête pour une réponse rapide et décisive quand les circonstances l'imposent. Tara la verte réagit promptement aux prières, telle une lionne protégeant ses lionceaux.

Au Tibet, chacun semble connaître par cœur la belle et longue prière intitulée « Les vingt et une louanges à Tara », et je n'y fais pas exception. Chacune de ses strophes est spécialement consacrée à une manifestation de Tara. Que ce soit dans les monastères ou dans les demeures, cette prière est récitée vingt fois tous les matins, ce qui requiert une heure environ, encore que les pratiquants tibétains la résument fréquemment en deux lignes essentielles.

Lors de ma première visite à Darjeeling, en 1973, j'ignorais tout de la langue tibétaine. Aussi mon maître Nyingma, Bairo Rinpotché, m'annonça que Tara répondait promptement à nos prières, et qu'en m'initiant à la langue tibétaine j'apprendrais aussi à retenir son attention en invoquant le « Tara Kye Kyenno », le moyen le plus court d'en appeler à elle.

Voici un condensé de la prière de Tara, la première que j'appris :

> *Ô Tara, libératrice sacrée, mère pleine de célérité, nous te prions et invoquons tes bienfaits ;*
> *De grâce, veille sur nous, protège-nous, garde-nous en ton sein.*

Prière d'Albert Schweitzer pour les animaux

Musicien, théologien, médecin, écrivain et missionnaire, Albert Schweitzer, qui mourut en 1965 à l'âge de quatre-vingt-dix ans, était surtout connu pour l'hôpital qu'il créa au Gabon. Toute sa morale et sa philosophie reposaient sur un profond respect de la vie.

Voici une prière pour les animaux que je trouve particulièrement significative :

> *Ô Dieu, écoute notre humble prière pour nos amis les animaux, en particulier pour ceux qui souffrent, pour ceux qui sont chassés, perdus, abandonnés, effrayés ou affamés, pour tous ceux que l'on s'apprête à mettre à mort. Nous implorons grâce et piété pour eux, et pour ceux qui les côtoient, nous demandons un cœur compatissant, des gestes doux et des mots apaisants. Fais de nous de véritables amis des animaux afin qu'avec eux nous partagions les bienfaits de ta miséricorde.*

Prières de bénédictions

Nous aspirons tous à la grâce, nous aspirons tous à des bénédictions. Ces bénédictions, nous pensons moins en donner qu'en recevoir, ce qui n'est pas avéré. Il n'est pas si rare que nous disions à un être cher « Dieu vous bénisse » ou « Portez-vous bien » à l'un de nos amis. « Puisse Dieu vous entendre » est encore un vœu que nous ne manquons pas d'exprimer.

Quiconque ira en Israël ne manquera pas d'éprouver un sentiment de réconfort en s'entendant dire « Shalom », ce qui veut dire « Allez en paix ». À notre « au revoir », les Tibétains substituent la locution « Allez sans crainte », auquel celui qui part répondra par un « Restez sans crainte ».

Il existe une ancienne épigramme irlandaise que l'on voit accrochée dans certains bars des pays anglo-saxons, et qui s'exprime en ces termes :

> *Puisse la route s'ouvrir sur votre chemin*
> *Puisse toujours le vent vous pousser dans le dos*

Puisse le soleil réchauffer votre visage
Puisse la pluie arroser vos champs
Et, jusqu'au jour où nous nous reverrons,
Puisse Dieu vous garder dans le creux de sa main.

La belle et profonde prière celtique que voici évoque la paix sous la forme des quatre éléments, l'eau, l'air, la terre et le feu :

Que sur toi soit la paix de la vague roulante
Que sur toi soit la paix de la brise flottante
Que sur toi soit la paix de la terre reposante
Que sur toi soit la paix de l'étoile brillante.

Comment prier

Divin esprit d'amour,
Écoute nos prières.

Yom Kippour est un jour de jeûne, de recueillement, de réalignement cosmique. En ce jour éminemment saint de la religion hébraïque, un jeune berger analphabète entra dans la synagogue de Baal Sem Tov, fondateur du mouvement radical hassidique. Incapable de suivre dans le livre de prières les paroles des chœurs, le jeune homme crut bon de s'exprimer par son talent inné, en l'espèce celui du siffler, qu'il avait aussi haut que mélodieux. En cet acte il voyait un don, un témoignage de vénération qu'il offrait à Dieu.

Horrifiés, les membres de la congrégation relevèrent la tête. Déjà, les gardiens du temple se précipitaient pour faire taire le pâtre sacrilège, quand le sage Baal Sem intervint pour déclarer : « Jusqu'à ce jour, nos prières ne sont jamais montées au ciel. Mais le trille de cet innocent garçon est si pur qu'il nous en a ouvert les portes, et nos prières sont arrivées jusqu'à Dieu. »

Le fait est que le Divin entend toutes nos prières, quel qu'en soit le langage. Les premiers temps où je vécus parmi les peuples de l'Himalaya, il va sans dire que je ne savais ni parler ni lire le tibétain. Tous ces jours que je consacrais essentiellement à la prière, je me demandais comment je pourrais parvenir à m'intégrer à mon groupe. « Comment prier ? Comment méditer ? » demandai-je à Kalu Rinpotché. Et ce dernier de me répondre : « Prie comme tu le peux. À mesure que tu acquerras de la pratique, tu découvriras les possibilités qui s'offrent à toi. »

La prière est un exercice aussi simple qu'essentiel, et qui n'exige aucune aptitude ni formation spéciale. On s'y livre spontanément, et du fond du cœur. En somme, le langage du sacré s'exprime directement par les voies de l'âme et du cœur, quelles que soient les circonstances. C'est une porte qui nous permet de voir et d'être vu, d'entendre et d'être entendu.

Une de mes amies me raconta que, voilà quelques années, son fils, âgé d'un an à peine, tomba brusquement malade. Quelques heures plus tard, il fut admis à l'hôpital, et placé aussitôt en isolement. Sa forte fièvre, conjuguée à des douleurs et des vomissements, laissait présager une affection d'origine virale ou bactérienne. Transfusé, le pauvre enfant ne recevait la visite que de médecins revêtus de masques et de gants aseptisés. Seule sa mère fut exceptionnellement autorisée à le veiller. Mais, le jour suivant, cette dernière fut atteinte des mêmes symptômes que son fils. Grelottant de fièvre, elle se mit à son tour à régurgiter violemment. Elle me raconta que, agenouillée devant la cuvette des toilettes, elle se mit à prier. À prier non pas pour elle, mais pour son fils. Elle était si effrayée qu'elle pria, me dit-elle, de toute son énergie. Puis, brusquement, après un dernier hoquet, les symptômes disparurent. À peine revenue de sa surprise, encore assise sur le carrelage de la salle de bains, elle se sentit tout à fait rétablie. Sa prière avait été entendue.

Découvrir l'authentique présence par la prière

Plusieurs personnes s'accordent à dire qu'à l'instar de la méditation la prière commence par le silence. Éprouver le véritable silence est très différent d'observer un instant de silence. Seul le silence intérieur de l'être favorise la découverte de l'authentique présence. Aux fins de l'atteindre, nous délestons notre esprit et notre cœur de tout ce qui les encombre, pour nous employer à atteindre notre nature bouddhique, notre bonté naturelle, le tréfonds de notre être.

C.S. Lewis écrivit une fois: « La prière précédant toutes les prières consiste à se demander : "Est-ce le vrai moi qui parle; est-ce le vrai toi à qui je m'adresse?" » Quand une personne est souffrante et que l'on craint pour elle, le véritable moi, l'authentique présence apparaît. C'est ce vrai moi qui s'exprime, source intérieure s'adressant à la source de toute grâce. Il y a alors réunion entre l'authentique présence et la Divine présence.

Ainsi, avant de commencer à prier, nous faisons silence, afin d'entrer en contact avec la part de divin qui se trouve en chacun de nous. Puis, avec ou sans mots, nous exprimons en toute liberté ce que nous celons en nos cœurs. Les vraies aspirations du cœur et de l'esprit se révèlent alors sans la moindre entrave, et nous écoutons; nous prêtons l'oreille à notre moi profond là où vient de surgir l'être véritable. Le moine bénédictin frère Davis Steindl-Rast me révéla un jour que « la vraie prière commence dès que l'on n'est plus conscient de prier ».

Prière orientée et non orientée

Bien que de nombreuses prières tendent vers des requêtes spécifiques, les plus opérantes sont souvent celles dont on perd le contrôle. Tout le monde connaît la formule mille fois répétée « Que Ta volonté soit faite » ou encore « À la grâce de Dieu ». Dans le bouddhisme, cela revient à renoncer à son ego, à apprendre à s'abandonner. Cela est encore un exemple sur la voie du non-attachement. Ce pas, c'est celui que nous effectuons en dehors de nous-mêmes pour suivre notre véritable chemin.

Par la prière, un chercheur tentera de trouver le juste équilibre entre une prière orientée et une prière non orientée, comme l'énonce la phrase : « Ce que je veux, c'est être par-dessus tout en harmonie avec le sacré. » Les enseignements bouddhistes nous engagent à accepter notre karma, même en sachant qu'il peut être amélioré. Nous prions afin d'acquérir la sagesse d'accepter les événements, quelle que soit notre volonté de résoudre nos dilemmes. De la sorte, nous équilibrons l'« être » et le « faire ».

Groupes de prière

Partout à travers le monde il existe des groupes se consacrant à la prière. Parfois ces groupes vivent en communauté, parfois ils se constituent selon un agenda donné. Il survient fréquemment que leurs prières soient spécifiquement orientées. À la fin d'un service auquel j'assistai, le pasteur demanda si quelqu'un voulait faire une déclaration. Un ami, ancien membre de la congrégation, était tombé malade, annonça alors un fidèle. Serait-il possible que les personnes présentes réglassent leurs réveille-matin à huit heures afin de prier de conserve pour sa guérison ?

La prière en groupe est une pratique des plus estimables, génératrice de grande énergie sacrée, porteuse de bienfaits et de guérison pour tous ceux qui s'y adonnent.

Rôle de la foi et de la dévotion dans la prière

Chaque fois que l'on m'interroge sur le rôle de la foi dans des pratiques telles que la prière, je réponds que, oui, la prière impose la foi, mais pas n'importe laquelle. On peut en effet avoir foi en bien des choses : foi en la mémoire consciente, foi en ce que nous voulons devenir.

Quelques personnes objecteront que la « chutzpa » est indispensable à la prière ; d'autres tendront à croire que le mystère et la magie que l'on perçoit au-delà des apparences ne sont qu'ineptie, une ineptie que d'autres encore prétendront d'essence divine. La vérité est qu'une certaine estime de soi est nécessaire pour prier, car l'estime de soi impose une confiance en ses pouvoirs personnels. La seule exigence de la prière est la foi, que l'on pourra aussi nommer conviction de pouvoir influer sur les circonstances. Nous avons notre part dans ce qui constitue notre destin, notre karma, notre avenir. Croire à cela, c'est déjà avoir la foi.

Il faut également posséder une bonne dose de foi pour renoncer momentanément à ses activités et s'adonner à la prière. Jésus dit à ses disciples que leur foi ne serait-elle pas plus grosse qu'une graine de moutarde, elle suffirait à déplacer des montagnes. Ainsi, à l'exemple de votre serviteur, si vous vous interrogez sur à peu près tout, vous possédez néanmoins en vous assez de foi pour vous engager dans la prière. Si vous pensez que vos questions ont assez de sens pour être posées, vous avez encore suffisamment de foi en vous. Fiez-vous à votre foi, et vous constaterez que, tôt ou tard, vos questions et vos prières seront entendues. Écouter, vider son esprit et ouvrir son cœur, observer comment les emplir par-delà soi-même, telle est la vraie façon de prier.

La pratique de la lecture spirituelle

Que de fois un homme a commencé une nouvelle vie après avoir lu un livre ! Le livre n'existe peut-être que pour nous expliquer des miracles et nous en révéler d'autres, pour nous ouvrir à l'ineffable, exprimable en quelque lieu qu'il nous reste à découvrir.

HENRY DAVID THOREAU

Bien avant que nos ancêtres eussent inventé l'écriture, l'imprimerie et la pâte à papier, la sagesse spirituelle était loin d'être accessible à tous. En réalité, jusqu'à Gutenberg et la propagation du livre, le savoir demeurait le privilège de quelques-uns. Au temps du Bouddha, les enseignements se donnaient oralement. En conséquence de quoi, l'adepte se devait d'avoir un maître à ses côtés. Aujourd'hui, la plus grande part de notre héritage spirituel nous est transmis par les livres. Il n'est pas une librairie qui n'ait un rayon réservé aux choses de l'esprit. Outre cela, loin de se limiter au livre, la connaissance nous est proposée via les revues spécialisées, des cassettes vidéo, des CD-ROM, des sites Internet et tout un éventail de moyens de communication mis à notre disposition. Heureux Occidentaux que nous sommes !

La pratique spirituelle bouddhiste met tant d'emphase sur la méditation et la vacuité de l'esprit qu'il est aisé de verser dans l'excès et négliger nos facultés de perception et d'analyse. Et pourtant, on peut affirmer sans contredit possible que des générations de chercheurs ont su trouver le chemin, cela grâce aux écrits de ceux qui surent attester de leurs pensées, de leurs combats et de leurs expériences.

À mon arrivée au Népal, un de mes lamas tibétains me conseilla de ne pas perdre mon temps en de vaines lectures. Le seul livre que je devrais posséder, disait-il, était le grand classique datant du XIIe siècle *Le Joyau de la libération*, écrit par Gampopa, dont le texte bouddhique est d'un accès ardu et riche en détails. Des années durant, je m'employai à suivre son conseil. Je connais des chercheurs qui, aujourd'hui encore, s'en tiennent à ce texte. Pour ma part, je devais m'aviser que cela ne m'était guère bénéfique, du fait qu'il m'est inconcevable que l'on puisse vivre de la seule méditation. Vous pouvez m'en croire, j'en ai fait, là aussi, l'expérience.

Quelque dix ans plus tard, même quand, cloîtré dans un monastère, je suivais la formation traditionnelle de lama, la méditation n'était pas mon unique activité. Mes maîtres, Dilgo Khyentse Rinpotché et Dudgeon Rinpotché, ne nous donnaient que deux heures d'enseignements par jour, lesquels s'accompagnaient, naturellement, d'épreuves écrites et orales sur des textes bouddhistes anciens et nouveaux.

La sagesse et la vérité du dharma *peut* être découverte à partir de textes. La lecture *peut* également être génératrice de métamorphoses. Au Tibet, il est dit que le cursus d'apprentissage et d'assimilation de la sagesse se décompose en trois étapes, soit : l'audition, la réflexion et la méditation conjuguée à l'assimilation. Si la lecture de textes spirituels remplit aisément la première condition, les deux autres étapes induisent, de la part du chercheur, introspection, analyse et contemplation.

Oliver Wendell Holmes observa un jour : « Aujourd'hui, nous avons accès à des siècles de sagesse infinie. Les plus beaux écrits orientaux sont pour la plupart accessibles aux Occidentaux dans leur langue. Les générations les plus récentes de maîtres du dharma – qu'ils soient de l'Est ou de l'Ouest – sont les auteurs d'une pléiade de livres aptes à inspirer les chercheurs du monde entier. Cela vaut pour toutes les religions, et non pour le bouddhisme uniquement. Songez aux générations de chercheurs de toutes confessions qui se penchèrent sur la Bible, la Torah, le Coran, le *Tao-tö-king*, la Bhagavad-Gitā, ainsi que les innombrables écrits hindous et bouddhistes.

« Songez à tous ces voyageurs de commerce qui, exténués, ouvrent la bible posée près du lit de leur chambre d'hôtel. Pensez aussi à ces étudiants qui passent leur vie le nez plongé dans les arcanes des écrits sacrés. Combien de lectures pouvez-vous compter qui vous aient illuminés ou, à tout le moins, inspirés ? Si l'on pouvait rassembler toute l'énergie dépensée au fil du temps en lectures spirituelles, je crois que le ciel en serait entièrement ébloui. »

Dans le bouddhisme, la lecture de sages écrits a toujours été considérée comme une activité hautement porteuse d'illumination. Un de mes bien-aimés maîtres tibétains fut le vénérable abbé Deshung Rinpotché, généralement considéré comme le lama le plus érudit de son temps. Après s'être enfui du Tibet avec quelques hauts dignitaires, en 1959, il fut introduit à la *Rockefeller Foundation* de Seattle comme maître de conférences d'un extraordinaire programme d'études asiatiques. Deshung Rinpotché m'apprit qu'il avait passé trois années à la grande bibliothèque tibétaine-sanskrite de Derge, à étudier les sutras bouddhistes jusqu'à en retenir un millier par cœur. Une telle aptitude est grandement appréciée dans la culture bouddhiste, parce qu'elle équivaut à plusieurs années de retraite. Plus tard, alors qu'il vivait à New York, il allait me montrer quelques-uns des nombreux écrits qu'il avait rédigés depuis sa venue sur le continent américain.

Bon nombre de moines tibétains ont consacré leur énergie à la fabrication de papier de riz ou à la gravure d'anciens écrits bouddhistes sur des plaquettes de bois afin d'en assurer la pérennité. De tout temps, ces activités furent perçues comme une tâche désintéressée à valeur éminemment spirituelle. Quand les Chinois envahirent le Tibet, une de leurs premières préoccupations fut de détruire des écrits et de précieuses plaquettes de bois dont plusieurs dataient de plusieurs siècles.

Brûler des livres n'est pas nouveau. L'histoire de l'oppression humaine abonde d'exemples de destruction de livres comme moyen d'anéantissement d'un peuple et de sa culture. C'est pour l'envahisseur un puissant moyen d'instaurer une mainmise sur un pays. En 1975, les Khmers rouges entreprirent l'extermination massive du peuple cambodgien afin d'éradiquer sa culture. Les premières victimes du massacre furent les intellectuels et les classes possédantes, journalistes, enseignants, toute personne parlant une langue étrangère ou simplement portant lunettes. Les Khmers rouges firent tout particulièrement campagne contre les enseignements bouddhistes en persécutant d'inoffensifs moines et moniales.

Des hommes et des femmes furent exécutés pour des actes aussi bénins que d'avoir invoqué Bouddha ou récité des prières. Dans tout le territoire cambodgien, plus de trois mille temples et écrits furent anéantis. Avant que les Khmers rouges entreprissent de mettre le pays en coupe réglée, y vivaient plus de cinquante mille moines. À la fin de la guerre, n'en subsistait plus que trois mille.

Un de ceux-là fut le révéré Maha Goshananda qui œuvra pour la paix sa vie durant. En 1978, quand ils commencèrent d'affluer dans les camps de réfugiés, les survivants cambodgiens furent accueillis par le saint homme, revêtu de la robe safran alors interdite. Il leur distribua aussitôt des exemplaires du Meta-sutra, les enseignements bouddhiques d'amour, de pardon et de compassion. Dans son introduction, l'éditeur du livre *Step by Step*[1], de Maha Goshananda, déclare : « Ces instants virent l'émergence de terribles souffrances mais aussi d'amour. Des siècles de dévotion bouddhiste resurgirent à la conscience des réfugiés. Des vagues de survivants tombèrent à genoux pour se prosterner, leurs cris se propageant à travers tout le camp. Nombre de personnes s'accordent à dire que, ce jour-là, alors que se consumait l'arbre Bodhi, le dharma assoupi au fond de leurs cœurs s'éveilla. »

Quelle chance n'avons-nous pas, nous autres Occidentaux, de pouvoir lire ce qui nous plaît, prier qui nous voulons et chanter ce qui nous chante ! La liberté de religion, pierre angulaire de l'édification de nombreux pays, ne doit pas pour autant être tenue pour acquise. Les lectures spirituelles nous enseignent à prêter l'oreille, aux fins d'entendre l'enseignement intemporel et sacré des sages à travers les âges. S'il est refusé aux hommes et aux femmes d'aujourd'hui de se trouver en présence de celui que l'on a appelé Bouddha, ses paroles demeurent. Elles leur sont accessibles en tout temps et dans la langue de leur choix.

Peu de gens aujourd'hui songent à entreprendre un voyage à Katmandou ou à Lhassa, pour y rencontrer des gourous sur le chemin de l'illumination. Quand bien même leurs ressources le leur permettraient, ils se refusent à un si long périple. Fort heureusement, ils n'y sont pas contraints. Il leur suffit d'aller dans la librairie la plus proche et de se procurer les ouvrages qui les initieront à la méditation du Bouddha, de Milarepa ou de Dogen. Le Rumi leur enseignera la dévotion et la prière, le Basso le haïku, et Lao-tseu les principes de la vivante illumi-

1. « Étape par étape. » *(N.d.T.)*

nation. Si le cœur vous en dit, vous pouvez passer un après-midi en compagnie d'écrivains mystiques comme Rumi, Kabir, saint Jean de la Croix, Han Shan *(Montagne Froide),* Weil, Whitman et Ginsberg. Si vous êtes davantage séduit par des écrivains modernes, vous aurez tôt fait de vous rendre compte qu'ils sont légion.

Je crois important pour un chercheur de garder l'esprit ouvert sur l'inspiration spirituelle qu'il pourrait trouver dans ses lectures. Sitôt que l'on s'y intéresse, des ouvrages comme la Bible, la Torah, le Coran et le Dahammapada (parole du Bouddha) nous viennent à l'esprit. Cependant, nombreux parmi nous sont ceux qui se sont avancés sur le chemin spirituel après s'être penchés sur des ouvrages dits « de vulgarisation », dont l'indéniable qualité reste qu'ils sont accessibles à tous.

Dans mon cas, je puis prétendre que le livre a jalonné mon cheminement spirituel. Au fil des ans, je m'avisai que ceux qui m'inspiraient le plus n'étaient pas toujours d'un abord facile. À douze ou treize ans, j'empruntai à un ami *Franny et Zooey,* de J.D. Salinger. À moins que ma mémoire ne me joue des tours, je crois me souvenir qu'il s'agit d'une histoire d'amour. Ceux d'entre vous qui auront lu le roman se rappelleront Franny, personnage central, serrant contre sa poitrine *Le Chemin d'un pèlerin,* un vieux livre racontant l'histoire d'un anonyme voyageur spirituel traversant à pied la Russie du XIXe siècle.

Si ce livre est aujourd'hui trouvable dans la plupart des librairies, il était déjà assez peu répandu dans les années soixante. Je ne parvins à me le procurer que grâce à l'intervention d'un camarade de classe, dont le frère en possédait un exemplaire. Je trouvai le livre fascinant. Ce pèlerin anonyme veut découvrir le sens profond des paroles de saint Paul quand ce dernier enjoint à ses disciples de changer leur existence en prière. En voulant faire de sa vie une incessante prière, le pèlerin apprend de Jésus ce que l'on dit être la prière du cœur : « Seigneur Jésus, aie pitié de nous… »

Quoique je fusse issu d'une famille juive, apprendre le pouvoir de la prière et de la foi sur le chemin de la spiritualité n'en resta pas moins révélateur pour le jeune homme que j'étais. Tout aussi important fut pour moi de remarquer que mes centres d'intérêt étaient partagés. Je trouvais gratifiant de découvrir que des gens intelligents pouvaient se consacrer à la prière et à la spiritualité, et non des personnes naïves et crédules comme on voulait me le laisser croire. Après la lecture du livre d'Alan Watts sur la doctrine zen, un monde s'ouvrit à moi.

L'été de mes dix-huit ans se passa dans un grand cabinet d'avocats de la 5e Avenue. Un matin, alors que j'arrivais au bureau, l'associé principal, avec son monogramme brodé sur sa chemise, ses chaussures italiennes et son habit du bon faiseur, me convoqua dans son bureau. Il y arrivait parfois si tôt que j'avais fini par croire qu'il y passait ses nuits.

« Viens ici, Jeffrey, me dit-il ce matin-là en brandissant un exemplaire du *Livre des morts* tibétain qu'il avait préalablement récupéré sur mon bureau. J'aimerais que tu le lises et me dises ce que diable peut contenir un tel ouvrage. »

Même alors, constatai-je, il se trouvait des gens soucieux d'en savoir davantage sur le Tibet… et la vie intérieure, il va sans dire.

Je crois qu'il est inutile d'ajouter qu'à l'époque je n'y entendais goutte. Mais je me rappelle l'extrême fascination qui s'était emparée de moi au fur et à mesure que j'apprenais l'existence de ces passages après la mort que l'on appelle bardos, d'éveils par les rêves, de réincarnation et de possibilité d'illumination pour toute une vie. Cet ouvrage m'ouvrit-il les portes de mon karma tibétain ? Je n'en mettrais pas ma main au feu, mais ce n'est pas impossible.

Reste que mon expérience n'est sûrement pas unique. « Oui, c'est tellement vrai », se dit-on sitôt qu'une lecture nous touche le cœur ou l'esprit. Devenir un chercheur impose que l'on soit à l'écoute de l'appel de la sagesse. Les livres contiennent tant de connaissances dont nous aimerions nous enrichir. Kafka n'a-t-il pas affirmé que le livre est la hache qui brisera la mer gelée que nous portons en nous ?

Créez votre propre bibliothèque spirituelle, en sorte que les livres et les mots qui vous sont les plus évocateurs aient leur place dans votre vie, que vous puissiez les retrouver au moment où vous en concevrez le besoin. Les livres que vous affectionnez le plus, faites-en, chacun leur tour, votre livre de chevet dont vous lirez quelques extraits tous les soirs. Lire et relire des livres exhortant à l'éveil vous permettra, ainsi qu'à vos proches de mieux comprendre que vous êtes sur le chemin de la spiritualité. Si la lecture vous pèse, sachez qu'il existe de nos jours de nombreux textes disponibles en cassettes.

En dehors du chien, il n'est meilleur ami de l'homme que le livre. En dedans du chien, il fait trop sombre pour pouvoir y lire.

GROUCHO MARX

Créer un carnet de notes spirituel où rédiger les mots qui parlent à notre esprit

Créez votre propre Bible, choisissez et rassemblez les mots et les phrases qui, dans vos lectures, ont produit le même fulgurant effet qu'en ayant lu Shakespeare, Sénèque, Moïse, saint Jean et saint Paul.

RALPH WALDO EMERSON

Dès que j'entends ou que je lis des mots en concordance avec mon existence, je les écris souvent dans un calepin destiné à cet usage. Ce réflexe s'est révélé à la longue une pratique spirituelle des plus enrichissantes. Je me revois encore, en mai 1971, achetant mon premier calepin alors que je quittais les États-Unis pour la première fois. J'étais à Istanbul, et venais à peine de finir de déjeuner au *Pudding Shop,* un des rares endroits de Turquie dont la nourriture soit comestible aux Américains, même si des mets comme les « pancakes », les « hamburgers » et les « milk-shakes » figurent rarement au menu.

Je songeais alors à acquérir un petit carnet dans lequel je dresserais la liste des endroits que je visiterais, et de tout ce que j'entendais faire durant mon voyage spirituel. J'avais déjà mon petit calepin de poèmes qui faisait également office de journal, mais ce jour-là, j'éprouvai le besoin de tenir un journal spécialement réservé aux choses de l'esprit. Tout comme mon livre de prières, mon premier « calepin spirituel » était rouge, et rouges furent aussi les suivants tant j'y étais attaché. J'en possède aujourd'hui plusieurs dizaines, et ne manque jamais d'en consulter un quand l'occasion se présente.

Il survient parfois que l'on oublie les raisons initiales de son cheminement spirituel, et nos objectifs prioritaires s'en trouvent bouleversés. Un carnet spirituel rempli de pensées et de citations de saints et de sages présents ou passés nous aidera à faire la distinction entre ce qui est important et ce qui l'est moins.

C'est grâce à ces carnets, qui se glissent aisément dans la poche d'un veston, que j'ai pu, au fil des années, rassembler une foule considérable d'enseignements, d'anecdotes et de citations. Ces mêmes calepins me servent aujourd'hui pour mes cours et mes écrits. Il ne se passe pas une journée sans que j'en fasse usage.

Je suggère que vous commenciez le vôtre en y recopiant les paroles d'amour et de bonté du Bouddha, connues sous le nom de Meta-sutra. Ce sutra est si évocateur que je le crois résidant en la bibliothèque spirituelle de chacun. J'en garde un exemplaire près de mon siège de méditation avec mon livre de prières tibétain.

Le Meta, c'est l'amour-bonté. En récitant les paroles du Meta-sutra, nous nous rappelons notre volonté d'étendre notre amour, notre mansuétude, notre empathie et notre bonté à tous les êtres vivants sans exception. Lisez le Meta-sutra et songez au sens profond des paroles de Bouddha quand il disait : « Comme de sa vie la mère fait un bouclier pour son enfant, c'est d'un cœur infini qu'il nous faut chérir tous les êtres vivants. »

Il est dit que réciter le Meta-sutra apporte de multiples bienfaits au disciple et à tout ce qui l'entoure.

Pour de nombreux bouddhistes, « Meta » est devenu le mot clé exprimant amour et bénédiction. Avec d'autres maîtres de méditation Vipassana, Sharon Salzberg, auteur de *Lovingkindness*[1], a contribué à intégrer le concept du Meta dans le courant spirituel général. Sharon envoie souvent des e-mails aux amis que nous sommes, en nous demandant d'adresser des Meta à des êtres affligés de maladie ou de graves problèmes. Par ce geste, elle nous adjure de leur consacrer nos prières et nos pensées d'amour-bonté les plus ferventes. Le Meta est un moyen d'accéder à l'amour véritable qui réside au fond de nos cœurs. C'est la manière de nous aider à guérir, à prendre soin les uns des autres.

Nous accroissons notre capacité d'amour en envoyant des Meta à tous les êtres vivants, spécifiquement à ceux qui en ont le plus besoin. Quand, à l'automne, je lève, par exemple, les yeux pour regarder un vol d'oies sauvages faisant route vers le sud, je leur envoie un Meta. Je me dis en moi-même : « Puissent-elles arriver saines et sauves à destination, puissent-elles trouver leur nourriture, puissent-elles être à l'abri des prédateurs. » Cette pensée, je la dédie aussi aux passagers de cet avion que je vois passer dans le ciel ou à ce papillon que je croise sur mon chemin.

J'envoie aussi ma bénédiction et un Meta tout particulier aux démunis, aux impotents, à tous ceux qui appellent au secours. Pour m'y être longtemps livré, cette pratique me vient aujourd'hui naturellement. Quand je vois ma chienne poursuivre un chevreuil ou un lapin, je la rappelle aussitôt. Toutefois, là s'arrêtent mes pouvoirs, aussi envois-je à toute créature un Meta, en espérant que « tous les êtres vivent à leur guise dans la joie et la sécurité ».

Alors que vous copierez ce sutra, soyez attentif au sens de chaque mot :

---

1. « Amour-bonté. » *(N.d.T.)*

Voici ce qui doit être fait
par celui qui, doué de bonté,
connaît les chemins de la paix :
Faire que l'on soit aguerri et droit,
Franc et au discours aimable,
Humble et dépourvu de morgue,
Content et satisfait de peu.
Délesté de vaines tâches et économe de manières,
Pacifique et calme et sage et délié,
Sans orgueil ni doléances envers la nature.
Faire aussi qu'on ne commette le plus petit acte
Que la sagesse pourrait réprouver.
Souhait : puisse toute créature vivre à sa guise
Dans la joie et la tranquillité,
Qu'elle soit faible ou forte, n'en omettez aucune,
Grande et puissante, moyenne, courte ou petite,
visible et invisible,
Celle qui nous est proche, et celle qui est au loin,
Celle qui est née et celle qui est à naître,
Puisse toute créature vivre à sa guise.

Ne permettre à personne d'en décevoir une autre,
Ou la déprécier quel qu'en soit l'état.
Ne permettre à personne par colère ou folie
De souhaiter le mal d'autrui.
Comme la mère de sa vie
Protège son unique enfant, avec un cœur infini
On devra chérir tous les êtres vivants ;
Répandre la bonté sur la terre entière
À travers les cieux,
Et jusqu'aux abysses ;
Des grandes étendues, par-delà l'infini,
Affranchi de tout mal, de tout désir de haine.
Immobile ou marchant, assis ou couché,
Libre de somnolence,

De ces paroles chacun devra exalter le souvenir,
Que l'on dit être la sublime constante.
En renonçant à ses visions figées,
Tel le cœur pur, jouissant de clairvoyance,
Libéré de tout désir sensoriel
Ne renaîtra pas en ce monde.

La pratique du chant

C'est la grive avisée qui redouble son chant,
De crainte que vous pensiez qu'elle ne sait reproduire
Le trille insouciant qui a su vous séduire !

ROBERT BROWNING

Le son a son pouvoir.

Le livre de Josué de l'Ancien Testament nous livre l'étonnant exemple de ce qui peut être accompli grâce au son :

« Et le Seigneur dit à Josué : "Tu marcheras sur la cité que tes soldats encercleront. Ainsi en sera-t-il pendant six jours, avec sept prêtres, portant sept trompettes en corne de bélier, postés devant la porte. Au septième jour, tu feras sept fois le tour de la cité, tandis que les prêtres souffleront dans leurs trompettes. Quand le fracas des instruments parviendra à tes oreilles, tes gens produiront une immense clameur, et les murs de la cité s'écrouleront." »

Et c'est ainsi que l'énergie dégagée par cette immense clameur eut raison des murs de la cité mythique de Jéricho. Il est néanmoins de fait que les vibrations sonores influent sur la matière. Le grand Caruso était réputé tenir une note avec une intensité telle que le cristal se brisait. Cependant, pour n'être pas gratifiés du fabuleux organe de Caruso, nous n'en produisons pas moins, chaque fois que nous parlons, une vibration sonore qui nous est propre et que rien ne saurait imiter. Ainsi, comme peut joyeusement l'attester la majorité d'entre nous, le son produit un effet physique et spirituel. Il n'est pas rare que je me sente transporté par certaine musique, et, bienheureux que nous sommes, nombre d'entre nous ont connu des instants de grâce, à l'occasion d'un concert, d'un récital ou même d'un simple défilé.

Du solo de batterie à la mélopée, le son a de tout temps eu partie liée avec le spirituel. Comme beaucoup de Juifs, j'ai grandi parmi les accents solennels des solistes incitant les fidèles à la prière. Le chant est une pratique aussi ancienne qu'universelle destinée à unir matériel et spirituel. Les chercheurs du monde entier trouvent dans le chant un moyen de créer un lien avec la divine présence. Songer aux pratiques chamanistes, aux chants des Indiens d'Amérique, au chant grégorien, Hare Krishna et bouddhistes.

Chanter impose un continuum. Chantez un *om*[1]. Répétez-le sans cesse en en observant le son. Portez les doigts à votre gorge et percevez la vibration qui monte non seulement de votre gorge, mais aussi de votre cœur et de votre abdomen. Chanter est une manière de capter les vibrations spirituelles, l'union de l'unicité et de la multiplicité. Om est éternel. Om cesse d'être la multiplicité pour devenir l'unicité, l'éternel présent, la syllabe à partir de laquelle l'homme peut entrer en contact avec la racine même de l'univers. C'est la « bija », la syllabe germe de cet univers, celle dont dérivent tous les autres sons. Elle est connue pour relier le visible et l'invisible. C'est le son primordial, la vibration émanant du sacré qui met toute chose en mouvement. En Inde, elle est souvent comparée à un coquillage émergeant des profondeurs de l'océan.

---

1. Énergie cosmique à l'état pur. Son primordial qui suscite les galaxies. *(N.d.T.)*

L'évangéliaire de saint Jean nous dit : « Au commencement était le Verbe, et le Verbe était avec Dieu, et le Verbe était Dieu. » Du silence infini naît le son ; du vide des espaces naît la vibration. Un tantra tibétain affirme que « du ventre insondable de la vacuité monte la syllabe germe, telle une étoile filante ».

Comme on l'a dit une fois, le Divin n'est pas toujours à l'écoute, aussi est-il bon, parfois, de se répéter. Dans le chant, le pouvoir du son se conjugue à celui de la répétition. L'univers qui nous entoure n'est fait que de répétitions : répétitions dans les saisons, dans les cycles lunaires, dans la course du soleil, répétition de la vie elle-même. Une grande part de la pratique bouddhiste repose sur la répétition. Pendant la méditation, nous surveillons notre respiration, nous comptons jusqu'à dix nos inspirations et nos expirations. Puis nous recommençons. Cette simple répétition instaure un rythme qui prend vie de lui-même. Cet exercice nous invite à nous rapprocher de notre vibration naturelle, de notre propre nature, de notre nature bouddhique innée.

Le chant incantatoire de mantras est également une manière avisée de cesser de nous identifier à nos propres pensées, et donc à libérer notre esprit. Chanter nous projette dans un océan sonore qui se situe au-delà de nous-mêmes ; chanter met un terme à nos pensées errantes pour nous orienter vers le vaste monde de la pureté et de la simplicité de l'être. Tout récemment, je lisais que nous avions plus de deux cents pensées à la minute, soit plus de trois à la seconde. Ram Dass affirme que cesser de s'identifier à ses pensées revient à trouver la liberté.

Commencez à chanter et vous serez auréolé d'une rythmique née de l'énergie et du son sacrés. Ainsi jetterez-vous les premiers ponts entre le corps et le pur esprit. Essayez donc ceci : la prochaine fois que vous vous promènerez dans les bois ou sur une plage, ouvrez votre cœur, déployez votre thorax et commencez à chanter ; de manière délibérée, vous créerez ainsi votre propre résonance, sorte de petite cathédrale, cercle magique que vous érigerez autour de vous-même. Dans le bouddhisme tantrique existe même une pratique dans laquelle l'énergie, le souffle et le son sont utilisés pour créer et emmagasiner des bénédictions aussi bien que pour lever les obstacles.

Certaines personnes pensent que la méditation et le silence sont la pratique spirituelle suprême ; d'autres en disent autant pour la prière, alors qu'à la vérité le chant combine à la fois méditation et prière. Je pris la première fois conscience du chant dévotionnel quand je me trouvais en Inde, aux côtés de Neem Karoli Baba. Là, ce chant ininterrompu s'accompagnait d'instruments hindous produisant des sons très graves et très aigus favorisant l'engagement et l'éveil spirituel.

Le chant tient une place considérable dans le bouddhisme Vajrayana tibétain. Même le grand lama Dudgeon Rinpotché, qui maîtrisait les formes les plus subtiles de méditation, me révéla que, dans ses moments de distraction, il chantait le mantra « aux cent syllabes » pour dégager son énergie et lui permettre de revenir à la conscience de la pure présence. Dans les monastères tibétains, lamas et moines murmurent toujours une incantation du bout des lèvres. Kalu Rinpotché, autre grand lama, était connu pour le nombre considérable d'incantations qu'il avait créées. À quelque instant que je pouvais le voir, il avait toujours son mala à la main. On le dit avoir répété le mantra de compassion « Om mani padmé Hûm » une centaine de millions de fois.

Immuablement, les longues retraites du bouddhisme tibétain commencent et s'achèvent par des chants. Quand je m'associai à un groupe pour une retraite de trois ans, nous commençâmes par chanter le sutra du cœur une semaine durant, sutra fondé à déblayer la terre et à purifier l'air. Le chant invoque et attire les bons esprits et contribue à créer des vibrations et une énergie positive pour tous les êtres visibles et invisibles.

De nombreuses pratiques du chant tibétain se déroulent *extra muros*. Moines, moniales et lamas vont fréquemment chanter en des endroits réputés sinistres, comme les tombes et les lieux de crémation. Une telle pratique a pour but d'aider les disciples à générer une énergie apte à dissiper leurs craintes et à affronter les démons. Le chant tient également un rôle primordial dans ce qui est connu comme la pratique de la chaleur intérieure ou « tumo », vouée à intensifier l'incandescence celée en chacun de nous. La manifestation physique en est la chaleur ; la manifestation spirituelle, la lueur éblouissante de la conscience.

Dudgeon Rinpotché racontait qu'adolescent il chantait avec une confrérie de moines dans l'hiver himalayen, et la chaleur qui s'en dégageait suffisait à faire fondre la neige autour du cercle qu'ils avaient formé. Rinpotché avait gardé un souvenir vivace de la tiédeur et de la grâce qui les entouraient. Dans un décor naturel, chanter est un acte merveilleux. Imaginez un instant ce qu'est être assis en cercle dans la neige en train de chanter dans des nuages de vapeur. Quand Dudgeon Rinpotché reposa sur son lit de mort, dans la maison près de notre monastère, en Dordogne, nous chantâmes à tour de rôle, vingt-quatre heures sur vingt-quatre pendant plus d'une semaine, sans discontinuer.

Gyalwa Karmapa seizième du nom, un des lamas les plus marquants de notre temps, était connu sous le nom du lama au chapeau noir en raison de la couronne qu'il portait au cours d'une cérémonie d'agrément. Quand il vint aux États-Unis prodiguer ses enseignements, dans les années soixante-dix, il fut convié à rendre visite aux Indiens Hopis, lesquels fêtèrent sa venue en grande pompe. Il semblerait qu'une prophétie aurait annoncé à ce peuple l'arrivée d'un grand chef coiffé de noir, venu de l'est.

Il advint que la visite du Karmapa coïncidait avec une grave sécheresse s'étendant aux quatre coins du sud-est des États-Unis. Après les salutations d'usage, le dirigeant spirituel tibétain fut invité à se joindre aux Indiens Hopis dans leurs prières et leurs chants pour faire tomber la pluie. Sous la houlette du Karmapa, se déroula alors une cérémonie de plusieurs heures, au cours de laquelle Indiens et Tibétains unis chantèrent et jouèrent du tambour. De lourds nuages commencèrent bientôt à se rassembler dans le ciel. La cérémonie venait à peine de s'achever que de grosses gouttes de pluie se mirent à tomber. Était-ce grâce aux chants ? À vous de le dire.

Chanter l'« om » avec les célébrités

Les Occidentaux commencent à découvrir ce que les Orientaux ont toujours su : que le chant éclaircit l'esprit, qu'il accroît et purifie notre énergie. Il n'y a pas si longtemps, quelqu'un m'envoya un article sur différentes personnalités qui ont découvert les bienfaits du chant, telles que Jeff Goldblum et Meg Ryan. Tina Turner y était souvent citée comme s'adonnant journellement au chant. Dans son célèbre *Ray of Light,* Madonna nous dispense d'apaisantes vibrations par son « Om Shanti, Om Shanti, Shanti, Shanti, Shanti, Om ». Comme quoi même la *Material Girl* peut atteindre par le chant un degré de spiritualité.

Ces personnes et plusieurs autres jouissent des bénéfices du chant tant émotionnellement que physiquement. À celles qui sont anxieuses ou dépressives il m'arrive souvent de conseiller le chant. Je trouve que cela permet d'évacuer notre énergie négative en stimulant notre énergie positive. Disons que c'est un peu comme la caféine, mais sans effets néfastes.

Apprendre le chant

Si vous savez fredonner, vous savez alors aussi chanter. Commencez par respirer profondément par le nez jusqu'à trouver un rythme qui vous convienne. Puis, en expirant, trouvez l'octave appropriée à votre voix et commencez à fredonner « âââ » en expirant. Répétez l'expérience trois fois pour avoir le sentiment de chanter. À présent apprenons un chant très simple.

Comme vous avez appris à prononcer la syllabe germe « âââ » la bouche grande ouverte comme pour un bâillement, attaquez à présent le « ôôô », toujours en expirant, et retenez la note le plus longtemps possible en fermant progressivement la bouche jusqu'à former un « mmm » musé qui se changera lui-même en « ng » nasal lequel, s'il est bien exécuté, fera vibrer les ailes du nez, le palais, la boîte crânienne et le thorax. Observez comme votre note se change en un bourdonnement. Pour cela, il faut rechercher la richesse vibratoire au maximum.

Respirez profondément, et attaquez ce mantra dans sa totalité, ôm, âââ, ôôôm d'une seule traite.

Ômâââôôômmm...

Ômâââôôômmm...

La syllabe « ôm » représente le chakra blanc du milieu du front ; « âââ » le chakra rouge de la gorge, et « ôôômmm » le chakra bleu du cœur. L'ensemble est le corps du Bouddha, le discours du Bouddha et l'esprit du Bouddha.

Ômâââôôômmm...

Ômâââôôômmm...

Cela a l'air difficile, direz-vous ; moins qu'il n'y paraît, toutefois. Peut-être serait-il sage de commencer par écouter. À cet effet, il existe maints enregistrements sous toutes les formes possibles. En outre, si la chose vous captive, vous trouverez à coup sûr un maître qui saura vous guider.

Dans quelle langue voulez-vous chanter ?

Alexandra, une de mes amies qui a fréquenté l'Église méthodiste pendant toute son enfance, s'est tournée aujourd'hui vers l'Église russe orthodoxe sous prétexte que ses grands-parents le sont, mais surtout parce que les chants russes la fascinent. Sans connaître une syllabe de russe elle en comprend d'instinct la musique. Lors de mon arrivée en Asie, j'éprouvai la même impression pour les chants hindous et tibétains. À les entendre, j'étais profondément bouleversé. Cependant, quelques personnes répugnent à s'adonner au chant sans en comprendre les paroles. Si tel est votre cas, autant vous accoutumer dès le départ à chanter dans votre langue.

Les pouvoirs du chant sur l'atmosphère environnante

Le chant peut avoir d'extraordinaires effets sur votre entourage, même à votre corps défendant. Une de mes étudiantes me révéla qu'au cours d'une journée particulièrement tendue, un désarroi extrême s'était emparé d'elle. Son téléphone ne cessait de sonner et son ordinateur d'afficher des messages d'erreur. Tout allait si mal qu'elle avait l'impression d'avoir atteint ses limites. Pour ajouter à sa lassitude, une réunion l'attendait à laquelle elle devait assister et qui se tenait à deux heures de voiture de son bureau. Se rappelant mes conseils, elle se procura pour le voyage une cassette de chant. Cette cassette, me jure-t-elle, lui a sauvé la vie. Pendant qu'elle l'écoutait, elle sentit sa tension nerveuse se dissiper, si bien que ce qui lui était apparu une contrainte devint un moment de détente qu'elle apprécia pleinement.

J'écoute des chants dès que je suis chez moi. Ils exaltent l'énergie des lieux. Ces chants sont des plus variés, chants tibétains, chants bénédictins, chants hindous, chants indiens et tous ceux qui me sont accessibles. Le chant est pour moi un perpétuel enchantement.

La pratique Chenresig ou entretenir le cœur aimant

Au début de l'année je me rendis à Boston pour assister à une réunion œcuménique à laquelle participaient des pasteurs, des prêtres et des rabbins du pays entier. Une des personnes avec qui je m'entretins était une femme, pasteur protestant du Texas. Durant la pause, elle me relata un incident dont elle avait été victime quelques années auparavant : un soir, après le catéchisme, alors qu'elle regagnait sa voiture, un homme masqué s'approcha d'elle et lui mit un énorme revolver sous le nez en la sommant de lui remettre l'argent qu'elle possédait dans son sac. Outre s'exécuter sans hésiter, la femme lui déclara calmement : « J'aurais aimé en avoir davantage, mais sachez que je vous aime malgré tout. »

J'étais frappé par l'aisance avec laquelle elle me raconta cette histoire ; on eût dit qu'il n'y avait là rien que de très normal. La réaction qu'elle avait eue alors laissait entendre : *J'ai terminé mon cours de catéchisme, soit ; mais que puis-je faire encore ? Comment faire pour changer ce qui m'arrive ?* Ce ne fut pourtant pas très difficile pour elle, exercée comme elle était au don et au pardon. Ce n'est pas là seulement question de croyance, car une telle attitude requiert probablement des années d'apprentissage.

Quand je lui demandai comment elle était parvenue à garder un tel sang-froid, elle me répondit simplement : « Derrière le masque j'ai vu les yeux d'un enfant effrayé. » Dix ans plus tard, un homme en costume l'aborda à la sortie de l'église en lui demandant si elle se souvenait de lui. Comme elle répondait par la négative, il lui avoua être celui qui l'avait agressée dans ce même parking. Les paroles qu'elle avait prononcées alors l'avaient tellement frappé, lui révéla-t-il, que toute sa vie en avait été bouleversée.

L'authentique chemin spirituel, nonobstant la pratique que vous choisissez, vous aidera à aimer la vie sous toutes ses formes. Commencez par aimer, pour le reste, vous verrez après. Par sa vie de piété et de chrétienté, cette femme avait appris l'amour et le renoncement, et c'est là l'exact chemin qu'il nous faut emprunter. Au Tibet, nous appelons cela entraînement spirituel ou changement d'attitude. L'esprit de cette Texane était si bien entraîné que sa seule réponse était celle de l'amour en toute circonstance. Son cœur était si grand ouvert qu'elle avait pu spontanément voir en son agresseur un agneau égaré.

Pour peu que l'on en rencontre une, la personne qui incarne l'amour ne manquera jamais de nous émouvoir. Souvent on me demande ce qui m'a poussé à devenir bouddhiste et lama. Ma réponse réside surtout dans les pensées qu'éveille le souvenir de mes maîtres bien-aimés d'Inde et du Népal. Des lamas comme Kalu Rinpotché et Karmapa irradiaient de tant d'amour et de sagesse que je n'aspirais qu'à être à leur côté, qu'à leur ressembler. Un jour, quand je demandai à Kalu Rinpotché comment je pourrais, à son image, devenir un être aimant et compatissant, il me répondit : « Pratique la méditation Chenresig et projette de l'amour sur tout ce qui t'entoure. »

Chenresig est le Bouddha de compassion et d'amour infinis, souvent connu sous le vocable d'Avalokiteśvara, le mot « Avalokita » signifiant : « le Seigneur entend et voit le cri du monde ». Avalokiteśvara est parfois dépeint avec onze têtes et un millier de bras. Un mythe explique cette figure allégorique : un jour, alors qu'Avalokiteśvara se penchait sur la souffrance du monde, sa tête éclata de la vision qu'il en eut. En en rassemblant les morceaux, il s'avisa que chacun d'eux s'était changé en autant de têtes, représentant symboliquement clairvoyance et omniscience. La multitude de bras est nécessaire car elle se tend vers tous les besogneux du monde, chaque paume portant en son centre l'œil grand ouvert de la conscience.

Le Dalaï-lama est tenu pour l'incarnation complète du Chenresig Avalokiteśvara. Le lama Karmapa en est une autre. (Avalokiteśvara a pour nom Kuan en Chine et Kannon au Japon.) Bien que j'emploie le pronom « il » pour faire référence au Avalokiteśvara ou au Chenresig, ils sont souvent perçus comme un Bouddha androgyne. En Extrême-Orient, par exemple, Kuan Yin est une femme, une des plus belles figures religieuses d'Asie.

Au Tibet, les adeptes du chemin Mahayana Bodhisattva sont dévotement attachés au Chenresig. Son mantra, connu comme celui de l'amour et de la compassion, est le vocable de six syllabes très répandu d'Om mani padmé Hûm.

Ce mantra est souvent appelé « Mani » ou « joyau » par les Tibétains. Probablement le plus ancien et le plus important mantra du bouddhisme tibétain, le Mani est chanté partout, en tout temps. Il peut simplement se traduire par « le joyau est dans le lotus », faisant référence à l'esprit lumineux de la nature bouddhique au cœur de tous et chacun.[1] Le joyau de l'esprit illuminé se tient dans le lotus de la conscience individuelle. Dans un sens élargi, il représente le joyau inestimable

1. Dans le tantra, d'où il tire son origine, le mani est l'organe mâle, tandis que le padmé, fleur de lotus, symbolise le yoni, sexe féminin. La suite va de soi… *(N.d.T.)*

de l'illumination éclosant comme la fleur de lotus dans la fange de ce monde semé d'embûches.

Quand un adepte tibétain chante Om mani padmé Hûm, il s'éveille au chemin Bodhisattva. En chantant ce mantra, nous visualisons et nous cultivons en tant que Bodhisattva, irradiant d'amour bonté, priant et aspirant à la libération de tous les êtres.

Kalu Rinpotché m'avoua que sa pratique essentielle consistait à chanter ce mantra. Quand les gens lui demandaient à quoi il avait passé toutes ces années dans une grotte du Tibet ou lorsqu'on l'interrogeait sur l'objet de sa méditation quotidienne, il répondait invariablement « au mani », faisant ainsi allusion au cœur lumineux du dharma. Il m'apprit aussi que la pratique du Chenresig est le joyau d'exaucement de vœux, tout en déployant devant moi un rouleau de soie représentant le Bouddha aux quatre mains de la compassion. Les deux mains du centre font un écrin au joyau, cœur primordial d'amour et de sagesse au service de tous. Les deux autres tiennent respectivement la fleur blanche du lotus du dharma, et le « mala » (rosaire) à l'usage des mantras.

Je revois encore Kalu Rinpotché me désignant le rouleau accroché au-dessus de l'autel, en me disant que le Chenresig était sa déité tutélaire. Il ajouta que, sa vie durant, il avait fait vœu de pratique selon lequel il réciterait un nombre considérable de ces mantras. Le fait de réciter cent millions de fois l'Om mani padmé Hûm est appelé au Tibet « tungjor ». Au moment de sa mort, Rinpotché en avait accompli trois. Il est vrai que ce mantra était toujours sur ses lèvres. Je me souviens avoir écrit à un ami que le vénérable maître avait répété ce mantra d'amour et de compassion tant de fois que son visage parcheminé avait fini par épouser la forme d'un cœur.

Pendant mon séjour à Darjeeling, Kalu Rinpotché fut prodigue de bénédictions et de connaissances tantriques, nous initiant ainsi au mantra de l'amour et de la compassion. Nous apprîmes à nous adonner à la pratique pendant une période assez longue pour que nous puissions chanter ce mantra sept cent mille fois.

La pratique Chenresig recèle des éléments de méditation, de chant et de prière. Elle débute par la visualisation d'une image d'amour inconditionnel et de compassion. Pour Rinpotché, cette image était celle de Chenresig, et si de nombreux Occidentaux l'ont aussi adoptée, d'autres lui en préféreront de plus familières, comme celle du Bouddha, de Padma Sambhava, de Tara, de Jésus, de Marie ou du saint de leur choix. Retenez cette image et entretenez des pensées d'amour, de foi et de dévotion, tout en commençant à chanter :

Om mani padmé Hûm... Om mani padmé Hûm... Om mani padmé Hûm... Om mani padmé Hûm. Répétez ce mantra exquis d'amour-bonté et imprégnez-vous-en. *Om mani padmé Hûm... Om mani padmé Hûm... Om mani padmé Hûm...* Poursuivez ainsi et faites de votre cœur un moulin à prières.

Au cours de cette incantation, portez une personne chère à la lumière de votre amour. Cela peut être un parent, un enfant, une épouse, un ami ou même votre animal de compagnie. À présent, que votre chant soit l'émissaire de votre amour. Imaginez cet être cher devant vous, nimbé de la chaude lumière de votre amour. Priez pour son bonheur, son bien-être, pour sa sécurité et son illumination.

Continuez de chanter et songez aux autres personnes qui vous tiennent à cœur. Ouvrez votre cœur, et offrez à chacun d'eux votre amour. Comme le soleil déploie ses rayons, alors que votre amour a grandi avec la force de votre chant, commencez à étendre votre amour à vos relations, aux étrangers et même aux personnes qui vous irritent. Laissez votre amour se propager aussi loin que vous le pouvez.

Om mani padmé Hûm... Om mani padmé Hûm... Om mani padmé Hûm.

Imaginez qu'au fond de votre cœur un soleil brillant inonde de ses rayons votre chakra du cœur. Pouvez-vous continuer jusqu'à ce que votre amour s'étende aux personnes que vous détestez ou qui vous semblent une menace ? Répandez votre amour. Donnez-le-leur sans compter.

Om mani padmé Hûm.

Om mani padmé Hûm.

Pensez : Puisse toute créature connaître et apporter le bonheur, ce qui est vertu.

Om mani padmé Hûm.

Priez : Puisse toute créature être affranchie de la souffrance et des causes de souffrance, de ce qui est fausseté et illusion.

Om mani padmé Hûm.

Faites le vœu : Que toute créature devienne inséparable de la joie sacrée et du bonheur, libre de tout regret.

Om mani padmé Hûm.

Priez : Puisse toute créature reposer dans l'infinie et entière équanimité, au-delà de tout attachement et rejet.

Om mani padmé Hûm.

Affirmez : Puisse toute créature être heureuse, satisfaite et comblée.

Om mani padmé Hûm.

Puissent-elles toutes aller en paix dans le bien-être et l'harmonie.

Om mani padmé Hûm.

Puissent-elles toutes être protégées de la douleur, de la peur et du danger.

Om mani padmé Hûm.

Puissent-elles voir leurs désirs, leurs besoins et leurs aspirations se réaliser.

Om mani padmé Hûm.

Puissent-elles être toutes saines et sauves.

Om mani padmé Hûm.

Puisse toute la planète être saine et sauve.

Om mani padmé Hûm.

Puissent toutes les créatures s'éveiller du sommeil de l'illusion, et être libres et illuminées.

Om mani padmé Hûm.

Puissent-elles toutes voir s'accomplir leur véritable nature spirituelle et s'éveiller au Bouddha qui est en chacune d'elles.

Om mani padmé Hûm.

Puissent-elles toutes équitablement s'ouvrir, incarner et apprécier leur perfection innée.

Om mani padmé Hûm.

Om mani padmé Hûm.

Om mani padmé Hûm.

Troisième partie

Revenir à sa véritable nature

La spiritualité est un sujet complètement ordinaire,
mais que l'on peut évoquer de façon extraordinaire,
même si c'est la chose la plus banale qui soit.
La spiritualité est seulement un moyen d'élever
son esprit, d'acquérir une sorte d'entrain.
Ainsi commencerons-nous à avoir un meilleur
contact avec la réalité.
Si nous ouvrons les yeux, si nous ouvrons notre esprit
et notre cœur, nous découvrirons que notre monde
est un lieu magique ; magique non point parce que
ses changements inattendus nous déroutent,
mais parce qu'il peut se révéler brillant et exaltant.

CHOGYAM TRUNGPA RINPOTCHÉ

Dzogchen et méditations naturelles

Certaines gens acquièrent parfois la notion erronée que la spiritualité est un secteur indépendant de la vie, la résidence secondaire de notre existence. Cependant, justement appréhendée, c'est en réalité une conscience essentielle qui se propage dans tous les royaumes de notre être. D'aucuns diront : « Quand j'entends de la musique je revis », ou bien : « Le jardinage, c'est toute ma vie », ou encore : « Je ne me sens vraiment en vie que lorsque je joue au golf. » Quel que soit l'objet de notre sentiment de vivre, il touche déjà à la spiritualité. Être enthousiastes, conscients et attentifs dans tous les secteurs de notre vie est une tâche dont le but demeure, quoique jamais atteint.

FRÈRE DAVID STEINDL-RAST,
THE MUSIC OF SILENCE

Avancer sur le chemin de la spiritualité nous met en relation avec l'être de vérité et de pureté que nous sommes. Quel soulagement n'est-ce pas là ! Cela parce que la spiritualité est authentique et réelle ; elle est saine, naturelle ; c'est la vie dans toute son acception.

Oui, philosophes et théologiens souscrivent tous à la même idée : ce que nous cherchons se trouve en nous-mêmes. Néanmoins, que cherchons-nous précisément? Les uns appellent cela le « vrai soi » ou « le soi à un niveau plus élevé »; d'autres « la claire lumière intérieure », la « luminosité innée ». Les hindous le nomment « le soi suprême » pour le différencier de l'ego. Nombreux sont ceux à l'appeler « l'authentique présence » ou « le pur être ».

Réfléchissez quelques instants à ces termes de « pur être » et d'« authentique présence ». Songez à la notion d'être en vie, cet indicible sentiment d'être la bonne personne, au bon endroit, au bon moment. Pensez ensuite à votre vie quotidienne et demandez-vous si vos activités habituelles contribuent peu ou prou à entrer en relation avec votre *être véritable.* N'avons-nous pas alors l'impression de passer trop de temps à interpréter un personnage que nous ne sommes pas? À nous raconter des fables sur ce qu'il en serait « si seulement... »? La simulation est une attitude artificielle et génératrice d'habitudes. Chaque fois que nous affectons un comportement, nous faisons montre d'inadéquation envers nous-mêmes et nous nous éloignons toujours un peu plus de notre véritable nature, de notre vrai moi. À la longue, nous devenons totalement assujettis à un personnage soucieux de prouver à la terre entière que nous sommes « bien dans notre peau », « cool », « confiants », « chaleureux », séduisants », avec « un petit quelque chose » de plus que les autres. Mais tout cela peut se révéler fatal. Admettons-le, à un certain degré, nous refusons tous de nous dévoiler. Nous considérons qu'il est plus facile de nous dissimuler derrière les masques que nous portons pour nous protéger du monde. C'est là notre manière de traverser la vie: nous nous forgeons des rêves, jusqu'au jour où nous finissons par oublier que c'en sont.

Qu'en serait-il si vous cessiez de vous leurrer et de leurrer les autres? Ne serait-ce pas grandiose que de s'arroger le droit de s'accepter tel que l'on est vraiment? Songez donc à la grâce d'être en harmonie avec les choses telles qu'elles sont. Songez à la bénédiction qu'est d'être simplement.

À un certain niveau de pensée ou dans le cadre d'un monastère, comprendre ce que signifie être « authentique » ou « pur » ne requiert pas des années de pratique. Cela exige seulement d'entrer en contact avec la part sacrée celée au fond de nous. N'importe qui aura conçu, ne fût-ce qu'un bref instant, le sentiment de vivre pleinement, d'être vrai, confiant, entouré. Ces instants nous donnent un aperçu de notre état naturel, ce jardin d'Éden qui fleurit en nous. C'est ainsi que se définit l'authentique présence.

L'enseignement tibétain à son stade suprême se nomme le Dzogchen, perfection innée. Ses adeptes sont réputés pouvoir atteindre l'illumination – bouddhicité, ou total accomplissement de soi après une vie de pratique assidue. Toute personne à qui l'on parlera du Dzogchen présumera que son enseignement doit être ardu, contraignant, amphigourique, mystérieux, du moins ce fut mon cas la première fois, puisqu'on me révéla qu'il était là question des enseignements « secrets » du Tibet. Plus tard, des instances plus éclairées devaient m'apprendre que le Dzogchen était réservé aux adeptes possédant déjà la maîtrise de connaissances avancées sur la renonciation, la vacuité (suryana) et le boddhicitta (amour désintéressé et compassion).

En vérité, les enseignements du Dzogchen reflètent l'essence nue. Les difficultés à y accéder tiennent à leur simplicité, leur pureté, leur dépouillement. Le principe du Dzogchen est si ouvert, si vaste et si clair qu'il est parfois dit que seuls les esprits les plus évolués parviennent à son entendement.

Pour voir le monde avec les yeux d'un maître Dzogchen, il convient d'abord de nous départir de nos entraves et de nous engager sur le chemin de la pureté primordiale et de l'éveil. Seulement alors nous pourrons véritablement percevoir le monde avec une conscience pure et entière. C'est l'œil de l'unicité, celui de la sagesse qui voit le monde tel qu'il est. (À cet égard, songez à l'adage : « Il n'est pire aveugle que celui qui ne veut voir. ») La pratique du Dzogchen nous aide à entretenir une vision et une conscience claires. C'est une pratique visuelle tendant à observer les détails pratiques du quotidien, un dharma pour la rue à intégrer dans la vie de tous les jours.

Depuis que la religion est morte, on la voit partout. Autrefois, c'était affaire d'église ; aujourd'hui, elle est dans la rue, dans le cœur de tous les hommes. Autrefois c'étaient les prêtres ; aujourd'hui, chacun de nous en est un.

RICHARD WRIGHT, *THE OUTSIDER*

Accéder directement à sa nature originelle

Le Dzogchen, c'est donc voir le monde tel qu'il est ; c'est, pour nous, « rester dans la Vue », cette vue étant comme un grand ciel pur sans biais ni distorsions. Elle est claire, radieuse, totale. Elle est simple, profonde, apaisante, et naturellement quiète. Elle est la nature du ciel, mais aussi celle de l'esprit. Nous retrouvons en elle la qualité même du nirvana. En se maintenant dans cette grande Vue, à voir les choses telles qu'elles sont, on voit les barrières tomber pour laisser place à un lumineux infini.

Le Dzogchen, c'est la méditation naturelle du Bouddha. Cela induit que vous, moi et tout autre individu sommes des Bouddha par nature. Reste seulement à en prendre conscience. *La pratique du Dzogchen consiste à reconnaître et à comprendre qui l'on est.* Elle ouvre directement la voie à ce qui existe déjà. D'autres degrés du bouddhisme nous instruisent du nombre de vies qui nous sont nécessaires avant de connaître le plein éveil, la libération et l'illumination. Selon les maîtres aguerris du Dzogchen, le voyage vers l'illumination peut durer une vie entière, même si tout ce que nous devons faire, c'est de nous ouvrir à notre nature véritable. Les trois points essentiels du Dzogchen, perfection naturelle, consistent à le reconnaître, à gagner en assurance et en expérience, et à ancrer cette conviction en nous.

La méditation du Dzogchen se base sur les principes suivants, lesquels vous ouvriront un accès direct à l'Authentique Présence, votre nature originelle, le Bouddha qui sommeille en vous.

Cinq façons d'être vrai par la pratique du Dzogchen

Naturel et simplicité

Reposez-vous sur votre état naturel. Soyez vous-même, votre *moi* intact. Voici une instruction méditative à transporter avec vous : tout ce dont vous avez besoin se trouve en l'esprit naturel, initialement intègre et total.

Authenticité, droiture, sincérité

Une paix « nirvanéenne » réside en ce qui est laissé tel quel. Lutte et acharnement se révèlent ici superfétatoires. Ne touchez à rien, et restez le cœur et l'esprit sereins et vigilants. Observez au-delà de l'objet, soyez l'objet, et demeurez libre, lumineux et intact.

Ouverture et unicité

Gardez l'esprit ouvert, restez réceptif. La pure présence est absente de préjugés, c'est un état de consciente neutralité, de non-interventionnisme, d'attention universalisée sur l'être et l'instant. Restez ouvert à votre expérience. Laissez les choses prendre d'elles-mêmes leur place. Quelle qu'elle soit, peut-être sera-t-elle la bonne.

Conscience et sagesse

Une conscience en éveil sait et voit les choses telles qu'elles sont. Votre lucidité innée est efficiente et sage par nature, capable de discerner ce qui est sensé de ce qui ne l'est pas.

Énergie ou flux spontané

Un esprit libre et détendu favorise le relâchement et la résurgence des énergies inépuisables et non réprimées. En lâchant prise, en renonçant à nos modèles répétitifs et aliénants, nous flottons pour ne faire qu'un avec le courant. C'est le flot naturel, la zone sacrée évoquée par les maîtres. Vous pouvez y accéder à volonté.

Gardez ces principes en mémoire en pratiquant les exercices de méditation naturelle qui vont suivre. Souvenez-vous de les appliquer aussi dans votre vie quotidienne, qui est la méditation naturelle par excellence. Les maîtres zen appellent cela le « genjo-koan », épreuve de mise en pratique sur un plan journalier. C'est en cela que réside l'être de sagesse et d'amour du Bouddha.

Méditation Dzogchen par la contemplation céleste

Enfants, bien avant que le mot « méditation » parvienne à nos oreilles, nous avons tous, pour la plupart, observé le ciel, allongés dans l'herbe ou sur un rocher.

Rêvions-nous tout éveillés ou étions-nous au paradis ? Allez savoir… N'empêche que ces précieux instants sont restés gravés en notre mémoire, même si, dans notre esprit, rien n'était encore défini. Les problèmes théologiques ne faisaient pas partie de nos préoccupations, non plus que notre conscience ou nos moyens de relaxation. Probablement n'avions-nous eu rien à fuir ou à éviter ; nous n'étions que des enfants ne songeant qu'à s'amuser, s'éveillant à la vie et à la lumière sans la moindre gêne, naturellement détendus. Consciemment ou pas, nous étions revenus à notre véritable nature, cette nature bouddhique qui est la nôtre, le nirvana qui sommeille en chacun de nous.

Si ces instants sont encore présents et clairement accessibles en notre mémoire, nous maîtrisons d'ores et déjà la pratique Dzogchen de la contemplation céleste. Il nous suffit alors de nous installer avec notre chaise longue dans l'herbe ou sur le toit de notre maison.

Car la pratique de la méditation céleste induit en effet d'observer l'espace, comme un enfant contemple le ciel. C'est une manière de libérer notre esprit de nos concepts, de nos doutes et de nos atermoiements. Tout ce qui nous est demandé, c'est de nous trouver heureux de l'endroit et de l'instant dans lesquels nous vivons. Un ciel d'azur n'est pas même nécessaire, la voûte étoilée et ses espaces infinis seront tout aussi favorables à l'abandon. Ceux qui ont lu *Le Petit Prince* se souviendront de l'enfant écoutant les étoiles tintinnabuler comme des clochettes au-dessus de l'immensité saharienne. La méditation par la contemplation du ciel devient alors méditation par la contemplation des étoiles ; quoi de plus naturel pour le petit Bouddha qui réside en chacun de nous ?

Soyez l'enfant au cœur épanoui. Observez le ciel et laissez-vous aller. Offrez vos pensées et vos sentiments aux étoiles. Lancez vers les cieux vos regards et dans le vent vos tracas.

De façon plus conventionnelle, la méditation Dzogchen par la contemplation céleste s'entreprend dans la position assise.

Installez-vous confortablement.
Prenez quelques inspirations et détendez-vous.
Soyez présent, réceptif, disponible.
Il n'est rien d'autre que vous ayez à faire, nul endroit où vous devriez être, rien que vous ayez à concevoir ou à accomplir.
Soyez aussi naturel qu'un enfant se laissant tomber sur l'herbe.
Calmez votre esprit.
Laissez-le reposer dans la conscience et la simplicité.

Après une profonde inspiration, chantez : « Ahhh. »
Inspirez à nouveau.
Puis chantez pendant l'expiration : « Ah, ahhh, ahhhh. »
Laissez ce « Ahhh » vous transporter au-delà de vous-même. « Ahhh. »
Projetez votre esprit. « Ahhh. »
Levez les yeux.
Élevez la portée de votre conscience lumineuse jusqu'à ce qu'elle forme une sphère complète.
Soyez attentif. Soyez présent.
Demeurez dans votre état naturel de présence et d'éveil spirituel.
Comme un enfant allongé dans l'herbe et qui regarde passer les nuages, laissez toute chose défiler dans les cieux, comme la nature de l'esprit infini du Bouddha.
Demeurez dans la totalité céleste de la nature de l'esprit, où toute chose trouvera sa place, qui vous viendra momentanément au corps et à l'esprit.

Sans entraves, la danse sacrée du phénomène et du noumène semble flotter en une divine parade.
Appréciez la parade du Dharmakaya, réalité absolue.
Observez la procession pascale dans votre esprit
Défilant comme les vagues sur la mer,
Et profitez du spectacle.
Il y a place pour toute chose.

La méditation naturelle du Dzogchen est parfois reçue comme une non-méditation, parce que souvent dépourvue de forme et de contrainte. Le Dzogchen souligne le fait que toutes les constituantes de la vie peuvent être abordées sous une forme contemplative, en reconnaissant en elles le jeu divin de l'esprit bouddhique, l'absolue réalité.

Pour pratiquer la méditation par la contemplation céleste, il n'est pas réellement nécessaire d'observer le ciel. Cet espace nous est toujours accessible en fermant simplement les paupières, en observant la lumière surgie du fond de nos yeux. Nous pouvons nous fondre dans cet espace qui n'est autre que le reflet pur, lumineux et offert de la nature de l'esprit.

Les adeptes du Dzogchen s'adonnent à cette pratique des heures durant, mais il n'est pas pour autant interdit de ne le faire que quelques instants, ne fût-ce qu'une minute. La question qui se pose, c'est de savoir le temps requis pour entrer en contact avec notre infini intérieur, pour accéder à la Vue, la grande image globalisante. Or, pour cela, il nous est toujours possible d'user des mêmes principes de la méditation Dzogchen et de les appliquer sur une gamme variée de méditations naturelles. Nous pouvons, par exemple, pratiquer la contemplation de la terre, du feu, de l'eau et même du vent. Qui d'entre nous ne s'est pas laissé fasciner par les flammes d'une bûche se consumant dans l'âtre ? L'expérience peut se révéler apaisante, réconfortante, tout autant que clarifiante et régénératrice.

Personnellement, je ne déteste pas méditer au bord de l'océan, laisser mes pensées déferler au rythme des vagues. Le bruit de l'océan est si régulier que ma respiration n'a aucune peine à s'y accorder. Par la pratique de la contemplation terrestre, on peut aussi observer les vastes étendues avec un sentiment d'infini dans lequel nous aurions le sentiment de nous perdre. Déserts, montagnes, gorges et forêts sont autant de lieux qui nous engagent à la contemplation terrestre. L'intention réside dans la découverte d'espaces grâce auxquels il nous est loisible de projeter notre esprit vers l'incommensurable, en sorte que notre nature égotiste soit investie d'un sentiment d'infini et de sacré. Le feu consume tout; l'océan engloutit tout; l'ouragan emporte tout. Les phénomènes terrestres ne manquent pas qui nous donnent une impression de dérision et d'insignifiance. Nous sommes bien peu de chose en regard des quatre éléments que sont l'eau, l'air, la terre et le feu. Cependant, il n'est nullement nécessaire de nous reposer sur des phénomènes naturels pour nous livrer à la méditation; il suffit d'un endroit qui éveille en nous admiration et respect. Observer un gratte-ciel, le Parthénon, la tour Eiffel, le Golden Gate ou la pyramide de Kheops fera tout aussi bien l'affaire. Car tout monument, naturel ou de la main de l'homme, peut fort bien nous engager à la méditation, pour autant que les sentiments qu'il aura inspirés auront suffi à nous projeter au-delà de nous-mêmes.

Durant la pratique de cette méditation Dzogchen, nous aurons soin de respirer régulièrement, à un rythme naturel, et de laisser cette expérience de l'infini prendre le pas sur notre finitude. Ces rencontres avec l'immensité contribuent à nous ramener à la réalité; elles peuvent aussi nous aider à établir le contact avec elle, et nous ouvrir à notre bouddhicité naturelle.

Dans infini, il faut aussi voir l'infiniment petit. J'ai acquis ce même sentiment, fait de respect et d'émerveillement, devant les plus petites créatures, ces milliers d'êtres invisibles qui, sous le microscope, se pressent dans une goutte d'eau.

Henry Wadsworth Longfellow le dit bien dans ces lignes ; et s'il est un conseil à suivre pour la méditation naturelle, c'est bien celui-là :

Installez-vous dans votre rêverie et observez
Les couleurs changeantes des vagues se brisant
Sur la grève idéale de votre esprit.

La dérive volontaire ou découvrir la méditation naturelle dans sa propre vie

Chacun de nous devrait se soustraire aux préoccupations qui refusent de se soustraire à nous. Des heures de désœuvrement, un temps infini nous sont nécessaires pour observer, assis sur le banc d'un parc, le monde mystérieux des fourmis ou la futaie.

MAYA ANGELOU

L'esprit naturel ou intelligence primordiale nous instruit de ces instants où nous sommes le plus sincères avec nous-mêmes. De telles occurrences surviennent en des instants que nous appellerons de « dérive consciente ». Ces dérives nous donnent un aperçu de notre état idyllique naturel, état qui existe déjà en nous, et non qui doive nous être insufflé de l'extérieur.

Voici un exemple de dérive consciente : la contemplation d'un lac, d'une mare, d'une rivière, d'une forêt, d'un jardin ou de l'océan. Certains se diront surpris si je dis tenir la pêche pour une aspiration naturelle et instinctive à la paix, à l'espace, à la solitude et à une forme naturelle de douceur contemplative. Un mathématicien, ami de mon frère, affectionne de passer de longues heures, le soir, dans sa baignoire à compulser des feuillets couverts d'équations, empilés sur un lutrin articulé. En allant à la poste, il m'arrive fréquemment d'apercevoir une femme promenant un énorme chien. L'un et l'autre semblent également heureux. La dérive consciente ne s'apparente en rien à une dérobade face à ses responsabilités ou à ses préoccupations. Ce serait plutôt l'inverse. Le symbole que choisit Thich Nhat Hanh pour son ermitage dans le sud de la France est un hamac, lequel, mieux que toute autre chose, illustre le mot « dérive ».

L'on peut dériver seul ou accompagné. « Allons faire une promenade », dit-on à une amie. Puis l'on part, sans but précis. « Je crois qu'un concert est donné au parc. Je propose que nous allions écouter un peu de musique, à moins que tu préfères une promenade en pédalo. » Dériver, c'est se laisser emporter par le courant des événements, c'est s'autoriser au vagabondage spirituel, s'asseoir sur un rocking-chair et regarder défiler les nuages. Le secret inhérent à une telle pratique se caractérise par une renonciation, un abandon à sa nature confiante. Ce n'est pas une grande affaire, puisque tout ira bien.

En quoi la dérive consciente est une pratique spirituelle ? vous demanderez-vous. Elle l'est en ce qu'elle favorise le contact avec notre nature profonde, avec le caractère inné de notre existence. Rester une seule minute sans vouloir poser le moindre geste, sans avoir la plus petite pensée, voilà qui relève de la discipline spirituelle. Cela nous imprègne de l'esprit du moment, expression spontanée de notre unicité. Nous sommes au bon endroit et au bon moment, sans que rien soit requis de notre personne.

Pour un Occidental, ce serait faire un grand bond en avant que de voir en une telle spontanéité un instant de spiritualité, une union avec le sacré. Sur la véracité de ce que cet esprit naturel soit l'esprit du Bouddha, le maître Dzogchen Kongtrul Rinpotché déclara : « Cela semble trop beau pour être vrai, aussi refusons-nous d'y croire. Le phénomène nous semble si familier que nous l'ignorons, si évident que nous ne le remarquons pas. Paradoxalement, nous ne pouvons y accéder, parce que nous n'y sommes pas étrangers. »

Ces maîtres Dzogchen affirment aussi que ce truisme illustre la manière la plus personnelle de nous rapprocher de notre véritable nature et de la perfection. Cependant, il convient pour chacun d'entre nous de découvrir nous-mêmes des dérives conscientes qui nous soient propres. C'est la façon naturelle de retrouver notre Bouddha intérieur.

Au terme d'une retraite Dzogchen, à Santa Rosa, une adepte troussa un poème sur la recherche de son mode de méditation naturelle. Je trouve que c'est un éloquent reflet de la sagesse innée, quant à la manière d'être au cours de méditations naturelles.

Jamais je ne sus

Pose ton sac à dos.
Allonge-toi dans l'herbe verte
Tire à toi la couverture céleste.
Donne-toi au repos.

Tant d'années du dharma la pratique,
Le dos droit, appliquée, tendue vers l'illumination
Aujourd'hui, rien d'autre que le flanc du coteau.

Allonge-toi dans l'herbe verte,
Laisse la terre t'emporter,
Traces de daims, crottin des chevaux,
Et l'œil à l'intérieur de l'œil mobile et lumineux.
Jamais je ne le sus.
Ne me l'a-t-on jamais dit ?

Je me rappelle mon maître zen, dans la salle d'entrevue :
« Aie foi en toi, me dit-il. Sois seulement toi-même. »

Il voulait sans doute me dire :
Pose ton sac à dos,
Couche-toi dans l'herbe verte,
Laisse le ciel t'emporter.
Donne-toi au repos.
Respire l'espace de l'espace dans l'espace.

Je n'ai jamais connu si grande lumière.

DHARA GATLING-AUSTIN

La méditation naturelle par la marche à pied

Thoreau clamait que pas moins de quatre heures lui étaient journellement nécessaires pour « flâner à travers champs et bois, entièrement libéré de tout engagement terrestre ». Il ajoutait avoir connu dans sa vie tout au plus deux personnes ayant pleinement appréhendé « l'art de la marche » ou le vrai sens de l'errance et de la flânerie. J'en connais deux, moi aussi ; l'une vit dans le Vermont, l'autre au Bhoutan. À elles deux, elles doivent avoir de leur amour pédestre sillonné tous les chemins du monde et en avoir fait une fois de plus le tour.

Thoreau nous conseille d'avancer tel le chameau, ruminant au rythme de son pas lent. Il associait ces errances aux méandres d'une rivière qui, quoique ondoyant paresseusement, emprunte toujours le chemin le plus court pour aller se jeter dans la mer. « Toute marche est une croisade », disait-il.

Pour la majorité des gens, la marche est une forme de méditation à la fois accessible et facile. Je vois en mes promenades quotidiennes une pratique spirituelle. J'y pense – et ce sont là les mots que je dis à moi-même et qui résonnent à mes oreilles – comme à « une promenade aux cotés de Dieu ». Quelle que soit la profondeur de mon engagement envers la pratique bouddhiste athée, la vieille pensée théiste demeure. Probablement est-ce inscrit dans mes gènes hébraïques, mais il n'importe, dans la mesure où cela me rend heureux. Aussi fais-je les meilleures promenades possibles dans le meilleur des mondes possibles. C'est la pure vérité : comme l'a écrit Shakespeare : « Un simple toucher de la nature fait une famille du monde entier. » Croyez-moi, faites votre promenade quotidienne, vous ne vous en porterez que mieux.

Où que j'aille, que je sois seul ou accompagné ne fût-ce que de mon chien, l'Éternel compagnon chemine toujours à mes côtés. C'est un présent que je m'adresse à moi-même. À l'exemple de Thoreau, j'ai l'impression de me rouiller, pour peu que je passe une journée enfermé dans ma maison.

Je ne sache pas qu'il faille faire montre d'un excès de rigueur sur un tel sujet, et présumer que n'ont de valeur que les longues promenades sur la plage ou en forêt. Si mes pas me conduisent parfois dans les bois, il n'est pas rare que je déambule dans les rues de la grande ville ou même dans les gares et les aéroports. Une balade le nez en l'air peut se révéler une forme de dérive très naturelle. À la rigueur, on peut me voir arpenter les allées d'un avion ou d'un train. Il m'arrive même de marcher d'un pas lent dans une méditation réflective, pendant plus d'une heure, en attendant d'embarquer à bord d'un avion. Parfois j'erre simplement. Après tout, qui peut s'en apercevoir ?

Il vous suffira de vous procurer une paire de chaussures confortables ou pas de chaussures du tout. Ce sont vos pieds ; c'est votre chemin.

Brève méditation automobile

Le paradis est le lieu où je suis.

VOLTAIRE

Nombreux sommes-nous à passer de longues heures dans notre voiture. Aussi, puisque cela fait partie de notre quotidien, autant l'intégrer à notre cheminement spirituel. Toutefois, pour des raisons évidentes, il se saurait être question de fermer les yeux quand on se trouve sur l'autoroute ou si l'on est pris dans les embarras de la circulation. Nonobstant, il nous est quand même possible d'user de techniques méditatives et de pratiques spirituelles pour améliorer notre conduite, de rester calmes et concentrés, quand bien même nous aurions l'impression de vivre dans le chaos.

Dans l'habitacle exigu de votre automobile, créez une atmosphère qui vous soit personnelle. Rappelez-vous l'énigme de mon maître zen : « Comment voyez-vous Dieu, au volant de votre automobile ? » Élaborez votre propre méditation automobile naturelle qui correspond le mieux à votre état d'esprit de conducteur. Pour ma part, voici comment je procède :

Commencez par trois inspirations.
Prenez-en une en inhalant profondément.
Inspirez, expirez.
Soyez attentif.
Inspirez de nouveau, relâchez.
Détendez-vous un peu.
Relâchez votre tension,
Tout ce qui vous presse et vous oppresse.
Calez-vous dans votre siège.

Vos mains sont-elles agrippées au volant ?
Vous n'irez pas plus vite pour autant.
Votre dos est-il tendu ?
Vos épaules sont-elles contractées ?
Qu'en est-il de votre cou ?
L'estomac un peu noué, peut-être ?
Le souffle un peu court ? La poitrine oppressée ?
Respirez, détendez-vous, souriez.
Autant profiter de la promenade.

Adossez-vous à votre siège.
Détendez-vous,
Éprouvez pleinement l'expérience présente
Ici et maintenant,
Simplement d'être assis et de conduire votre voiture.

Poursuivez votre route
Celle qui vous conduit chez vous.
Soyez-y dès à présent
Chez vous, à votre aise
Auprès de tout ce qui vous est familier.

Il vous est possible d'introduire le sacré dans votre vie en adaptant cette méditation à toute activité à laquelle vous vous livrez régulièrement.

Méditation par l'énergie de la lumière naturelle

Le mot sanskrit « prāna » se définit généralement par l'énergie cosmique ou souffle initial de la vie. Le prāna se retrouve dans les quatre éléments. Le soleil, représentant l'élément feu, est une force naturelle génératrice de vie, puisqu'elle dispense lumière et énergie à chacun d'entre nous.

En Orient, le soleil est également perçu comme élément de méditation. Tout le monde aura vu des photographies de yogis, à Bénarès, assis nus sur les rives du Gange, le visage tourné vers le soleil. Dans l'Himalaya, les yogis ont une pratique tantrique similaire destinée à s'imprégner du prāna ; il s'agit de la méditation de l'énergie de la lumière.

Pour nous y adonner, nous commencerons par nous asseoir face au soleil, de préférence tôt le matin si l'on veut suivre la coutume orientale. Que ce soit dans la position du lotus ou assis sur un petit banc, on posera les mains sur les genoux, paumes tournées vers le ciel, pouce et index joints, dans la position du mudra ouvert.

Dans cette posture ouverte (asana) offrez-vous à l'énergie du soleil. Tout en respirant, imaginez-vous absorbant l'énergie et la lumière solaire. Imprégnez-vous-en par tous les pores de votre peau. Laissez cette énergie vivifier la lumière intérieure de votre conscience et de votre esprit.

Respirez l'énergie solaire par les bras, les jambes, le visage et la poitrine.

Respirez-la par votre front et par le bout de vos doigts.

Sentez-la monter par vos paumes et par la plante de vos pieds.

Inspirez la lumière par vos chakras, un par un, dans un ordre ascendant, depuis le périnée, les parties génitales et le nombril, jusqu'au cœur, la gorge, le front et le sommet du crâne.

Laissez ce prāna créateur de vie activer votre énergie intérieure, votre sagesse naturelle et votre cœur aimant.

Respirez aussi naturellement qu'une plante et, pendant ce temps, imaginez votre souffle touché par les rayons dorés du soleil. Songez au cycle continu que forme le rythme de votre respiration. Dans le Dzogchen, l'on appelle cela le cercle de luminosité qui tourne sans cesse, jour et nuit, et qui change la nuit en jour et le jour en nuit.

Laissez votre respiration se poursuivre. Laissez l'énergie affluer. Ne devenez ni statique ni figé.

Vous recevez l'énergie d'une inextinguible fontaine. C'est tout l'univers qui respire à travers vous ; laissez-vous aller. Et si l'envie de chanter vous prend, n'hésitez surtout pas.

Cette pratique, les yogis himalayens s'y livrent un quart d'heure environ. Si l'une de vos fenêtres est orientée vers l'est, essayez à votre tour, cinq ou dix minutes, le matin, pour recharger vos accus. À moins que vous ne préfériez la solitude d'un parc ou d'une plage pour découvrir cette énergie sacrée celée au fond de vous.

Comme le soleil se lève à l'horizon, la lumière intérieure se lèvera sur le temple de notre corps et sur les cieux de notre esprit.

Embrasser la déesse océane : une méditation naturelle

S'allonger dans l'eau est une manière aisée de se détendre, de guérir, de revenir à l'état naturel. La méditation suivante vous aidera à entrer en contact avec le sens de ce qu'est être simplement.

Détendez-vous, que ce soit dans votre baignoire,
dans votre piscine ou dans un lac.
Détendez votre tête, votre cou, vos épaules ;
laissez votre tension se dissiper.

Adossez-vous confortablement à votre coussin ou votre serviette, à moins que vous ne leur préfériez un giron accueillant.
Faites en sorte de vous sentir à l'aise et en sécurité.

Allongez-vous dans l'eau tiède originelle.
Reposez-vous dans votre baignoire, flottez dans le bassin ou étendez-vous sur votre matelas flottant.
Rejetez un peu plus votre tête en arrière ;
laissez-vous aller, rendez-vous, renoncez à tout contrôle sur vous-même.
Soyez ouvert et vulnérable,
chez vous, à votre aise.

Flottez, renoncez à vos préoccupations.
Laissez-vous aller et oubliez votre corps et votre esprit.
Prenez du repos. Détendez-vous. Respirez lentement et calmement.
Laissez chaque chose prendre sa place,
à sa façon,
en son temps.
Laissez les choses suivre naturellement leur cours.

Fondez-vous avec l'eau tiède.
Détendez-vous.
Dissolvez-vous.
Laissez tous vos soucis se dissiper
et partir au loin.

À présent, levez les yeux
Vers la lumière –
lumière du ciel,
de votre fenêtre, de votre dôme
ou de votre plafond blanc.
Levez votre regard,
élevez votre conscience.
Regardez vers l'infini.

Observez votre esprit.
Observez toutes vos pensées
et expériences
défilant comme des nuages.
Fixez l'espace infini ;
que votre esprit soit ouverture et conscience ;
qu'il se dissolve dans l'immensité lumineuse de l'être dans son état primordial, simple et naturel.
Si vous disposez d'un jet intermittent,
Exposez-y votre dos et votre cou.
Laissez-vous masser jusqu'à ce que fondent
toutes vos préoccupations.

Retournez à la matrice originelle
Avant d'en être séparé.

Baignez-vous de tiédeur, d'amour et de lumière.
D'abord sur le dos, puis sur le ventre.
Attardez-vous dans ce sentiment de plénitude.
Restez dans la paix naturelle, la simplicité, la légèreté de la méditation naturelle,
dans cette perfection qui est la vôtre.

Jardinage et autres pratiques naturellement formatrices

À chacun sa passion, moi c'est le jardinage.

LOUISA YEOMANS KING

Posez-vous la question suivante : de toutes les activités que je mène, laquelle me donne l'impression d'être le plus en vie, le plus à l'aise, le plus en contact avec moi-même et les gens qui m'entourent ?

De nombreux hommes et femmes me disent se retrouver quand ils tondent leur gazon, pellettent de la neige, fendent du bois ou ratissent des feuilles mortes. D'autres m'avouent préférer les mots croisés parce que cela exige attention et concentration. Tous ceux qui promènent leur chien savent que cet exercice est une expérience méditative des plus naturelles qui soit. En effet, qu'y a-t-il de plus gratifiant que de passer vingt minutes à bavarder avec son chien ? Le matin, il n'est pas rare que je voie des hommes d'affaires promenant leur chien avant de partir pour leur bureau ; cela ressemble à un rituel auquel ils ne peuvent se soustraire.

Une de mes amies se plaît à nourrir les oiseaux en hiver. Mais c'est aussi une grande responsabilité qu'elle prend là, car de cette manne dépend la vie des oiseaux. Ainsi voit-elle se rassembler autour de ses nombreuses mangeoires des nuées de pinsons, de mésanges, et même des piverts qui ingurgitent quotidiennement d'énormes quantités de graines. Son plaisir, elle le trouve en remplissant les mangeoires, en nettoyant les abords, en accrochant aux arbres des filets garnis de graisse, et en jetant du maïs et des cacahuètes aux écureuils. Cette demi-heure quasi journalière qu'elle consacre à ces petits animaux lui procure un sentiment de rattachement et d'interdépendance avec les êtres petits et grands. Elle serait comme la gardienne d'un temple érigé de ses propres mains.

Chaque fois que je reviens de voyage, j'éprouve, moi aussi, le besoin de me livrer à une activité qui me rattache à l'instant et me permet un retour à des gestes naturels. Pour moi, il existe maintes activités servant un tel propos. Je conçois, par exemple, un certain apaisement à laver et à plier mon linge. Bon nombre de mes amis aiment le tricot, d'autres ne se plaisent qu'un outil à la main.

J'ai une affection particulière pour la couture. Ma mère me l'enseigna dans mon enfance; je crois que ce fut lors de la confection de couvertures. Sa machine à coudre n'avait plus de secret pour moi, peut-être en raison de son caractère répétitif et de la méticulosité que son usage impose. Ce genre d'activité n'étant pas l'apanage d'un garçon, j'oubliai jusqu'à son existence à l'approche de l'adolescence. Ce n'est que bien des années plus tard, au Népal, que j'exerçai de nouveau ce modeste talent en confectionnant des housses devant recouvrir cloches et tambours utilisés lors de cérémonies sacrées. Je revois même la longue robe que je cousis avec un plaisir sans mélange.

Comme bien des gens, j'éprouve parfois un sentiment de rattachement à la nature à préparer des petits plats. Ceux qui jouent d'un instrument de musique parleront de la concentration d'esprit que cela impose. Mes amis aimant les chats diront combien le contact de leur fourrure contre leur joue les rapproche d'un état de méditation naturelle. Cela doit être vrai, puisqu'il a été scientifiquement démontré que la présence d'un chat fait baisser la tension artérielle.

L'activité qui, à quelque degré, engage chacun d'entre nous est le jardinage. Le jardin peut se résumer en un bac à fleurs, quelques pots de géraniums ou deux ou trois plantes d'intérieur; il n'empêche qu'il requerra un minimum de soins et d'attention. Ces plantes devront être arrosées, débarrassées de leurs feuilles mortes, fertilisées de temps à autre. Soigner des plantes, ne serait-ce que quelques-unes, représente déjà en soi une forme de méditation aimante et naturelle.

Les personnes qui consacrent un temps appréciable au jardinage attestent de la conscience que requiert semblable activité. Existe-t-il geste plus naturel que celui de planter? Et pourtant, il n'en réclame pas moins une attention soutenue, car à chaque graine une technique différente et, parfois, un outil différent. En outre, le simple fait de se déplacer dans un jardin impose une certaine prudence, à défaut de quoi un pas de trop dans un sens ou dans l'autre risquerait de détruire une plante qu'on espérait voir grandir et prospérer.

Il y a tant de joie, tant de paix à voir éclore une fleur. « Oh, regarde ! » se dit-on en retirant celle sur le point de grainer. Jardiner, c'est grandir en sagesse et prendre conscience de toutes les interactions génératrices de croissance. Le jardinage n'est qu'une autre expression d'amour et d'attention; et n'est-ce pas prier, est-il plus grand témoignage de foi que de s'agenouiller les mains dans la terre pour en cueillir les fruits dans un jardin inondé de lumière?

Certaines expériences ont démontré une meilleure croissance chez les plantes auxquelles on s'adresse. Il y a quelques années de cela, je fis la connaissance d'un évêque anglican qui s'occupait d'un jardin au sein d'une communauté spirituelle. Il y faisait jouer de la musique. Si ma mémoire est fidèle, il me confia que le haricot vert préfère Mozart, et le potiron Bill Haley.

Naturellement, il existe des jardins qui, quoique n'étant pas réfractaires à la musique, ne nécessitent pas la plus petite goutte d'eau, parce que dépourvus de plantes vertes. Quand j'emmenai mes parents à Kyoto afin de leur faire visiter les célèbres jardins de roches et de sable zen, tous deux s'exclamèrent à l'unisson : « Où est donc ce jardin, Jeffrey ? », car ne s'offrait à leurs yeux qu'une étendue de sable parfaitement ratissée parsemée de quatre ou cinq rochers savamment disposés. Ce style de jardin, les Japonais le doivent à un maître zen, et bien qu'existant depuis plus de cinq cents ans, il demeure d'une surprenante modernité, en même temps qu'une évocation du mystérieux univers dans lequel flottent des roches, et que parfois l'on appelle « jardin de Dieu ».

Déambuler à travers un jardin nous rappelle immanquablement le jardin originel. S'il nous fait par la pensée revenir à des instants mythiques, il nous permet surtout de retrouver le jardin d'Éden qui sommeille au fond de tout être. Un de mes amis me racontait que son fils, aujourd'hui adulte, lui disait lorsqu'il était enfant qu'il voudrait devenir fermier afin de regarder les plantes pousser. Existe-t-il intention plus sacrée, acte plus naturellement méditatif que celui-là ? Les gens du Middle West prétendent entendre le maïs pousser par les chaudes soirées d'été. C'est dire comme à l'entour tout doit être silencieux...

À quoi se définit votre jardin ? Qu'aspirez-vous à y voir croître et fleurir ? Cela pourrait être un jardin ordinaire, tapissé d'herbe et parsemé de fleurs ou quelque chose de différent. Certaines personnes se glissent dans la chambre de leurs enfants pour les regarder dormir. Ils sont pour elles leurs fleurs préférées. C'est en de tels endroits et en des façons qui font de nous les êtres les plus aimants que nous découvrons notre méditation naturelle. Il existe une grande sérénité à soigner et cultiver ce dont se nourrit une existence, du travail jusqu'à la famille.

Le jardinage nous aide à comprendre somatiquement, viscéralement les lois de la croissance et de l'épanouissement. Si nous ne pouvons tirer sur les plantes pour les faire grandir, il nous appartient toutefois de favoriser leur éclosion en temps voulu et de façon appropriée. De mes jardins j'ai quelque peu appris sur la patience et l'humilité ; mais ce n'est certes pas mon assiduité à la tâche qui est la cause d'un tel miracle ! Je me plais toutefois à méditer sur l'évanescence et la touchante fugacité de tout ce qui le constitue.

Cultiver un jardin est une des façons les plus sûres de se cultiver et de se révéler à soi-même. Les déchets de notre quotidienneté iront alors fertiliser notre champ spirituel où pourra éclore la fleur de l'éveil. Rien ne se perd dans un jardin car, malgré les apparences, tout y a un propos, et pour notre spiritualité, ce sera toujours autant de pris.

Pour aimer le dharma, il convient de le cultiver.

Méditation de croissance

Aller dans un jardin
Et y rester.
En respirer l'air, les fragrances,
la lumière, la température,
la musique des plantes qui le composent, des insectes, des oiseaux, des vers, des chenilles, des sauterelles et des papillons.
Inhaler le prāna (énergie cosmique) et toutes ces choses qui croissent en abondance.
Recharger ses batteries internes.
Telle est la joie de la méditation naturelle.

Respiration, sourire et détente ou comment apporter la joie

Une respiration attentive accompagnée de votre sourire vous apportera le bonheur ainsi qu'à votre entourage. Quand bien même vous dépenseriez des fortunes en cadeaux... rien ne lui sera plus précieux que le don de votre attention, de votre souffle et de votre sourire, toutes ces choses pourtant précieuses mais qui ne coûtent rien.

MAÎTRE ZEN THICH NHAT HANH

Respirez, souriez, détendez-vous.
Respirez, souriez, détendez-vous.
Respirez, souriez, détendez-vous.
Respirez, souriez, détendez-vous.
Respirez, souriez, détendez-vous.

Est-il pratique plus simple et plus naturelle que de respirer, sourire et se détendre ? Se laisser aller. Efforcez-vous de le faire cinq fois, puis dix, puis vingt. Exercez-vous sitôt que vous en avez l'occasion ; en allant chercher un verre d'eau ou en montant dans un ascenseur ; parmi la foule qui se presse pour prendre le métro ou pendant que vous rentrez chez vous ; aux feux rouges ou chez le blanchisseur. Plutôt que de feuilleter des revues en faisant la queue au supermarché, respirez, souriez, détendez-vous et laissez-vous aller.

Cette méditation naturelle peut nous aider d'innombrables façons. Il s'agit d'une technique rapide pour nous souvenir d'être détendus, attentifs, authentiques, joyeux, présents et proches de nos semblables.

Il est une histoire zen que j'affectionne à propos de Hoteï, maître zen chinois, que d'aucuns surnomment « le joyeux bouddha ». Des statuettes de lui, nous en avons tous vu, replet, souriant, trimbalant une grande hotte sur ses épaules. À bien des égards, on pourrait l'assimiler au père Noël des pays occidentaux.

Durant sa vie, Hoteï avait coutume de parcourir les rues, lesté d'une énorme hotte regorgeant de bonbons, de fruits et autres douceurs. À la première apparition, des nuées d'enfants fondaient sur lui ; alors, plongeant la main dans sa hotte, il en sortait des poignées de friandises qu'il distribuait à l'envi.

Quoique mainte personne considérât Hoteï comme un maître zen, ce dernier n'inclinait nullement vers l'enseignement conventionnel. Dans son merveilleux recueil d'histoires zen, *Zen Flesh, Zen Bones,* qui pourrait se traduire par « Le Zen en chair et en os », à propos d'Hoteï Paul Reps nous relate ceci :

« Chaque fois qu'il rencontrait un adepte zen, c'était pour tendre la main en lui disant : "Donne-moi un yen" ; et si on lui répondait qu'il serait plus avisé d'aller instruire ses disciples au temple, il disait derechef : "Donne-moi un yen."

« Un jour qu'il se livrait à son passe-temps favori, un autre maître zen s'approcha de lui pour lui demander : "Quelle est la signification du Zen ?"

« En réponse, Hoteï posa sa hotte par terre sans mot dire.

« "Alors, insista l'autre, en quoi consiste l'actualisation du Zen ?"

« Aussitôt, le joyeux drille jeta sa hotte sur son épaule et poursuivit son chemin. »

Joie et cordialité sont des dons merveilleux autant pour nous-mêmes que pour notre prochain. Quand je me rendis en Inde pour la première fois, je crois que la joie qui affleurait sur le visage de mes maîtres spirituels est la chose qui m'impressionna le plus. Pourtant, en tant que réfugiés, bon nombre parmi eux avaient eu à souffrir de graves maladies. Cela ne les empêchait pas de sourire et d'afficher un sens de l'humour indéfectible. Aujourd'hui encore, quand j'observe le sourire d'un personnage tel que le Dalaï-lama, je lui rends machinalement son sourire. Voici une méditation qui vous permettra d'acquérir le sourire du Bouddha :

Bouddha rieur ou méditation yoga souriante

Asseyez-vous, détendez-vous.
Respirez, souriez.
Soyez heureux, soyez en paix
et pratiquez le yoga souriant.
Souriez ; souriez toujours plus ; souriez comme si vous étiez touché par l'illumination.
Soyez heureux, béni, bienheureux,
un joyeux campeur sur les rives ensoleillées du nirvana.
Souriez. Souriez follement.
Inspirez. Détendez votre esprit.
Expirez, souriez, souriez,
et souriez encore.
Les Bouddhas savent s'amuser,
efforcez-vous donc d'avoir l'air le plus illuminé possible.
Pourquoi faire semblant d'être malheureux, tourmenté et malheureux ?
Puisque nous devons faire semblant,
Pourquoi ne pas avoir l'air heureux, pour changer un peu ?

Éprouvez cette sensation.
Essayez de vous comporter comme si vous étiez totalement illuminé.
À quoi ressembleriez-vous ?
À une personne libre, joyeuse, lumineuse et légère.
Glorieuse, radieuse, pacifique.
Comblée et accomplie.
Pleinement épanouie.
Un Bouddha éveillé.
Soyez ce bouddha.
Vous le pouvez.
Soyez Bouddha. Vous-dha.
Devenez Bouddha.
Affichez un grand sourire, levez la tête, élevez votre esprit.
Laissez votre esprit se déployer et votre cœur déborder.
Tournez votre visage vers les cieux,
Ouvrez-vous aux bienfaits, à la tolérance et au pardon.
Ayez l'air aussi illuminé que vous le pouvez.
Souriez joyeusement.
Pourquoi ne pas être heureux ?
Laissez venir la joie.
Ne vous refermez pas.
Soyez présent, dès à présent.
Soyez heureux. Soyez serein. Soyez accompli, épanoui, lumineux ;
Soyez maître chez vous, au cœur de votre foyer,
Un citoyen, une citoyenne à part entière de la maison Bouddha,
Le champ même du Bouddha.
Souriez, maison Bouddha.
Amusez-vous.
Soyez vous-même, tel que vous êtes vraiment.
Réjouissez-vous. Vous le méritez.
Soyez heureux.

Soyez Bouddha
Soyez heureux
Soyez beau
Vous l'êtes vraiment.

Écrire un haïku

Dans le bouddhisme zen, poésie et pratique vont toujours de pair.

THICH NHAT HANH

J'ai toujours apprécié cette forme sobre de poésie que l'on nomme haïku. Conformément aux règles de versification japonaise, un haïku comporte trois lignes de dix-sept syllabes, et évoque traditionnellement un aspect de la nature dans l'instant présent. D'aucuns affirment que c'est la forme de poésie la plus élégante, ce à quoi je souscris pleinement.

Rédiger un haïku n'induit pas une perception particulière du monde, non plus que cela impose d'émotion, de jugement ou d'interprétation. Un haïku est un instantané captant une réalité. Il est remarquable en ce qu'il présente la stricte image de ce qui est.

Le poète le plus connu pour ses haïkus est Basho, qui vécut au XVIIe siècle. Voici un de ses poèmes, sans conteste le plus connu dans le monde :

Un vieil étang
Où plonge une grenouille.
Plouf !

En lisant ce haïku, on visualise l'image de l'étang. C'est évocateur, simple et beau. Si l'on se tient au bord de l'étang à l'instant décrit, on entendra le bruit de la grenouille plongeant dans l'eau. Ni plus ni moins. Mais, pour peu que nous soyons perdus dans nos pensées, le phénomène nous aura échappé. Nous aurons raté le spectacle et le « plouf ». Le Dr R. H. Blyth, éminent spécialiste de littérature zen et de haïkus, décrit cette forme de poésie de la manière suivante :

« C'est une façon de revenir à la nature, nature sélénienne, nature de fleuraison et de feuillaison, bref, nature de Bouddha. Par cela, bien sûr, il convient d'entendre la définition suprême de la simplicité. La nature spirituelle innée et parfaite est cette simplicité naturelle que nous portons en nous. »

Haïku est une façon créatrice et naturellement spontanée de simplifier jusqu'à la quintessence le processus incohérent de nos pensées. C'est une méthode avérée pour se concentrer agréablement sur l'instant présent. Les poètes haïku modernes, surtout en Occident, ont retenu le principe des trois vers, mais se montrent beaucoup moins rigoureux sur le nombre de syllabes. C'est pourquoi, s'il advient que vous écriviez un haïku, ne vous souciez pas de ce détail, personne n'y prête plus attention.

Prenez dès à présent trois profondes inspirations, et concentrez-vous sur l'instant. Quel événement vous semble particulièrement notable ? Saisissez-le en composant un haïku. Par exemple, je suis chez moi par un beau matin d'automne. J'aperçois quelques corbeaux. J'en profite pour trousser aussitôt ce haïku :

De la cime des arbres
les corbeaux de l'automne éclaboussent de noires
mûres ma blanche voiture.

À ma demande, un ami rédigea celui-ci :

Un chat roux
Marche en droite ligne
Vers le soleil.

M'appelant au téléphone, un autre ami me fit part de sa colère, donnant lieu ainsi au haïku qui suit :

Froide journée,
Chaude soupe
Absente cuiller.

Alors que je campais au Népal, j'écrivis celui-ci, et non des moindres :

Rouleau de papier hygiénique
Chut dans les latrines
Pouah !

Récemment, je lus sur Internet quelques haïkus qui, semble-t-il, firent le tour de la planète. Comme vous pouvez l'imaginer, il évoque les embarras soulevés par les pannes d'ordinateur :

Pas de courant
Pas de e-mail
Que faire ?

Ou :

Travail accidentellement effacé
Tout est perdu
À recommencer.

Les grands maîtres du haïku s'exprimèrent sur les points essentiels de l'existence, depuis les mouches et les oiseaux jusqu'aux chevaux en passant par les fleurs. Issa, grand maître haïku qui vécut de 1763 à 1827, rédigea des centaines de haïkus sur les insectes. Il s'y exprimait en termes souvent drôles et parfois cyniques. Nonobstant, en tant que bouddhiste, il respectait la nature bouddhique de tous les êtres vivants. Le haïku qui suit montre sa sensibilité à l'égard d'un moineau :

Petit oiseau
Sauve-toi, sauve-toi !
S'en viennent les chevaux.

Encore un exemple de l'humanisme d'Issa :

Ne vous tourmentez pas, araignées,
Je prendrai garde
Quand la maison épousseterai.

Le haïku est une forme naturelle de méditation qui nous aide à établir le contact avec l'instantanéité de l'existence. On peut en faire usage pour capter un moment de joie ou de tristesse, de beauté ou de banalité. Éprouvez-le dès à présent et voyez comme il vous rattache à l'instant. Ouvrez-vous à cet instant et décrivez-le par un haïku. Si bref soit-il, cet instant recèle l'ensemble de l'univers.

Enfants affectant d'être des cormorans
Plus merveilleux encore
Que les cormorans.

ISSA

Le rêve yoga

Dans un rêve, on commence par croire que tout est réel, puis l'on s'avise soudainement qu'il s'agit seulement d'un rêve. Dans le rêve conscient, on sait cependant que tout est irréel, que l'on vit un état onirique. Une fois vécue une telle expérience, on devient apte à faire de nombreuses découvertes sur notre vie quotidienne, notamment sur les objets les plus marqués de notre attachement.

NAMKAÏ NORBU RINPOTCHÉ

Avez-vous déjà fait l'expérience dans un rêve d'être assez conscient pour comprendre que vous dormiez encore ? Quoique accaparés par notre rêve, nous pouvons en l'espèce avoir une double perception de la situation : celle du rêveur, mais aussi celle de l'observateur, sorte de regard divin que nous posons sur nous-mêmes.

En psychologie occidentale, où ce phénomène est appelé « rêve lucide », il existe maintes pratiques permettant de s'éveiller à l'intérieur de son rêve. Carlos Castaneda écrivit de son chaman qu'il lui recommandait de retrouver sa main droite durant ses rêves, point de référence qui lui permettrait d'en mieux saisir la teneur.

Nous avons une propension croissante à penser que nos rêves ont un sens que nous ne saurions expliquer.

Certains font des rêves télépathiques qui les éclairent sur des personnes vivant en des lieux éloignés. J'ai un ami qui affirme recevoir de ses rêves des messages aussi clairs que : « Téléphone à ta mère, elle est souffrante. » Ces messages sont, pour la plupart, assez congruents au contexte pour qu'on y prête attention.

D'autres personnes font des rêves prémonitoires sur des événements ultérieurement avérés. Je crois avoir lu que le président Lincoln en avait fait un avant d'être assassiné. Il en est aussi qui reçoivent d'importants avis de parents décédés. Les aborigènes d'Australie entretiennent une croyance selon laquelle le temps des rêves serait une période destinée à permettre aux morts de converser avec les vivants.

Dans notre monastère de France, je rêvai maintes fois de feu mon maître, Karmapa, seizième du nom. Son visage souriant m'apparaissait presque chaque nuit, afin de me prodiguer conseils et enseignements. Au cours d'un rêve, il m'exposa en détail le quatre-vingt-unième secret du dakini, et posa entre mes mains sa cloche et son « vajra » (sceptre de diamant) comme symbole de transmission de la sagesse et de la compassion. Après les avoir tenus entre mes mains, je sentis ces objets se dissoudre en moi, et connus alors un instant de grâce et d'unicité. Ce fut une merveilleuse expérience. Dans mon rêve, je posais la cloche et le sceptre près de moi sitôt que j'entreprenais une méditation.

Au matin, tout excité, j'allai en référer à mon maître d'alors, Nyoshul Khenpo. Contrairement à son habitude, au lieu de me répondre par une phrase évasive, ce dernier m'interrogea longuement – peut-être à cause de mon exaltation – en m'encourageant à lui relater chaque détail de mon rêve. Finalement, il me demanda : « Mais alors, qu'en est-il de ce quatre-vingt-unième enseignement du dakini, et où sont passés la cloche et le sceptre du Karmapa ? »

Comme je lui avouais mon ignorance, il leva les mains en signe d'impuissance : « Si tel est le cas, que faire ? » semblait-il me dire. Plus tard, quand nous en discutâmes plus longuement, il devait m'apprendre que, de fait, de nombreux lamas recevaient des enseignements de façon onirique ; parfois même leur corps portait des stigmates tendant à prouver la véracité de leurs propos. Dans certains cas, ces rêves faisaient aussi référence à des écrits, des statues ou des directives destinés à vérifier *de visu* le message qu'ils recelaient.

Ces rêves au cours desquels nous sommes visités sont reçus comme autant de bénédictions. Amour et soutien, c'est ce que nous prodigue généralement quelqu'un qui nous veut du bien et réciproquement ; et si ces rêves nous semblent si réels, peut-être est-ce parce qu'ils le sont vraiment. Ce sont des rêves que nous ne sommes pas enclins à oublier.

Si notre intention est de vouloir associer sacré et spiritualité à tous les aspects de notre vie, il conviendra de prendre en compte le temps que nous consacrons au sommeil, soit un tiers de notre existence pour la plupart d'entre nous. Si l'essence du bouddhisme réside en l'éveil, quel meilleur moment pour la méditation peut-on imaginer que celui du sommeil ? Au Tibet, nous possédons cette pratique unique du rêve yoga, permettant à l'adepte d'accéder à l'éveil, fût-ce pendant son sommeil. Les Tibétains appellent cela « saisir le rêve ». Ils entendent par là la faculté de prendre conscience de ses rêves tout en étant endormi. Plutôt que d'être victimes de nos projections, nous en devenons alors les maîtres.

Voici comment procéder :

Avant d'aller vous coucher, accordez-vous un instant afin de cristalliser votre intention de « saisir » votre rêve. Cette cristallisation se fera par le chant suivant :

Pour le bien et la sauvegarde du monde
Pour le salut de l'éveil spirituel
Puissé-je saisir mes rêves et m'éveiller en eux
Comprendre de toute chose et de l'esprit la véritable nature.

Répétez plusieurs fois ces quelques mots jusqu'à ce que votre intention soit définitivement ancrée dans votre esprit. Puis préparez-vous au sommeil. Allongez-vous. Détendez-vous. Respirez lentement. Soyez calme, heureux et serein. Vous allez vous endormir ; vous allez vous reposer.

Tandis que vous fermez les yeux, regardez les ténèbres qui frémissent derrière vos paupières closes.

Puis visualisez la syllabe *Aah.*

Le symbole א en Dzogchen se prononce *Aah.*

Imaginez que ce *Aah* est écrit en lettres blanches et lumineuses, juste devant vos yeux.

Concentrez-vous sur ce *Aah.*

Puis laissez-vous graduellement absorber par cette lumière.

Pendant que vous sombrez, continuez à vous dissoudre dans ce *Aah.*

Pénétrez dans cette lumière intérieure et vous vous éveillerez aussitôt à la claire lumière du rêve.

Ramez, ramez, doucement dans le sens du courant.
Gaiement, gaiement, gaiement
Car la vie n'est qu'un rêve.

Au plus profond du silence

Il n'est besoin d'aller en Inde ni nulle part ailleurs pour trouver la paix. Car en votre chambre, votre jardin ou même votre baignoire, vous découvrirez un lieu de silence.

ELISABETH KÜBLER-ROSS

Qu'y a-t-il de plus naturel que le silence ? Existe-t-il plus simple, plus sacré ? Le silence est le langage universel de l'âme. Le vrai silence est purifié de toute anxiété, de préoccupations, de répétitions, d'insinuations ou de programmes. Le silence intérieur s'adresse directement à la paix intérieure, laquelle se situe au-delà de toute dualité entre bruit et quiétude. S'interroger sur le propos du silence revient à s'interroger sur l'utilité de l'air, sans un minimum duquel nul ne peut survivre.

Maintes qualités que nous attribuons au divin esprit d'amour et de présence sacrée ne sont que le reflet du silence dans ce qu'il recèle de plus profond et de plus sacré. Le divin silence consiste tout à la fois en l'acceptation, la tolérance, le pardon, l'ouverture du cœur et de l'esprit. Il invoque la capacité à écouter, à entendre et à aimer. En communiant avec le sacré, que nous le percevions en tant que présence intérieure ou extérieure, nous tiendrons toujours pour acquises certaines de ses qualités. Ce sont ces mêmes qualités que nous entretiendrons en nous-mêmes en cultivant la part sacré de notre être intérieur.

La *Société des Amis*, plus connue sous le nom de Quakers, observe la croyance selon laquelle toutes les réponses sont contenues dans le silence. Si par le silence ils découvrent Dieu, ils y puisent aussi amour, vérité, soutien, ainsi que toute l'aide qui leur est nécessaire. On raconte une vieille histoire, alors que l'Amérique n'était encore qu'une colonie, au sujet de Quakers qui, lors d'un rassemblement silencieux, virent soudain apparaître des Indiens aux intentions hostiles. Mais, au lieu d'accepter l'inévitable confrontation, les Quakers continuèrent d'observer un profond silence. Impressionnés, les Indiens hésitèrent un instant, puis se joignirent à eux dans leur cérémonie silencieuse.

De nombreux Quakers comptent parmi mes élèves et mes amis. Il y a de cela quelques années, quelques-uns d'entre eux m'invitèrent à rendre visite à des détenus, dans une prison d'État de New York, un précepte de la religion quaker consistant à introduire la pratique du silence dans le monde carcéral. Alors que mes amis s'entretenaient avec les prisonniers, je fus aussi bouleversé qu'étonné par les pouvoirs de transformation et de guérison spirituelles que confère le silence.

Dans la tradition bouddhiste existe une image extraordinaire du yogi Milarepa, qui vécut de longues années de retraite silencieuse. On l'y voit assis devant sa grotte himalayenne, une main en pavillon autour de son oreille. Milarepa, à qui l'on doit un nombre incalculable de chants de dévotion, prête l'oreille au silence céleste, source d'inspiration inépuisable de poèmes intemporels sur l'illumination. En devenant écoute et silence, l'anachorète devint la flûte de laquelle s'échappent de prodigieuses notes. Cela me rappelle un hymne traditionnel que j'affectionne particulièrement : « Au-dessus de ma tête j'entends une musique, il doit y avoir un dieu quelque part. »

Le grand sage hindou Meher Baba, aujourd'hui disparu, demeura silencieux toute sa vie d'adulte, avec, pour unique moyen de communication, une ardoise et un morceau de craie. En dépit de son vœu de silence, il se singularisa, jusque dans les années cinquante, par un travail remarquable dans les nombreux asiles d'aliénés de Bombay. Par quel biais pouvait-il se faire entendre de gens rassemblés dans les pires conditions d'existence ? Comment a-t-il pu se singulariser sans prononcer un seul mot ? On ne saurait le dire, et pourtant il le fit.

De nombreux moines et moniales chrétiens ont fait vœu de silence. J'accompagnai le Dalaï-lama, à l'occasion d'une visite au monastère de la Grande Chartreuse. Il s'en dégage une quiétude comme je n'en ai jamais connu de ma vie. Le père supérieur reçut le Dalaï-lama à l'entrée et, insigne privilège, l'invita, et lui seul, à entrer dans le monastère où vivent les moines reclus. Même en restant à l'extérieur des grilles, nous pouvions sentir les siècles de silence peser sur la vallée sylvestre, un silence contemplatif qui semblait investir chaque particule de l'atmosphère.

Nous sommes le plus souvent entourés de sons. Je connais des gens qui n'éteignent jamais leur téléviseur ou leur poste de radio. Cela leur tient compagnie, semble-t-il. Outre cela, nous consacrons un temps considérable à la parole, paroles pour les autres, paroles pour nous-mêmes ou pour notre animal favori. Il nous arrive même de parler pendant notre sommeil. Cette conversation intérieure s'arrête-t-elle jamais ? Ne serait-il pas agréable, pour une fois, de nous accorder un sursis ? Ne serait-ce pas merveilleux de se plonger dans une quiétude, un silence tels que nous puissions entendre la présence sacrée ?

De tout temps, le silence aura été une pratique spirituelle. En Inde existe une secte de yogis silencieux appelés « Mauni Babas ». Le vocable « mauni » signifie « silence », silence dans lequel est investie une vie entière de pratique. J'interrogeai un jour l'un d'eux pour lui demander les raisons de ce silence. En réponse, il me désigna un de ses disciples, un adolescent qui n'avait pas encore fait vœu de silence. Ce dernier allait m'apprendre que ce Mauni Baba ne s'entretenait qu'avec Dieu. Je demandai alors : « Qu'advient-il des gens, des oiseaux et de tous les animaux ? » Le jeune garçon répondit que le yogi avait si bien appris à communiquer avec Dieu, que s'entretenir avec lui équivalait à s'entretenir avec ses semblables… en silence. Cet éclaircissement me remémora Surdas, poète aveugle du XVIIe siècle, dont le nom me fut donné par mon premier gourou, Neem Karoli Baba. La dévotion de Surdas était si complète qu'il était aveugle à tout excepté Dieu. Aussi observait-il un silence vigilant sur sa vision intérieure.

Des pratiques telles que le silence favorisent, chez le saint et la sainte, une perception accrue du chemin de la spiritualité, et du sens vers lequel se porte leur existence. Le fait de renoncer à la parole exprime chez le Mauni Baba l'intention manifeste de se concentrer sur un point précis afin de renforcer sa foi et sa dévotion. Plus tard, il pourra à travers Dieu s'adresser aux hommes grâce au langage universel qui est celui de l'âme et du cœur. Une prière est, par définition, entendue, quelle que soit la langue dans laquelle elle est dite. De nos intentions louables et sincères l'esprit d'amour divin perçoit le silence, sans égard pour le tumulte qui pourra les accompagner.

La qualité unique qui singularisa les grands prophètes à travers les âges fut leur faculté d'entendre et d'écouter la divine présence. Rumi écrivit un jour : « Dieu dit à Mahomet d'être tout ouïe ».

Apprendre la pratique du silence

Le silence est grâce ; le silence est vérité
Le silence est d'or
Le silence est thérapeutique

Le silence est guérison
Le silence est vrai.
Il est en vous.

Le silence est une pratique attentive et consciente qui trouve ses racines au sein d'une ancienne discipline monastique. Le silence est une forme de jeûne intérieur ; il n'équivaut ni à ennui ni à solitude, et c'est pourquoi il n'est nulle raison de s'en effrayer. Quiconque aura vécu près d'un chantier connaît l'inestimable valeur du silence.

Une telle pratique nous apprend aussi à limiter nos bruits. Des bruits que le jeûne ou les privations ne feront qu'exacerber. J'en fis l'expérience au cours d'une retraite de six mois, durant laquelle je devins plus réceptif à mon entourage. J'acquis alors l'impression de pouvoir deviner l'humeur d'une personne par la manière dont elle plaçait ses sandales près de la porte, frappé que j'étais par la valeur des mots que sous-entendait tel comportement. La pratique du silence a la vertu de nous apprendre à écouter, à accroître notre attention et toutes les perceptions sous-jacentes, à être sensible à la moindre vibration.

Dans le bouddhisme, l'exercice du silence intentionnel est appelé « noble silence ». Nous en retirons les bienfaits en nous y consacrant régulièrement. Ils seront, vous pouvez m'en croire, considérables, sans qu'il faille pour autant vous y livrer durant de longues périodes. Un déjeuner silencieux une fois par semaine suffira à nous faire toucher du doigt la paix intérieure et le silence le plus profond. En faisant vœu de silence, ne serait-ce qu'un temps très bref, on souscrit aux directives suivantes :

• S'abstenir de parler
• S'abstenir d'écouter la radio ou la télévision
• S'abstenir de gesticuler ou de communiquer par signes

• S'abstenir de tout contact visuel en vue d'un échange
• S'abstenir de prendre des notes ou d'écrire une lettre
• S'abstenir de lecture.

La directive générale dans l'exercice du silence pourrait se résumer par « rien ne rentre, rien ne sort ». Il va sans dire que les choses se passent autrement autour de nous sans que nous puissions intervenir, néanmoins, le noble silence limite les « entrées et sorties », ne serait-ce que celles qui sont de notre fait. Ainsi, notre sens de l'écoute et de l'entendement atteindra des niveaux plus profonds. Rumi a dit :

> *Ferme la porte du langage et ouvre la fenêtre de l'amour, la lune n'entre jamais par la porte, toujours par la fenêtre.*

Coupez votre téléphone, et faites vœu de silence ne fût-ce qu'une heure. C'est là une pratique merveilleusement contemplative à laquelle s'exercer lors d'une promenade dans les bois ou le long d'une plage. Par la suite, observez des temps de silence prolongés, une matinée, un après-midi, une journée ou même tout un week-end.

Je me plais à entamer une période de silence par une douche, un bain ou de quelconques ablutions. Ce geste symbolique de purification extérieure sert à nous rappeler notre engagement dans une pratique spirituelle donnée. Ces périodes de noble silence seront également mises à profit pour mettre notre ego en sourdine, pour suspendre notre dialogue intérieur, pour cesser de dilapider notre énergie sacrée par des affabulations à propos de notre vie.

Laissons se déployer le silence et fions-nous à notre voix intérieure qui est celle de la sagesse. Donnons à notre conscience un éclairage nouveau en étant ouverts et à l'écoute de ce qui est déjà. Ayons confiance qu'autour de nous existe plus que ce qu'il nous est donné de percevoir, plus de beauté, plus de musique. Créer des stimuli artificiels n'est pas toujours nécessaire. Écoutons la voix du silence, la divine musique des sphères.

L'homme ne peut voir son reflet dans le courant, seulement dans les eaux calmes. Seul ce qui est quiétude peut rendre quiet le chercheur de quiétude.

CHUANG TZU

Vivre au présent, au présent ou jamais

Vivre au présent est un exercice naturel parce que l'instant présent *est* l'état naturel. N'en serions-nous pas totalement conscients, que nous sommes toujours dans le présent. Si nous pouvons nous rappeler le passé, par quel biais cela se peut-il, sinon par la conscience présente ? Et si nous songeons au futur, nous ne pouvons le faire qu'au présent. Si distraits et dispersés que nous soyons, ce sera toujours au présent.

Revenir au présent et maintenir cette conscience revient à se retrouver soi-même. À cela d'aucuns objecteront que nous n'avons jamais été autre chose ni ailleurs que nous-mêmes, mais il n'en reste pas moins que nous finissons par perdre le contact et par l'oublier car, à moins de ne plus vivre du tout, nous vivons toujours au présent. C'est le temps où nous avons notre place, là où nous nous trouvons, quels que puissent être nos arguments. C'est pourquoi il est si simple, si rassurant de vivre au présent, tels que nous sommes. Nous ouvrir au miracle de l'instant présent est un don que nous faisons à nous-mêmes.

J'ai toujours trouvé captivant, voire amusant, qu'en tibétain le même vocable « temps » puisse exprimer à la fois l'instant, fugitif, et l'éon, temps incommensurable. L'éternité, qui est sacrée, est aussi ce moment fugace que l'on nomme le présent. L'infini, nous l'éprouvons dans la finitude de toute chose et de tout instant. Plus nous nous affranchirons des liens du passé et du futur, plus nous serons aptes à apprécier l'éternité de l'instant.

Il n'y a pas si longtemps encore, je retournai à Katmandou après douze ans d'absence, pour découvrir que bien des choses ont changé. Des constructions urbaines dressent leurs horribles masses de béton gris pour y accueillir les réfugiés népalais et tibétains. Les rizières qui cernaient le camp de réfugiés de Bodhanath ont fait place à de nombreux monastères entourés de petites constructions de brique rouge. La pollution de l'air et de l'eau y est presque palpable. Quant au nombre de décibels, il y est aussi élevé que dans n'importe quelle ville occidentale.

Avec une amie française, nous décidâmes de nous reposer un peu de nos rites monastiques et de nous rendre dans une boutique d'objets religieux pour y faire l'achat de quelques souvenirs que nous ramènerions chez nous et, par la même occasion, visiter la vieille ville où nous avions séjourné dans les années soixante-dix.

Passant devant le bazar à touristes justement nommé *Freak*[1] *Street,* nous descendîmes jusqu'à la rivière pour voir si les lieux avaient gardé leur cachet. Nous y retrouvâmes le vieux site de crémation hindou, ainsi que le temple au bord du cours d'eau, près duquel survivait un vieil arbre arthritique dont les racines semblaient se tordre de douleur à côté du petit pont pédestre qui enjambait la rivière. Katmandou était encore reconnaissable, mais si urbanisée que nous fûmes incapables de retrouver les petits hôtels où nous descendions jadis. Le *Pie and Chaï Shop,* confiserie réputée, était encore là, mais le *Inn Eden* n'existait plus. À la place s'élevait un bâtiment de brique dont les étages étaient encore en construction.

---

1. « Phénomène de foire. » *(N.d.T.)*

Longeant la rivière, puis remontant *Pig Alley,* chemin autrefois emprunté pour abreuver mais aussi abattre les cochons, nous nous dirigeâmes vers le cœur de Katmandou. Nous revîmes le vieux puits et la source au ras du sol, où les femmes népalaises en sari viennent encore battre leur linge pour l'étendre ensuite sur les rochers au soleil. Là, nous nous immobilisâmes, l'œil humide, tendant le cou pour tenter de reconnaître la maison à deux étages, de chaume et de brique crue, où nous avions si longtemps demeuré. Nous évoquions nos souvenirs communs en y glissant quelques plaisanteries, quand mon amie éclata en sanglots. Elle pleurait les jours anciens, notre jeunesse depuis longtemps perdue et tous les rêves qu'elle avait caressés au temps de ses vingt ans. Nous devions parler assez fort à cause de la cacophonie environnante, car à l'étage une fenêtre s'ouvrit brusquement, laissant apparaître le crâne rasé d'un moine bouddhiste dans sa robe safran. « Vivez au présent ! » nous cria-t-il avant de refermer violemment ses volets. Le rappel était on ne peut plus opportun.

John Ruskin fut un théoricien du XIXe siècle, si en avance sur son temps qu'il proposa des réformes sociales comme la pension de retraite et l'éducation publique aux États-Unis dès 1865. Sur son bureau trônait une pierre sur laquelle était gravé : « Aujourd'hui. »

Efforcez-vous de trouver un mot clé, un slogan, un mantra pour votre usage personnel, un de ceux qui ramèneront à la joie de l'instant présent, et placez-le en un endroit visible, comme un pense-bête.

Poète américain notoire et pacifiste déclaré, William Stafford mourut en 1993. Au matin de son trépas, il rédigea un poème contenant ce vers : « Soyez prêts pour ce que Dieu vous envoie. » Celui qui suit est épinglé dans mon bureau pour m'inciter à rester éveillé et attentif, ouvert au miracle sacré de l'instant présent.

OUI
Cela peut survenir à tout moment, tornade,
Séisme, apocalypse. Cela peut survenir.
Ou alors le soleil, l'amour, le salut.

Cela se pourrait, voyez-vous. C'est pourquoi
nous nous éveillons et regardons autour de nous ;
rien n'est assuré en ce monde.

Mais il s'y trouve quelques gratifications, comme
le matin
l'instant, le midi,
le soir.

Épilogue

Pour tout ce que nous fûmes, merci.
Pour tout ce que nous serons, d'accord.

DAG HAMMARKSJÖLD

Quand, à l'issue de ma terminale, j'arrivai en Inde, je n'étais déjà pas le seul à partir en Orient pour recevoir des enseignements spirituels. En fait, je m'inscrivais dans un grand mouvement né entre les années cinquante et soixante où l'on vit des Occidentaux de tous âges et de toutes conditions partir à la recherche d'un renouveau spirituel.

La première fois que j'entrai dans un centre de méditation bouddhiste, c'était en 1971. D'emblée, la paix et le silence qui s'en dégageaient m'inspira un sentiment de crainte et de respect. Une grande sérénité me toucha au plus profond de l'âme. Je la ressentis si intensément qu'elle me parut plus réelle que tout ce que j'avais connu auparavant.

Je compris alors que j'aspirais, moi aussi, à cette paix intérieure, que ces circonstances étaient l'aboutissement d'un besoin quasi atavique de spiritualité. À cet instant, je me dis qu'il n'existait nul autre lieu où je pouvais aller ni rien d'autre que je dusse faire. Mon gourou ne m'avait pas encore été présenté que j'avais déjà entrepris ma formation spirituelle. Sans que j'en eusse conscience, mes aspirations venaient subitement de monter d'un cran. J'aspirais à l'illumination; non content de vouloir élever mon esprit, je voulais aussi être libre. C'était comme une passion soudaine qui s'emparait de moi, une sorte de coup de foudre spirituel.

À l'époque, je ne me souciais guère, non plus que mes compagnons, du rôle que je jouerais dans la transmission des enseignements que j'allais recevoir. Aujourd'hui, c'est là ma principale préoccupation. Avec le temps, je me suis avisé de ce que nous sommes tous des chercheurs, des voyageurs spirituels, que nous possédons tous un ADN spirituel, et, n'y aurions-nous que rarement accès, que sagesse et vérité sont partie intégrante de notre structure génétique. Nous sommes tous habités par la spiritualité, chacun de nous l'incarne dans une forme mentale qui lui est propre.

Pour peu que nous prenions le temps d'y penser, nous comprenons qu'une part de nos racines spirituelles les plus profondes se trouve en des lieux très éloignés de l'endroit qui nous a vus naître. Comme nous le savons aujourd'hui, notre culture occidentale trouve ses sources au Moyen-Orient. Nos ancêtres entreprirent le voyage des bords de la Méditerranée pour remonter vers l'Europe du Nord avant de traverser l'Atlantique. Aujourd'hui, certaines personnes jugent nécessaire de revenir aux sources, sans égard pour leur origine et leur religion.

Nous sentons tous confusément chez nos contemporains le besoin d'une spiritualité qui leur permettrait de mieux appréhender le véritable sens des valeurs humaines. La prière, sous quelque forme qu'elle se présente, n'est pas aussi étrangère à l'Occidental que ce que l'on croit. L'intérêt du public pour une certaine spiritualité n'est que l'expression naturelle d'un besoin de joie, de liberté, de vérité, de paix intérieure et d'accomplissement.

Telle est ma prière et j'espère que notre conversation, si pertinente en ces temps de vitesse, de confusion et de folie, pourra transformer ce climat délétère en l'infusant de lumière, en lui insufflant la sagesse infinie de Bouddha, additionnée de compassion, de générosité et de dévouement. Je veux croire que ces enseignements dont je ne suis que le scribe aideront le lecteur à trouver sagesse et vérité, qu'ils l'éveilleront à cet inextinguible amour, à cette incandescence intérieure qui est notre nature spirituelle véritable.

J'espère et je prie pour que ces enseignements de spiritualité post-confessionnelle, empreints d'un militantisme éclairé, soient une aide précieuse pour notre société et notre jeunesse. J'aime à croire que les générations futures seront spirituellement mieux inspirées que nous le sommes, qu'elles connaîtront la sagesse et la bénédiction divine favorables à leur éclosion et à leur éveil, et qu'elles contribueront à l'édification d'un monde pacifique et serein.

SURYA DAS
Concord, Massachusetts
Janvier 1999

Bienêtre

7281

Composition Chesteroc International Graphics
Achevé d'imprimer en France (Manchecourt)
par Maury-Eurolivres
le 25 octobre 2003.
Dépôt légal octobre 2003. ISBN 2-290-32649-6

Éditions J'ai lu
84, rue de Grenelle, 75007 Paris
Diffusion France et étranger : Flammarion